Basic French

Kate Beeching

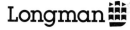

Read this before you start

Who is BASIC FRENCH for?

It is for
- *people preparing to take GCSE examinations.* The basic structures of the language are thoroughly and systematically revised and the course covers the settings and topics required for the oral examination, giving practice in role-play situations. It also provides authentic listening, reading and writing tasks such as you will be asked to perform in the examination.
- *people who wish to brush up their French.* You will find that the grammar will come back to you once your memory has been refreshed by the presentation dialogues and grammar notes, and you will enjoy seeing the practical use of the language in the exercises and role-plays.
- *complete beginners.* No assumptions are made about previous knowledge of the language. Grammar points and vocabulary items are carefully graded and introduced gradually throughout the course. As a lot of ground is covered very quickly, however, complete beginners must be prepared to work hard.

What will I be able to do at the end?

Basic French will provide you with sufficient knowledge of the language to cope with most of the situations you will encounter as a tourist in France.

By the end of the course you will:
- have a sure grip of the *basic structures* of the language;
- have enough French to get by in *survival situations* – at the hotel or station, in the bank or at the tourist office;
- be able to *talk to friends* about things which interest you;
- be able to make the correct response in a *social situation* (Did you know that the French wish you 'Bon appétit' before you start a meal?);
- have a good *understanding* of the spoken word;
- have gained the confidence to tackle *reading tasks* in the language, taking an interest in the road signs and menus, leaflets and brochures you will meet in France;
- be able to *write* brief letters to friends in France.

What approach does it take?

Basic French takes a frankly grammatical approach to language learning. In the belief that the grammar is the best core knowledge you can have of the language, the presentation dialogues and practice exercises focus on the essential structures. As far as possible, however, the structures are placed in a realistic context and you will be able to see how you can transfer your knowledge of grammar from one context to another depending on your own particular needs at any given time. The ability to communicate in the real world is, therefore, far from being neglected. The emphasis in the course is on the idea that the reason for learning grammar is to help get the message across with greater ease. Each unit includes an *Act it out* dialogue which puts the language to use.

How do I work through a unit?

Before starting the course buy two note books, one for vocabulary, one for exercises. You should then adopt the following pattern of work:

1   Listen to the dialogue recorded on the cassette. This illustrates the new language items for the unit. Get into the habit of setting the counter on your recorder to zero at the start of each unit as you will want to listen to the passage several times. The dialogue is printed in the book. Depending on how much knowledge of the language you already have, you may wish to:

(a) read the dialogue as you listen, stopping to look up new words in the vocabulary list as you do so; or

(b) read the vocabulary list, then listen, without reading the written version; or

(c) read the comprehension questions, then listen, seeing how many you can answer without reading the text or checking the vocabulary list. The items in the vocabulary list are in alphabetical order for ease of reference.

2   Write down new vocabulary items in your vocabulary book.

3   Work through the exercises based on the listening passage, writing down the answers in your exercise book.

4   Read the *Grammar notes*.

5   Work through the *Exercises* based on the *Grammar notes*.

6   Check your answers in the *Answers* section at the back of the book. If you made any mistakes, try to work out why from the grammar explanation. Write down your corrections in the back of your exercise book with a clear heading, such as 'Imperfect endings' or 'At the tourist office'. You may wish to test your knowledge of a particular grammar point by working through the exercises first before reading the *Grammar notes*, and then checking your answers, looking back to the grammar explanations as necessary.

What next?

After every fifth unit you should:
– go through your vocabulary list, writing out a sentence for each word you do not remember first time;

– read through the sentences you wrote at the back of your exercise book;
– work through the *Retrouvez votre souffle* unit.

Every sixth unit is a *Retrouvez votre souffle* unit designed for you to catch your breath, as the title suggests, and to assess your knowledge of the language. It does this in three ways:
– by providing realistic listening tasks;
– by providing authentic reading material so that you can see how you would get on in the real world;
– by providing a battery of diagnostic grammar tests to allow you to isolate your weak points.

Revision is built into the course: basic tenses and key phrases for situations are systematically reviewed, especially in the final few units.

At the back of the book there is an *Answers* section so that you can assess your own progress. The **Basic French** cassette is an essential component of the course.

Acknowledgements

Many thanks to Brenda Christie for word-processing the typescript and to Isabelle Le Guilloux for her close critical reading of the final version. Photographs are by John Beeching.

Some of the proceeds from this course will go towards a Foreign Travel Fund to finance holidays in France for people who could otherwise not afford to go. For more details write to:

Kate Beeching
c/o Travel Fund
National Westminster Bank
Oldfield Park Branch,
6, Moorland Road
Bath BA2 3PL

Contents

Contents

Grammar	Communicating

Grammar	Communicating

Contents

Grammar	Communicating

Unit 1
C'est intéressant, très intéressant!

Dans un café ↻

LA SERVEUSE: Bonjour, mademoiselle. Que prenez-vous?
UNE DEMOISELLE: Bonjour, madame. Un café, s'il vous plaît, et des croissants.
LA SERVEUSE: Vous voulez du beurre, de la confiture?
LA DEMOISELLE: Non merci, madame.
UN MONSIEUR: Alors, vous aimez les croissants?
LA DEMOISELLE: Oui, oui, j'aime beaucoup les croissants.
LE MONSIEUR: Mais vous n'aimez pas le beurre?
LA DEMOISELLE: Euh . . . non. Je n'aime pas le beurre.
LE MONSIEUR: Et vous n'aimez pas la confiture?
LA DEMOISELLE: Non. Je n'aime pas la confiture.
LE MONSIEUR: C'est intéressant, très intéressant.
LA SERVEUSE: Voilà, mademoiselle. Un café. Des croissants.
LA DEMOISELLE: Merci, madame.
LE MONSIEUR: Vous prenez du sucre, mademoiselle?
LA DEMOISELLE: Oui, monsieur.
LE MONSIEUR: Combien de morceaux prenez-vous?
LA DEMOISELLE: Trois morceaux.
LE MONSIEUR: Eh oui, un . . . deux . . . trois morceaux. Moi aussi, je prends trois morceaux de sucre dans le café. Et moi aussi, j'aime les croissants mais je n'aime pas le beurre. Et je n'aime pas la confiture.
LA DEMOISELLE: Et alors?
LE MONSIEUR: C'est intéressant, n'est-ce pas?
LA DEMOISELLE: Mais non, monsieur. Au revoir, monsieur.

aimer *to like*	mademoiselle *miss*	
alors *so . . .*	madame *madam*	*see grammar*
au revoir *good-bye*	monsieur *sir*	*note, p. 4*
beaucoup *a lot*	merci *thank you*	
le beurre *butter*	moi aussi *I also . . ., I . . . too*	
bonjour *good morning*	le morceau *lump*	
le café *café, coffee*	ne . . . pas *not*	
c'est *it's, that's*	n'est-ce pas? *isn't it?*	
combien? *how many?*	non *no*	
la confiture *jam*	oui *yes*	
le croissant *croissant*	prendre *to drink, have*	
dans *in*	que . . .? *what . . .?*	
(très) intéressant *(very) interesting*	le sucre *sugar*	
	voilà *there you are*	
	voulez-vous . . .? *would you like . . .?*	

A Questions in English

1 What does the girl order?
2 Does she want butter and jam?
3 What does the strange man in the café find very interesting?
4 How many lumps of sugar does she like in her coffee?
5 What does the man find interesting this time and why?
6 Does the girl agree with him?

B Pronunciation

Many French sounds are different from English sounds and you may find them difficult to pronounce. Also, the words are not spelt as they are pronounced. The best way to practise pronunciation is to (a) read the passage whilst listening very carefully to the cassette, (b) to stop the cassette every time you come to a useful phrase, and (c) to repeat the phrase out loud, copying the speaker as closely as you can.

Listen to the dialogue on the cassette once again, stopping after each phrase to repeat what you have heard. Pay special attention to these sounds:

1 Nasals
bonjour, madame   non
un café   c'est intéressant
des croissants   combien
de la confiture   dans le café

2 French 'r'
Pretend you're gargling to get a truly French effect!
bonjour   de la confiture
que prenez-vous?   Merci
des croissants   Très intéressant
du beurre

3 French 'u'
Put your lips into an 'oo' shape (as in boo), then, without moving them (!), say 'ee' (as in knee).

du beurre   de la confiture   du sucre

Grammar notes

A Nouns

Nouns are words like coffee, butter, jam, etc., roughly speaking things or people which can be named. In French, nouns are either masculine (*le* words) or feminine (*la* words). You should always write down new words with a *le* or *la* in front of them to help you remember. If the word is plural both *le* and *la* become *les*:

le croissant → les croissants
la pomme   → les pommes

The same principle applies to *un, une* (a) and *du, de la (de l')*, *des* (some) as tabulated below:

m.	f.	pl.	
le (l')	la (l')	les	the
un	une	des	a, some
du (de l')	de la (de l')	des	some

B Personal pronouns

Pronouns are words which can stand instead of nouns:

e.g. Mark } is a great footballer.
He }

The football match } has been cancelled.
It }

'He' and 'it' are pronouns which can stand in place of 'Mark' and 'the football match'.

The personal pronouns in French are as follows:

je	*I*	nous	*we*
tu	*you*	vous	*you*
il	*he, it (m.)*	ils	*they (m.)*
elle	*she, it (f.)*	elles	*they (f.)*
on	*we, you, they*		

On is roughly equivalent to the English 'one', but it is far more common in French and can be translated 'we', 'you' or 'they'.

C Verbs

If you want to look up a verb in the dictionary, you will have to look up the 'infinitive'. The infinitive of most French verbs ends in **-er**:

e.g. aimer   *to like*
jouer   *to play*
regarder *to watch*
parler   *to talk*

The present tense of regular -er verbs
Here is the rule for -er verbs:

j'aim**e**   *I like*
tu aim**es**   *You like*
Marc }   *Marc*
il/elle/on } aim**e**   *He/She/It/One likes*

nous aim**ons**   *We like*
vous aim**ez**   *You like*
Marc et Sophie }   *Marc and Sophie*
ils/elles } aim**ent** *They (m/f) like*

3

D Negatives

In order to make a verb negative you sandwich it with *ne . . . pas*:
Je **n**'aime **pas** les hot-dogs.
Nous **ne** regardons **pas** la télévision.

Communicating

Greetings

You will have noticed the use of *monsieur, madame* and *mademoiselle* in the
dialogue. Get into the habit of adding them yourself so as to sound very
French and not risk offending anyone:
Bonjour, monsieur.
Merci, madame.
Voilà, mademoiselle.
Au revoir, monsieur.

Talking about what you like

Que prenez-vous?   *What'll it be? What'll you have?*
Vous voulez du beurre?   *Do you want some butter?*
Vous aimez le café?   *Do you like coffee?*
J'aime beaucoup les tartes aux pommes.   *I like apple tarts very much.*
Mais je n'aime pas les croissants.   *But I don't like croissants.*

Numbers

1	un	6	six	11	onze	16	seize
2	deux	7	sept	12	douze	17	dix-sept
3	trois	8	huit	13	treize	18	dix-huit
4	quatre	9	neuf	14	quatorze	19	dix-neuf
5	cinq	10	dix	15	quinze	20	vingt

Exercises

1 Write down how you would ask for:
   – some coffee
   – some croissants
   – some butter
   – some jam
   – some sugar

2 **Du sucre, s'il vous plaît, madame**
   Practise asking out loud for the items in exercise 1, adding madame,
   monsieur or mademoiselle. In each case first imagine you are
   addressing a male waiter, then that you are addressing a young
   female waitress, and finally a married woman.

3 J'aime beaucoup les croissants. *I like croissants a lot.*
Je n'aime pas les croissants. *I do not like croissants.*
Say how you feel about the items in exercise 1.

4 Copy out the sentences below filling in the blanks with the personal
pronoun which is appropriate (*je, tu, il, elle,* etc.):

(a) _____ aiment le café. *(They – m.)*
(b) _____ aimons les croissants. *(We)*
(c) Aimez- _____ la confiture? *(You)*
(d) _____ aiment les gâteaux. *(They – f.)*

5 Copy out the passage below, filling in the correct part of the verb in
brackets:

Le soir j' _____ (aimer) regarder la télévision mais Philippe ne
_____ pas (regarder) la télévision, il _____ (jouer) de la
guitare. Sophie et Véronique _____ (parler) de leurs petits amis.
Ce n'est pas possible!
'Alors, vous _____ (aimer) beaucoup le bruit?' J' _____
(augmenter) le volume de la télévision!

6 Puzzle
Fill in the French word for each of the clues in English:

Across/*horizontale*
1 thanks
2 jam
3 very
4 but
5 sugar
6 There!
7 no

Down/*verticale*
1 Interesting

5

7 Act it out

Check that you know the phrases listed under *Communicating* on page 4. Then take the part of *vous* in the dialogue below. The English phrases in brackets are intended as prompts and should not necessarily be translated word for word. Act out the situation with a partner, swapping roles so that each of you takes both roles.

Breakfast on your first morning at your French friend's house!

VOUS: (*Greet your hostess*)

MME MARTIN: Bonjour *(name of partner)*. Que prenez-vous? Du café? Du thé?

VOUS: (*Say what you'd prefer*)

MME MARTIN: Vous prenez du sucre?

VOUS: (*Say whether you do or do not and how many lumps*)

MME MARTIN: Voilà. Vous aimez les croissants?

VOUS: (*Say whether or not you like croissants*)

MME MARTIN: Du beurre, de la confiture?

VOUS: (*Say yes or no*)

MME MARTIN: Bon appétit!

VOUS: (*Thank her very much*)

8 Les chiffres ⚙⚙

Listen and repeat the numbers as they are read out on the cassette. Now write down the following numbers in longhand:

(a) 12
(b) 18
(c) 5
(d) 15
(e) 3

And write out these numbers in figures:

(f) seize
(g) huit
(h) deux
(i) vingt
(j) onze

Listening exercise

Now listen to the cassette and write down what you hear *in figures*. Each number will be repeated once:

(a) ⁊
(b) 10
(c)
(d)
(e)

Stop the cassette and write the number in longhand beside each of the figures. Rewind the cassette and check your answers once more.

Unit 2
Vous avez du fromage, s'il vous plaît?

Chez l'épicier 👓

L'ÉPICIÈRE: Bonjour, monsieur. Que désirez-vous?
UN MONSIEUR: Bonjour, madame. Vous avez du fromage s'il vous plaît?
L'ÉPICIÈRE: Oui, nous avons du camembert, du brie, du cantal.
LE MONSIEUR: Alors, donnez-moi cent (100) grammes de cantal et une tranche de Brie.
L'ÉPICIÈRE: Voilà, monsieur. Et avec ça?
LE MONSIEUR: Je voudrais aussi une douzaine d'œufs et quatre yaourts.
L'ÉPICIÈRE: Nature?
LE MONSIEUR: Oui, oui, nature. Vous avez du thé en sachets?
L'ÉPICIÈRE: Oui, bien sûr. Un paquet de dix sachets ou de vingt-cinq (25) sachets.
LE MONSIEUR: Vingt-cinq (25) sachets, s'il vous plaît.
L'ÉPICIÈRE: C'est tout?
LE MONSIEUR: Est-ce que vous avez des petits pois en boîte?
L'ÉPICIÈRE: Oui.
LE MONSIEUR: Alors, vous me donnez une boîte de petits pois et cinq litres de vin ordinaire.
L'ÉPICIÈRE: D'accord. Du rouge?
LE MONSIEUR: Du rouge, oui.
L'ÉPICIÈRE: Voilà, monsieur.
LE MONSIEUR: Je vous dois combien, s'il vous plaît, madame?
L'ÉPICIÈRE: Bon, c'est cent-dix (110) francs, s'il vous plaît.
LE MONSIEUR: Voilà, madame.
L'ÉPICIÈRE: Merci, monsieur. Bonne journée.

d'accord *right, OK*	du fromage *some cheese*
alors *well then*	nature *plain*
aussi *also, too*	un œuf, des œufs *egg, eggs*
avez-vous? *have you got?*	oui *yes*
nous avons *we have*	des petits pois *peas*
en boîte *tinned*	s'il vous plaît *please*
bonne journée *have a nice day*	du rouge *red (wine)*
du camembert, du brie, du cantal *types of cheese*	en sachets *in (tea) bags*
	du thé *tea*
que désirez-vous? *what do you want?*	c'est tout? *is that everything?*
what can I get for you?	une tranche *a slice*
je vous dois combien? *how much do I owe you?*	le vin ordinaire *table wine*
	je voudrais *I'd like*
une douzaine *dozen*	le yaourt *yogurt*
donnez-moi *give me, let me have*	

A Multiple choice

Listen to the passage, then choose the correct answer (a), (b), or (c) to the questions below:

1 The man decides to buy
(a) Camembert.
(b) Brie.
(c) Cantal.

2 He wants
(a) 12 eggs.
(b) 6 eggs.
(c) 6 yogurts.

3 He would like
(a) plain yogurt.
(b) loose tea.
(c) fresh peas.

4 He wants
(a) one litre of wine.
(b) table wine.
(c) white wine.

B Shopping list

Write down all the items on the man's shopping list, with the English beside each item:

e.g. cent grammes de cantal   *100 grams ($\frac{1}{4}$ lb) Cantal cheese*
    une douzaine d'œufs   *a dozen eggs*

C Equivalents

Write down the phrases in the dialogue which mean the same as the English phrases below:
1 Have you any cheese, please?
2 Yes, we have Camembert, Brie, Cantal.
3 Well then, give me a slice of Brie.
4 And I'd also like a dozen eggs and four cartons of yogurt.
5 Is that everything?
6 Do you have any tinned peas?
7 Five litres of table wine.
8 Right, OK.
9 How much do I owe you?

D Ecoutez et répétez!

Listen to the dialogue once again and after each of the phrases you have written down, stop the cassette and repeat the phrase, imitating the speaker as closely as possible.

Note that with *un œuf* (an egg) the 'f' is pronounced, whereas with *des œufs* the 'f' is not pronounced. To help you, remember: A Frenchman, on being asked how many eggs he would like for breakfast, replies: 'Oh, one egg is enough (*un œuf!*).'

Grammar notes

A Verbs

1 Irregular verbs

As well as verbs which follow a set pattern, such as the -er verbs mentioned in grammar note C, p. 3, there are a number of very common irregular verbs. In this book only the essential irregular verbs are introduced. You should learn each one as it comes up.

avoir	*to have*		
j'ai	*I have*	nous avons	*we have*
tu as	*you have*	vous avez	*you (pl. or polite) have*
il/elle a	*he/she/it has*	ils/elles ont	*they have*
on a	*one has*		

2 Asking a question

There are three way of turning a statement into a question in French:
(a) Make your voice rise at the end of the phrase: Vous avez des oranges?
(b) Add *Est-ce que* . . . at the beginning: Est-ce que vous avez des oranges?
(c) Invert the subject and verb (as in the English 'Have you?'): Avez-vous des oranges?

B When to use *le, la, les* and when to use *du, de la, des*

French usage is similar to the English, except that French uses the definite article (*le, la, les*) when a noun is used in a general sense (where English would have no article at all):
J'aime le café.   *I like coffee.*
J'adore la crème fraîche.   *I adore fresh cream.*

The partitive article (*du, de la, des*) is used, as its name suggests, when some part of the whole is referred to:
Je voudrais du Camembert   *I'd like some Camembert.*
Je voudrais de la crème fraîche   *I'd like some fresh cream.*

The indefinite article (*un, une*) is used for countable nouns, i.e. items which can be counted out (it is impossible to 'count out' cream or Camembert, for example):
Donnez-moi des oranges.   *Give me some oranges.*
Une tarte aux pommes, s'il vous plaît.   *An apple tart, please.*

C Apostrophes

You may have been puzzling as to why an alternative form of the article is often given with an apostrophe: e.g. le, la, **l'** du, de la, **de l'**

This is simply the form which is used before a vowel or 'h':
e.g. de l'eau minérale   *some mineral water*
      de l'huile   *some oil*

D Quantities

In shops you will want to know how to ask for different quantities of things. These are listed below. Notice that expressions of quantity are followed by *de* or *d'* on its own (not *du, de la, de l', des*):

cent grammes de jambon	*100 grams (about ¼ lb) of ham*
un kilo de poires	*a kilo (2.2 lb) of pears*
un demi-kilo de tomates	*half a kilo (1.1 lb) of tomatoes*
un litre de lait	*a litre (1.75 pt) of milk*
une boîte de petits pois	*a tin of peas*
une tranche de jambon	*a slice of ham*
une bouteille d'eau minérale	*a bottle of mineral water*
un paquet de biscuits	*a packet of biscuits*
un tube de dentifrice	*a tube of toothpaste*
une tablette de chocolat	*a bar of chocolate*
un verre de moutarde	*a jar of mustard*
une douzaine d'œufs	*a dozen eggs*

Communicating

Asking for things

Du beurre, s'il vous plaît.   *Some butter please.*
Je voudrais un demi-kilo de pommes, s'il vous plaît.
   I'd like half a kilo of apples.
Je voudrais cent grammes d'olives, s'il vous plaît. *I'd like 100 grams of olives.*
Donnez-moi un litre de vin.   *Give me a litre of wine please.*
Avez-vous du fromage, de la viande, des bananes?
   Have you any cheese, any meat, any bananas?

Other useful shopping phrases

Et avec ça?	*Anything else?*
C'est tout?	*Is that everything?*
Je voudrais aussi . . .	*I would also like . . .*
C'est tout, merci.	*That's everything thanks.*
C'est combien?	*How much is it?*
Je vous dois combien?	*How much do I owe you?*

Exercises

1   **Vous avez du rouge, s'il vous plaît?**
    Write down how you would ask the shopkeeper if he/she has:

some cheese	some tea
some butter	some peas
some eggs	some wine

2 J'ai du chocolat

A French guest wants to make a cake. Write down how you would say
you have these things:

flour	*la farine*
sugar	*le sucre*
eggs	
butter	
fresh cream	*la crème fraîche*
strawberries	*les fraises* *la fraise.*

3 Est-ce que vous avez du thé, monsieur?

You're exchanging 'a nice cup of tea' for *une bonne tasse de café* with
some friends at the camp-site. Practise saying each of the sentences
below. Then write down the other way of asking a question, using
Est – ce que . . .:

Vous avez des tasses?
J'ai des allumettes?
Nous avons du lait?
Tu as du thé en sachets?
Vous avez une théière?
C'est tout?

Make up other questions about things you need.

4 J'adore le camembert. Je voudrais du camembert, s'il vous plaît

(see grammar notes B, C, p. 9)

First, tell your friend you adore these things, then turn to the grocer
and ask for some:

fresh cream	eggs
red wine	strawberries
peas	coffee

5

Write out the dialogue below, filling in the blanks with *le, la, l', les,* or
du, de la, de l', des, or *un, une* as appropriate (NB use *de* on its own after
expressions of quantity):

MME UNTEL: Bonjour, monsieur, je voudrais _____ beurre, s'il vous
plaît.

LE VENDEUR: Bien sûr, madame. Combien en voulez-vous?

MME UNTEL: Un paquet, s'il vous plaît. Et vous avez _____ crème
fraîche?

LE VENDEUR: Non, madame. Je regrette. Mais j'ai _des_ boîtes _de_
crème stérilisée.

MME UNTEL: D'accord. Alors _____ boîte, s'il vous plaît.

LE VENDEUR: C'est tout?

MME UNTEL: Non, je voudrais aussi _____ eau minérale.

LE VENDEUR: Oui, Vittel, Evian?

MME UNTEL: Donnez-moi _____ bouteille de Vittel et _____ litre
de vin rouge, s'il vous plaît.

LE VENDEUR: Tout de suite, madame. Voilà. Et avec ça?

MME UNTEL: Vous avez _____ huile d'olive?

LE VENDEUR: Non. J'ai_____ huile de tournesol seulement.

MME UNTEL: Dommage. Je préfère _____ _l'_ huile d'olive. Donnez-moi _____ _un_ litre _____ _d'_ huile de tournesol alors.

LE VENDEUR: Voilà.

MME UNTEL: Merci, monsieur. Je vois dois combien?

LE VENDEUR: Soixante-six francs cinquante (66F50), madame.

6 **Quantities**
Write a shopping list, choosing the expression on the left which goes with the items on the right:

un paquet de	vin
une bouteille de	dentifrice
un litre d'	beurre
une boîte d'	œufs
un tube de	abricots
une douzaine d'	huile d'olive

7 **Act it out**
Now use all the phrases listed under _Communicating_ on p. 10 to act out this situation at the grocer's:

VOUS: _(Greet the grocer and say you would like some Camembert, please)_

L'EPICIER: Oui. Voilà. Et avec ça?

VOUS: _(Say you would also like some eggs)_

L'EPICIER: Combien en voulez-vous?

VOUS: _(Say you would like a dozen eggs, please and ½ lb of butter)_

L'EPICIER: Voilà.

VOUS: _(Ask him if he has ham)_

L'EPICIER: Bien sûr.

VOUS: _(Ask him to give you a slice and say you would like some mineral water – a bottle of Vittel, please)_

L'EPICIER: C'est tout?

VOUS: _(Say yes, that's everything and ask how much you owe)_

L'EPICIER: Alors, c'est cinquante-six francs (56F).

VOUS: _(Say here you are)_

L'EPICIER: _(Giving you your change)_ Et soixante francs (60F). Merci.

VOUS: _(Thank him and say good-bye)_

L'EPICIER: C'est moi qui vous remercie. Au revoir.

8 Imagine you are going on a day-trip to Dieppe. Make a shopping list of the things you would like to buy while you are there.

Unit 3
Je regrette, je n'ai pas de poivrons jaunes

Au marché ∞

LA VENDEUSE:	Messieurs, dames.
UNE DEMOISELLE:	Vous avez des pommes de terre nouvelles, madame?
LE VENDEUSE:	Oui, bien sûr. Combien en voulez-vous?
LA DEMOISELLE:	Deux kilos, s'il vous plaît. Et un kilo de tomates.
LA VENDEUSE:	Voilà. Et avec ça?
LA DEMOISELLE:	Vous avez des poivrons jaunes?
LA VENDEUSE:	Non, je suis désolée, mademoiselle, nous n'avons pas de poivrons jaunes aujourd'hui. Mais j'en ai des rouges ou des verts.
LA DEMOISELLE:	Je prends des poivrons rouges alors – un demi-kilo.
LA VENDEUSE:	D'accord. Un demi-kilo de poivrons rouges. C'est tout?
LA DEMOISELLE:	Je voudrais aussi un ananas. Vous avez des ananas mûrs?
LA VENDEUSE:	Non, je regrette. Je n'ai pas d'ananas. Est-ce que vous faites de la soupe, mademoiselle? J'ai de très beaux poireaux aujourd'hui à 4F50 le kilo.
LA DEMOISELLE:	Alors donnez-moi un kilo de poireaux et un gros chou.
LA VENDEUSE:	Alors là, je m'excuse, nous n'avons pas de choux. J'ai des choux-fleurs si vous voulez ou des choux de Bruxelles.
LA DEMOISELLE:	Les choux-fleurs sont à combien, s'il vous plaît, madame?
LA VENDEUSE:	A 4F la pièce.
LA DEMOISELLE:	Je prends un chou-fleur, alors. Et vous avez des olives?
LA VENDEUSE:	Oui, j'ai des olives grecques.
LA DEMOISELLE:	Cent grammes d'olives grecques. Et puis c'est tout.
LA VENDEUSE:	Je calcule . . . alors ça fait trente-huit francs cinquante (38F50), mademoiselle.
LA DEMOISELLE:	Voilà.
LA VENDEUSE:	Trente-neuf (39) et quarante (40F) francs. Merci, mademoiselle.
LA DEMOISELLE:	Merci, madame. Au revoir.

Unit 3

d'accord   *right, OK*
alors   *well then*
un ananas   *pineapple*
aujourd'hui   *today*
beau   *beautiful, nice*
je calcule   *I'll just work it out*
un chou   *cabbage*
des choux de Bruxelles   *Brussels sprouts*
un chou-fleur   *cauliflower*
la demoiselle   *young lady*
je suis désolé(e), je regrette   *I am sorry*
je m'excuse   *I am sorry*
faire   *to make*
grec, grecque   *Greek*
gros   *large*

jaune   *yellow*
mûr   *ripe*
nous n'avons pas de   *we haven't any*
nouveau, nouvelle   *new*
l'olive (f)   *olive*
la pièce   *each*
le poireau   *leek*
un poivron   *pepper*
la pomme de terre   *potato*
je prends   *I'll take*
rouge   *red*
si   *if*
la vendeuse   *shop assistant*
vert   *green*

A   Vrai ou faux?

Listen to the taped dialogue and say whether the sentences below are *vrai* (true) or *faux* (false):
1   La vendeuse n'a pas de pommes de terre nouvelles.
2   La demoiselle veut acheter un kilo de tomates.
3   La vendeuse n'a pas de poivrons jaunes.
4   Elle n'a pas de gros ananas mûrs.
5   La demoiselle ne prend pas de poireaux.
6   Elle prend un gros chou.
7   Les choux-fleurs sont à 4F le kilo.
8   La demoiselle prend un chou-fleur.
9   Elle prend aussi des olives.

B   Equivalents

Look through the dialogue, listening again if you like, and write down the French equivalents for these phrases:
1   Have you any new potatoes?
2   Anything else?
3   No, I am sorry, we haven't any yellow peppers.
4   I'll have some red peppers, then.
5   I have some very nice leeks today.
6   How much are the cauliflowers, please?
7   Well then, that's everything.
8   So that makes 38F50.

C   Ecoutez et répétez!

Now listen to the dialogue once more, stopping the cassette after each of the phrases you have written down, and repeat each phrase, imitating the speaker as closely as possible.

Grammar notes

A The negative and partitive articles

After the negative *du, de la, de l', des* become *de*:

Vous avez **des** poires? *Have you any pears?*
Je regrette. Je n'ai pas **de** poires. *I am sorry I haven't any pears.*
Je voudrais **de l'**ail, s'il vous plaît. *I'd like some garlic please.*
Désolé, nous n'avons pas **d'**ail, aujourd'hui.
Sorry, we haven't any garlic today.

B Nouns – singular and plural

As in English, to form the plural you add 's' to the written form of the noun in question. You do not add an 's' when you speak, however; the words sound exactly the same – you can tell it's plural from the article which sounds different in the plural form. (*le, la, l'* all become *les* – see grammar note A, p. 2).

	s.	pl.
apple	la pomme	les pommes
mushroom	le champignon	les champignons
orange	l'orange	les oranges

But notice that

1 nouns ending in **s**, **z** or **x** do not change:

pineapple	l'anana**s**	→	les anana**s**
(wal)nut	la noi**x**	→	les noi**x**
radish	le radi**s**	→	les radi**s**

2 Some nouns ending **ou** add an **x**:

cabbage	le ch**ou**	→	les ch**oux**
cauliflower	le ch**ou**-fleur	→	les ch**oux**-fleurs

3 nouns ending in **eau** add **x**:

leek	le poir**eau**	→	les poir**eaux**
prune	le prun**eau**	→	les prun**eaux**

C Adjectives

Adjectives are words which accompany nouns and help to describe them.

1 Agreement
Adjectives 'agree' with the noun they accompany in number and gender: *les haricots verts* (green beans). In other words, if the noun is plural, you must add an 's' (usually) to the adjective too when you write it down. If the noun is feminine there is often an 'e' on the adjective which is not present for the masculine. If the noun is

feminine and plural, it ends in -es: *les olives noires* (black olives). The 'e' at the end of the feminine form means that the final consonant is pronounced, which is not the case for the masculine form:

	m.	f.
green	vert ('t' not pronounced)	verte ('t' pronounced)
grey	gris ('s' not pronounced)	grise ('s' pronounced as z)

The 's' for the plural form is not usually sounded.
Some adjectives are the same in both the masculine and feminine form:

	m.	f.	pl.
red	rouge	rouge	rouges
yellow	jaune	jaune	jaunes

2 Position

Adjectives usually follow the noun in French:
    un poivron rouge   *a red pepper*
    des bananes vertes   *some green bananas*

Some very common adjectives precede the noun, however:
e.g. les petits pois   *peas*
    un gros chou   *a large cabbage*
    une jolie robe   *a pretty dress*
    un jeune homme   *a young man*

When adjectives precede the noun, *du, de la, de l', des* become *de*:

J'ai **de** très bonnes pommes aujourd'hui.
    I have got some very good apples today.

3 Irregular adjectives

m. (pl.)	f. (pl.)	
nouveau(x)	nouvelle(s)	*new*
beau(x)	belle(s)	*beautiful*
blanc(s)	blanche(s)	*white*
sec(s)	sèche(s)	*dry*
gros(-)	grosse(s)	*large*
long(s)	longue(s)	*long*
favori(s)	favorîte(s)	*favourite*
frais(-)	fraîche(s)	*fresh*
entier(s)	entière(s)	*whole*
grec(s)	grecque(s)	*Greek*
bon(s)	bonne(s)	*good*

Communicating

Saying you're sorry

Notice how the shopkeeper apologises:

Je suis desolée,
Je regrette,   } mademoiselle, nous n'avons pas de choux.
Je m'excuse,

Saying you'll have them

You've decided what to buy – to say you'll take it, use *prendre*:

Je prends des poivrons rouges, alors. *I'll have some red peppers, then.*
Vous prenez un chou-fleur?   *Will you have a cauliflower?*

Understanding prices

One of the first things you will have to do and one of the most difficult! Do your best to learn the numbers below, check up on the till, if there is one, take a note pad, or ask the shopkeeper to write down how much your purchases come to:

Est-ce que vous pouvez noter le prix ici, s'il vous plaît?
Could you jot down the price here, please?

Les chiffres

(Check back to Unit 1 (p. 4) to brush up 1–20!)

20	vingt	73	soixante-treize
21	vingt et un	80	quatre-vingts
22	vingt-deux	81	quatre-vingt-un
30	trente	82	quatre-vingt-deux
31	trente et un	90	quatre-vingt-dix
32	trente-deux	91	quatre-vingt-onze
40	quarante	92	quatre-vingt-douze
50	cinquante	100	cent
60	soixante	101	cent un
70	soixante-dix	200	deux cents
71	soixante et onze	210	deux cent dix
72	soixante-douze	1000	mille

Notice also how the shopkeeper prices individual items:
à 4F50 le kilo   *4F50 the kilo*
à 4F la pièce   *4F each*

Exercises

1 Je voudrais des poires, s'il vous plaît (see grammar note A, p. 15)
Write down how you would ask the shopkeeper for:

(a) some potatoes   (d) some garlic
(b) a pineapple   (e) a cauliflower
(c) some leeks   (f) some peppers

2 Désolé, je n'ai pas de poivrons
It's your turn to be the shopkeeper. It's nearly closing time and
you've sold out of most things. Write down how you apologise and say
you haven't what the customer is asking for. (Remember *du, de la, de
l', des* become *de* after the negative – see grammar note A, p. 15.)
Choose the correct form of *avoir* in each case (see grammar note A,
p. 9).

(a) Vous avez des carottes?
    Désolé, je _____
(b) Je voudrais des bananes.
    Je regrette, nous _____
(c) Avez-vous de l'ail?
    Désolé, je _____
(d) Je voudrais de la salade.
    Je regrette, nous _____
(e) Donnez-moi des petits pois, s'il vous plaît.
    Désolé, je _____

3 Write down how you would ask for the following items (translating
lbs into kilos – see grammar note D, p. 00):

(a) 1 lb of leeks   (d) 1 lb of tomatoes
(b) 2 lbs of peas   (e) two peppers
(c) a cauliflower   (f) $\frac{1}{4}$ lb of mushrooms

4 Choose the adjective from the list on the right which goes best with
the items listed on the left, and write down the expressions with the
adjective in the correct place and with the right agreement (see
grammar note C, pp. 15–16):

des haricots	entier
des pommes de terre	petit
cent grammes d'olives	gros
une bouteille de vin	rouge
un litre de lait	frais
un vin blanc	bon
une boîte d'abricots	jaune
des pois	grec
de la crème	vert
un poivron	nouveau

5 Act it out

Act out this situation at the greengrocer's:

VOUS: (*Greet the fruiterer*)
LE MARCHAND DE FRUITS: Vous désirez?
VOUS: (*Say you'd like to make a nice salade niçoise and that you want some lettuce . . .*)
LE MARCHAND DE FRUITS: Oui. Voici de la salade.
VOUS: (. . . *and half a pound (250 gm) of tomatoes*)
LE MARCHAND DE FRUITS: Des tomates à cinq francs le kilo ou six francs cinquante.
VOUS: (*Say you'll have the 6F50 tomatoes*)
LE MARCHAND DE FRUITS: Et avec ça?
VOUS: (*Say you also want a 1 lb (½ kilo) of green beans*)
LE MARCHAND DE FRUITS: Voilà.
VOUS: (*And ask if he has any black olives*)
LE MARCHAND DE FRUITS: Je regrette, je n'ai pas d'olives.
VOUS: (*Say OK and that you would also like some ripe bananas*)
LE MARCHAND DE FRUITS: Combien en prenez-vous?
VOUS: (*Ask him to give you six, please*)
LE MARCHAND DE FRUITS: C'est tout?
VOUS: (*Ask how much the pears are*)
LE MARCHAND DE FRUITS: A six francs le kilo.
VOUS: (*Say you'll have a kilo. Say that's everything and ask how much you owe him*)
LE MARCHAND DE FRUITS: Alors, ça fait vingt francs.
VOUS: (*Say here are 20 francs*)
LE MARCHAND DE FRUITS: Merci. Au revoir.
VOUS: (*Say good-bye to him*)

6 Je vous dois combien?

You've jotted down the prices – but in the wrong order! Listen to the cassette and re-arrange the list so that the prices are in the same order as they appear on the tape. Each item is repeated.

If you are unsure of your numbers, write down each price in longhand first, before you listen, checking with the list of numbers on p. 17.

You will then recognise what you hear on the cassette that much more easily.

1	32F50	(a)
2	67F	(b)
3	120F	(c)
4	99F20	(d)
5	78F80	(e)
6	15F60	(f)

Colin est anglais. Il passe quelques jours chez les Durand. 🔊

MME DURAND: Nous pouvons passer à table si vous voulez.
COLIN: Ça sent bon!
MME DURAND: Asseyez-vous. Je peux vous servir quelques carottes râpées?
COLIN: Oui, madame. Merci beaucoup.
MME DURAND: Vous pouvez me passer du pain, s'il vous plaît?
COLIN: Voilà, madame. Bon appétit.
MME DURAND: Bon appétit.
COLIN: La cuisine française est excellente.
MME DURAND: Les carottes râpées sont un plat très simple.
COLIN: Mais la sauce vinaigrette est très bonne. Vous pouvez me donner la recette?
MME DURAND: Mais bien sûr. Alors, il faut de l'huile d'olive, du vinaigre, de la moutarde de Dijon, du sel et du poivre.
COLIN: Oui, et qu'est-ce qu'il faut faire?
MME DURAND: Pour deux cuillerées d'huile il faut ajouter une cuillerée de vinaigre et un tout petit peu de moutarde. Vous mélangez bien et vous versez directement sur la salade.
COLIN: D'accord. Je veux faire cela en Angleterre.
MME DURAND: Et voici un autre plat français – le boeuf bourguignon. Mais pour cela il faut un bon vin rouge. Je vous sers?
COLIN: Merci, madame. C'est délicieux.
MME DURAND: Mais la cuisine anglaise est excellente aussi. J'adore les desserts anglais. Est-ce que vous pouvez me donner la recette du 'rhubarb crumble'?
COLIN: Rhubarb crumble, c'est mon dessert préféré. Mais je n'ai pas de recettes ici. Il faut téléphoner à ma mère.
MME DURAND: Oui, oui, plus tard, vous pouvez téléphoner. Vous voulez encore du boeuf bourguignon?
COLIN: Avec plaisir, madame!

ajouter *to add*	encore *some more*	préféré *favourite*
asseyez-vous! *take a seat!*	faire *to do*	quelque *some*
	il faut *it is necessary, you need*	râpé *grated*
bien sûr *of course*		la recette *recipe*
le bœuf	mélanger *to mix*	le sel *salt*
bourguignon *beef in red wine*	la moutarde *mustard*	ça sent bon *that smells good*
bon appétit! *enjoy your meal!*	avec plaisir! *I'd love some!*	servir *to serve*
	le poivre *pepper*	verser *to pour*
une cuillerée *a spoonful*	pouvoir *to be able*	le vinaigre *vinegar*

A Questions in English

Listen to the taped dialogue and answer the questions in English:
1 What are Colin and Mme Durand having for lunch?
2 What ingredients do you need to make a French dressing?
3 How do you make it?
4 What is the special ingredient in *bœuf bourguignon*?
5 Why can't Colin give Mme Durand the recipe for rhubarb crumble?

B Equivalents

Write down the French equivalents for the English expressions below:
1 That smells good!
2 Could you pass me some bread, please?
3 Enjoy your meal!
4 Could you give me the recipe?
5 You need olive oil . . .
6 And what do you have to do?
7 Would you like some more bœuf bourguignon?
8 I'd love some!

Grammar notes

A Verbs

1 Irregular verbs
   The verbs below are very commonly used. It is worth learning all their forms by heart.

être   *to be*

je suis	*I am*	nouns sommes	*we are*
tu es	*you are*	vous êtes	*you are*
il/elle est	*he/she/it is*	ils/elles sont	*they are*
on est	*one is, we/you/they are*		

pouvoir   *to be able*

je peux	*I can*	nous pouvons	*we can*
tu peux	*you can*	vous pouvez	*you can*
il/elle peut	*he/she can*	ils/elles peuvent	*they can*
on peut	*one/we/you/they can*		

vouloir   *to wish, want to*

je veux	*I want to*	nous voulons	*we want to*
tu veux	*you want to*	vous voulez	*you want to*
il/elle veut	*he/she wants to*	ils/elles veulent	*they want to*
on veut	*one wants to, we/you/they want to*		

2 Il faut

Il faut (it is necessary) is known as an impersonal expression. It is very commonly used. It can be followed by nouns:

Il faut de l'huile d'olive. *You need olive oil.*

or by a verb:
Il faut mélanger tous les ingrédients.
You must (it is necessary to) mix all the ingredients.
Il faut téléphoner à ma mère *I must telephone my mother.*

3 Verbs followed by the infinitive

Il faut, vouloir and *pouvoir* can all be followed by another verb in the infinitive:

Qu' est-ce qu'il faut faire? *What do I have to do?*
Vous pouvez me donner la recette? *Can you give me the recipe?*
Vous voulez regarder la télé? *Do you want to watch TV?*

B Adjectives of nationality

La cuisine française *French cuisine*
Les desserts anglais *English puddings*

Like most adjectives those describing nationality have an 'e' in the feminine form, and add 's' for the plural:

m. (pl.)	f. (pl.)	
français	française (s)	*French*
suisse (s)	suisse (s)	*Swiss*
belge (s)	belge (s)	*Belgian*
britannique (s)	britannique (s)	*British*
anglais	anglaise (s)	*English*
irlandais	irlandaise (s)	*Irish*
écossais	écossaise (s)	*Scottish*
gallois	galloise (s)	*Welsh*
italien (s)	italienne (s)	*Italian*
allemand (s)	allemande (s)	*German*

As shown in grammar note C, p. 16, where there is an 'e' or 'es' at the end the final letter is sounded.

Note that these adjectives can be used as nouns. In this case they start with a capital letter.

C'est un Français. *He is a Frenchman.*
C'est une Italienne *She is an Italian.*

Communiciating

Requesting

Vous pouvez me donner la recette? *Can you give me the recipe?*
Vous pouvez me passer le pain? *Can you pass the bread?*

What to say at table

Bon appétit (literally, good appetite) is used to wish everyone a pleasant meal. You should get into the habit of saying it before tucking in! It is also used when you are not eating and others are, for example at a café or restaurant.

Here are some other expressions that can be used at table:

Ça sent bon! *That smells good!*
C'est délicieux. *It's delicious.*
C'est mon plat préféré! *It's my favourite!*
Vous pouvez me passer le pain/sel/poivre, s'il vous plaît?
  Could you pass me the bread/salt/pepper please?
Voici, madame. *Here you are.*
Voilà, madame. *There you are.*
Je vous sers? *Shall I serve you?*
Servez-vous! *Help yourself!*
Voulez-vous encore . . .? *Would you like some more . . .?*
Avec plaisir, madame! *I'd love some more!*
Merci, madame. Ça va comme ça. *No thanks. I've had plenty.*

Exercises

1 **La cuisine est excellente!**
You are talking to your hostess in France. Copy out the sentences, filling in with the correct part of *être* (see grammar note A, p. 21):

(a) Mais vous _____ très aimable.
(b) Sylvie _____ super intelligente!
(c) Votre mari _____ gentil.
(d) Les garçons _____ sérieux.
(e) Nous _____ écossais.
(f) La cuisine écossaise _____ intéressante.
(g) Les plats _____ très simples.

2 Can he/she do it?

Write down how you would ask if the following people can do the following things, using the correct form of the verb *pouvoir*:

(a) Can you (*tu*) phone later?
(b) Can he mix the oil and vinegar?
(c) Can she pour the sauce on the salad?
(d) Can they (m.) serve the *bœuf bourguignon*?
(e) Can you (*vous*) give me the recipe?

3 He/she can do it but won't!

Change the following sentences to say the people concerned do not want to do it! Write down your answers.
e.g. Tu peux téléphoner ce soir.
   Mais tu ne veux pas téléphoner ce soir!

(a) Ils peuvent regarder la télé.
(b) Nous pouvons faire cela en Angleterre!
(c) Je peux servir le dessert maintenant.
(d) Elles peuvent vous donner la recette.
(e) Elle peut ajouter du vin rouge.
(f) Tu peux passer à table maintenant.
(g) Vous pouvez prendre un café.

4 In the right order

Marthes and Robert are discussing what Marthes is preparing for lunch. The beginnings of what they say are in the right order on the left, but the end of each sentence has got muddled up. Rewrite the dialogue so that the whole conversation makes sense:

MARTHES: Je veux	me donner la recette pour la sauce vinaigrette?
ROBERT: Il faut	faire une salade mixte.
MARTHES: Peux-tu	passer à table maintenant.
ROBERT: Bien sûr, il faut	de la laitue, des tomates, du concombre.
MARTHES: Voilà, nous pouvons	mélanger de l'huile d'olive et du vinaigre.

5 Listening exercise ∞

Listen to the pronunciation exercise. Notice the difference in sound at the end of the feminine and masculine forms of the adjective.

6 C'est un Français. C'est une Allemande

Fill in the nationality of these famous people. Then read out the sentences, making sure you pronounce the adjective correctly.

(a) Françoise Sagan, c'est une _____ . Elle est _____
(b) Louis Pasteur _____   (e) Georges Simenon _____
(c) Ian Botham _____   (f) Steffi Graf _____
(d) Sophia Loren _____

7 Being enthusiastic!
Choose appropriate adjectives to describe how you feel about the foods listed on the left.
e.g. Le fromage français est fabuleux.

(a) Les glaces	anglais		excellent(e)
(b) Les desserts	français		dégueulasse (disgusting)
(c) Le vin	italien	est/sont	fantastique
(d) Les fruits	suisse		formidable (wonderful)
(e) Les légumes	espagnol		affreux (-se) (horrible)
(f) Le chocolat	belge		délicieux (-se)

Write down your comments, making sure the adjectives agree with the noun in question.

8 Act it out
Act out this situation at a friend's house:

MME MARTIN: Voulez-vous passer à table maintenant?
VOUS: *(say yes and that it smells good)*
MME MARTIN: Je vous sers? C'est du steak.
VOUS: *(Say yes please – steak is your favourite dish)*
MME MARTIN: Voilà.
VOUS: *(Ask if she could pass the bread please)*
MME MARTIN: Bien sûr. Voilà.
VOUS: *(Wish her a good meal)*
MME MARTIN: Bon appétit.
MME MARTIN: Voulez-vous encore de la tarte aux pommes?
VOUS: *(Accept and say it is delicious)*
MME MARTIN: Le 'apple pie' anglais aussi est excellent.
VOUS: *(Agree, but say you want to make French apple tart in England)*
MME MARTIN: Je vous donne la recette.
VOUS: *(Thank her)*

9 Victoria sponge cake
Write down this recipe in French (4oz = 100 grams):
4oz butter
4oz sugar
4oz flour
2 eggs

(a) You must mix the butter and the sugar.
(b) You must add the eggs.
(c) You must add the flour.
(d) You must pour the mixture (*le mélange*) into two cake tins (*moules*).
(e) You must put the cake in the oven (*mettre le gâteau au four*) for 25 minutes.
(f) You must add some jam . . . and there you are!

Unit 5
Mais qu'est-ce que tu fais dans la vie?

⌒⌒

JACQUELINE: Comment tu t'appelles?
GEORGES: Je m'appelle Georges Delmas.
JACQUELINE: Tu es de nationalité française?
GEORGES: Oui, je suis de nationalité française.
JACQUELINE: Tu es marié?
GEORGES: Non, je suis célibataire. J'habite toujours chez mes parents.
JACQUELINE: Tu as des frères et des sœurs?
GEORGES: Oui, j'ai une sœur. Elle a vingt-neuf ans. Elle s'appelle Anne-Marie. Elle est mariée et elle a deux enfants. Et puis j'ai aussi deux frères. Ils sont célibataires tous les deux. Alain a vingt-cinq ans – il est comptable dans une grande compagnie d'ordinateurs. Et puis il y a Jacques. Il a dix-neuf ans. C'est un étudiant de mathématiques. Il finit ses études l'année prochaine.
JACQUELINE: Excuse-moi, mais qu'est-ce que tu fais dans la vie?
GEORGES: Je suis chômeur en ce moment. Depuis deux semaines. Je suis plombier. Alors je compte avoir bientôt un nouvel emploi.
JACQUELINE: Ton père travaille?
GEORGES: Oui. Et ma mère aussi. Mon père est employé aux PTT. Ma mère est informaticienne.
JACQUELINE: Et les travaux ménagers?
GEORGES: Ma mère en fait beaucoup, elle fait la lessive. Mais mon père cuisine. Il adore ça. Et il fait les courses aussi. Et puis, Jacques et moi, nous faisons la vaisselle.

l'année prochaine   *next year*
s'appeler   *to be called*
comment tu t'appelles?
   what is your name?
avoir 29 ans   *to be 29 years old*
bientôt   *soon*
célibataire   *single*
chez   *at the house of*
le chômeur   *unemployed person*
une compagnie d'ordinateurs
   computer firm
un comptable   *accountant*
compter   *to reckon on*
faire les courses   *to do the shopping*
cuisiner   *to cook*
depuis deux semaines
   since two weeks ago

un emploi   *job*
un enfant   *child*
qu'est-ce que tu fais dans la vie?
   what do you do for a living?
un frère   *brother*
un informaticien   *computer operator*
faire la lessive   *to do the washing*
marié   *married*
en ce moment   *at the moment*
le plombier   *plumber*
les PTT (Postes et Télé-
   communications)   *the Post Office*
une sœur   *sister*
tous les deux   *both*
travailler   *to work*
les travaux ménagers   *housework*
faire la vaisselle   *to do the washing up*

26

A Répondez aux questions!

Listen to the passage and then answer the questions below in French:
1 Est-ce que Georges est de nationalité française?
2 Il est marié?
3 Il a combien de frères et de sœurs?
4 Est-ce que sa sœur est célibataire?
5 Les frères de Georges, qu'est qu'ils font dans la vie?
6 Est-ce que Georges travaille en ce moment?
7 Qu'est-ce qu'il fait dans la vie?
8 Est-ce que son père fait des travaux ménagers?
9 Qu'est-ce que les deux garçons, Georges et Jacques, font à la maison?

B Equivalents

Look in the dialogue for the French equivalents for the English phrases given below. Write them down.
1 What is your name?
2 My name is . . .
3 Are you French?
4 I am single.
5 I have one sister.
6 I also have two brothers.
7 They are both single.
8 Alain is 25 years old.
9 He is an accountant.
10 What do you do for a living?
11 I am unemployed at the moment.

C A vous maintenant!

Now write down how you would say:
1 what your name is.
2 what nationality you are.
3 what your job is.
4 whether you are married or single.
5 how many brothers and sisters you have.
6 what they do for a living.
(You may have to look up in a dictionary to find the right term.)
    Listen to the cassette again and, modelling your pronunciation on that of Georges, practise giving your personal details aloud.

Unit 5

Grammar notes

A Pronouns

You will be wondering when to use *tu* and when to use *vous*. *Tu* is used amongst friends when one person is being addressed, *vous* when more than one person is. *Vous* is always used when talking to strangers, i.e. shopkeepers, people in offices, hotel receptionists, etc. *Tu* is becoming much more widespread and is always used amongst young people, and with colleagues and fellow students. You should address older people as *vous* to show respect. A rough guide would be:

People your own age – informal situation – use *tu*.
Older people – formal situation – use *vous*.

B Verbs

1 Regular verbs – present tense

The present tense in French covers the English present tense (I get up, I go to work, I have lunch) which describes habitual action (things which happen every day) and also the English continuous present tense (I'm getting up, I'm going to work, I'm having lunch), which describes something you are doing at this very moment.

French verbs are usually grouped into three types:
(a) those whose infinitive ends in -er;
(b) those whose infinitive ends in -ir;
(c) those whose infinitive ends in -re.

These verbs form a regular pattern for each of the persons, i.e. *je, tu, il*, etc. have appropriate endings in each case. We saw the endings that you should use with -er verbs on p. 3. The endings for -ir verbs are illustrated below; -re verbs will be discussed on p. 38.

choisir *to choose*

je chois**is**	nous chois**issons**
tu chois**is**	vous chois**issez**
il/elle/on chois**it**	ils/elles chois**issent**

Note that, in the spoken language, the *je, tu, il/elle* and *ils/elles* forms of *parler* (a regular -er verb) all sound the same, and that for -ir verbs the *je, tu* and *il/elle* forms sound the same.

2 Irregular verbs

Faire is an irregular verb – in other words, a verb which does not follow the pattern for -re verbs (see p. 39). You will need to use this verb very frequently, so it is a good idea to learn it by heart now.

faire *to make, do*

je fais	nous faisons
tu fais	vous faites
il/elle/on fait	ils/elles font

C Professions

Most professions have a masculine and a feminine form. Sometimes the masculine is formed by dropping the 'e' and sometimes by also removing an accent from the preceding 'e', -ière becoming -ier (e.g. epicière, epicier; boulangère, boulanger).

Some forms are the same for both feminine and masculine:

une/un professeur   *teacher*
une/un comptable   *accountant*

There are two ways of talking about professions, either:

Elle est ingénieur.
Il est professeur.
NB no *le, la* or *un, une.*

or:

C'est un ingénieur.
C'est une professeur.

D Possessive adjectives

m.	f.	pl.	
mon	ma	mes	my
ton	ta	tes	your
son	sa	ses	his, her, its
notre	notre	nos	our
votre	votre	vos	your
leur	leur	leurs	their

The possessive adjective agrees with the noun it accompanies in gender and number:

mon frère   *my brother*
ma sœur   *my sister*
mes cousins   *my cousins*

Study this carefully, as speakers of English often have problems here, especially with *son, sa, ses*:

son frère   *his* or *her brother*
sa sœur   *his* or *her sister*
ses cousins   *his* or *her cousins*

Communicating

Talking about yourself

Je m'appelle . . . *My name is . . .*
Je suis mécanicien, professeur, lycéen(ne), étudiant(e).
  I'm a mechanic, teacher, school pupil, student.
Je suis anglais(e), écossais(e). *I'm English, Scottish.*
Je suis de nationalité britannique. *I'm British.*
J'ai dix-neuf ans. *I'm 19 years old.*
J'ai deux frères. *I have two brothers.*
J'habite chez mes parents. *I live with my parents.*

Asking about others

Often you need to apologise before asking for personal information, in
which case you preface your questions with a 'softener' like *Excuse*(z)-
moi, mais . . . (Sorry, but . . .) before continuing with:

. . . comment vous vous appelez?
. . . comment tu t'appelles?   } . . . *what is your name?*
. . . que fais-tu (faites-vous) dans la vie?   . . . *what do you do for a living?*
. . . est-ce que ton/votre père travaille?   . . . *does your father work?*
. . . est-ce que ta/votre sœur, est mariée?   . . . *is your sister married?*
. . . tu as/vous avez quel âge?   . . . *how old are you?*

Talking about other members of the family

Nous sommes quatre dans la famille. *There are four of us in the family.*
Ma femme est professeur. *My wife is a teacher.*
Mon fils travaille aux PTT. *My son works at the Post Office.*
Mon frère est comptable. *My brother is an accountant.*
Mon beau-frère est fonctionnaire. *My brother-in-law is a civil servant.*
Ma fille est à la maison. *My daughter is a housewife.*

Exercises

1 **Tu, vous** (see grammar note A, p. 28)
   Tu es française?, Vous êtes française?
   You overhear someone speaking French in England and decide you'd
   like to practise your French. You check up by asking if they are
   French, but do you use *tu* or *vous* when you see that the speaker is:

(a) the air-hostess;
(b) a fellow student (male) on the same course as you;
(c) a waiter in the restaurant you are in;
(d) an elderly woman buying woollen sweaters to take home;
(e) a young colleague (female) that you only knew by sight before.

2 Fill in with the correct part of the verb (see grammar note B, p. 28 and note C, p. 29):

(a) J' _____ (arriver) très tard au restaurant.
(b) Tu _____ (parler) avec Monique.
(c) Elle _____ (travailler) maintenant chez un médecin.
(d) Nous _____ (choisir) le menu gastronomique.
(e) Monique _____ (choisir) des plats très riches.
(f) Elle _____ (vomir) toute la nuit.
(g) Le matin elle _____ (visiter) le médecin. Elle _____ (expliquer) la situation. Les médecins lui _____ (donner) des pastilles et il faut aussi _____ (rester) au lit.

3 Faire
Copy out the passage and fill in the blanks with the correct part of *faire* as appropriate. Then answer the question at the end of the passage.

Après le repas du soir je _____ la vaisselle. S'il _____ beau, mon chien et moi, nous _____ une promenade dans le jardin public. Les autres _____ de la bicyclette. Mais toi, qu'est-ce que tu _____ pendant tes heures de loisir? Est-ce que tu _____ les courses, ou avec un ami _____ -vous ensemble vos études de français?

4 Il est professeur
See if you can guess what profession is referred to in each of the phrases below. Say *Il est . . , Elle est . . .* or *C'est un/une . . .*

(a) Il fait le pain.
(b) Elle vend de l'alimentation.
(c) Elle travaille dans un hôpital.
(d) Elle fait des calculations.
(e) Il travaille avec des enfants.

5 Qu'est-ce qu'ils font dans la vie? (see grammar notes C, D, p. 29 and *Communicating*, p. 30)
Write down several sentences in which you say what profession various members of your family are in:
e.g. Mon beau-père est bibliothécaire. *My father-in-law is a librarian.*
Ma belle-sœur est médecin. *My sister-in-law is a doctor.*
You may have to look up some professions in a good dictionary – or ask a French friend!

6 Act it out

Now act out the following conversation, in which you tell all!

GEORGES: Tu es de quelle nationalité?

VOUS: (*Say what nationality you are*)

GEORGES: Tu es originaire de Londres?

VOUS: (*Say where you are from originally and where you live now*)

GEORGES: Tu es marié(e)?

VOUS: (*Say whether you are married or single*)

GEORGES: Comment tu t'appelles?

VOUS: (*Tell the person your name*)

GEORGES: Tu as des frères et des sœurs?

VOUS: (*Tell him about your brothers and sisters – their names and ages*)

GEORGES: Qu'est-ce qu'ils font dans la vie?

VOUS: (*Tell him what they do for a living*)

GEORGES: Et toi, qu'est-ce que tu fais dans la vie?

VOUS: (*Say whether you are at school, college, or what your job is, and ask what he does*)

GEORGES: Moi, je suis médecin.

VOUS: (*Say oh yes, and ask if he is French*)

GEORGES: Non. Je suis allemand.

VOUS: (*Ask if he has any brothers and sisters*)

GEORGES: Non, mais j'ai un fils.

VOUS: (*Ask what his name is*)

GEORGES: Dr Frankenstein!

7 Letter-writing

You see an advertisement in which a French person is looking for a
language exchange in Britain. Write to him or her giving details about
yourself and your family. Here is the framework for your letter:

Cher Philippe/Chère Marie-Louise,

   Je viens de lire votre annonce dans le journal de la
Confédération des Auberges de Jeunesse. Je m'appelle _____

   Amicalement,

_____

Unit 6
Retrouvez votre souffle

A Est-ce que vous avez bien compris? ∞

In the dialogue you will hear on the cassette, a policeman has stopped a suspicious-looking person getting out of his car. Listen to the dialogue as many times as you like and fill in the information on the policeman's report form below.

Nom:

Prénom:

Nationalité:

Age:

Etat civil:

       (marié/célibataire)

Profession:

Adresse:

Adresse à Paris:

B Remplissez les blancs!

Copy out the passage below, filling in the blanks with the correct part of the verb in brackets and choosing the correct answer (a) (b) or (c) as appropriate.

Salut! Je m'_____ (appeler) Florence et je _____ (être)

(a) —

(b) un   ingénieur dans une

(c) une

(a) grand

(b) gros

(c) grande

compagnie aéronautique à Lyon. Je _____ (faire) partie d'une équipe de cinq personnes et nous _____ (travailler) très bien ensemble.

(a) J'ai
(b) Je suis   vingt-trois ans, je suis
(c) Je peux

(a) célibataire
(b) à la maison
(c) mariée

depuis deux ans. Nous n'_____ pas (avoir)

(a) de
(b) d'   enfants, mais je _____ (vouloir)
(c) des

en avoir deux ou trois un jour. En ce moment

(a) mes
(b) ma   mari est
(c) mon

chômeur. Alors, je n'ai pas le choix:

    (a) est
il (b) faut   travailler. Mais j'_____ (aimer)
    (c) a

beaucoup mon travail.
    Nous _____ (être) à Lyon depuis deux ans.

(a) Mon
(b) Ma   parents n'_____ pas (habiter) à Lyon.
(c) Mes

(a) Ils
(b) Elles   sont
(c) Elle

à Paris. Mais ici à Lyon nous _____ (avoir)

(a) des très bonnes
(b) de très bons
(c) de très bon

amis; nous _____ (faire) souvent la fête chez nous!

C Lectures

1   Look at the photos carefully

What is being sold at these shops?

2   Read the recipe below, then answer the questions.

Biscuits aux flocons d'avoine

Pour 50 petits biscuits environ :
100 g de flocons d'avoine
125 g de beurre
150 g de sucre semoule - (la) Semolina { Caster sugar }
125 g de farine
1/2 cuillerée à café de
bicarbonate de soude
100 g de raisins de Corinthe
Préparation : 15 mn
Cuisson : 7 mn

Faites bouillir rapidement les raisins dans un peu d'eau.
Egouttez-les, hachez-les. Mélangez le beurre et le sucre.
Ajoutez les flocons d'avoine, la farine, le bicarbonate et les
raisins. Formez des boules assez petites. Disposez les boules
sur une plaque beurrée. Faites cuire à four 180° (thermostat 6)
pendant 5 à 7 minutes.

You are staying with a very busy French friend. Guests are expected and, as he rushes off to work in the morning, he asks you to make some biscuits and gives you the recipe above! Read it carefully and answer these questions:
1   Luckily you find a packet labelled *flocons d'avoine* (oat flakes) in the cupboard, but what other ingredients do you need?
2   How many biscuits will you make?
3   How long should it take you to make them?
4   What do you think *faites bouillir* means?
5   What else do you think you have to do with the raisins?
6   What do you have to do next?
7   What do you think *boules assez petites* are?
8   And what is a *plaque beurrée*?
9   What do you think *faites cuire* means?
10   How long should you leave them in the oven?

D

Write out the dialogue you would have at the grocer's shop when you go to buy the ingredients you need to make the biscuits in exercise D.

E Puzzle

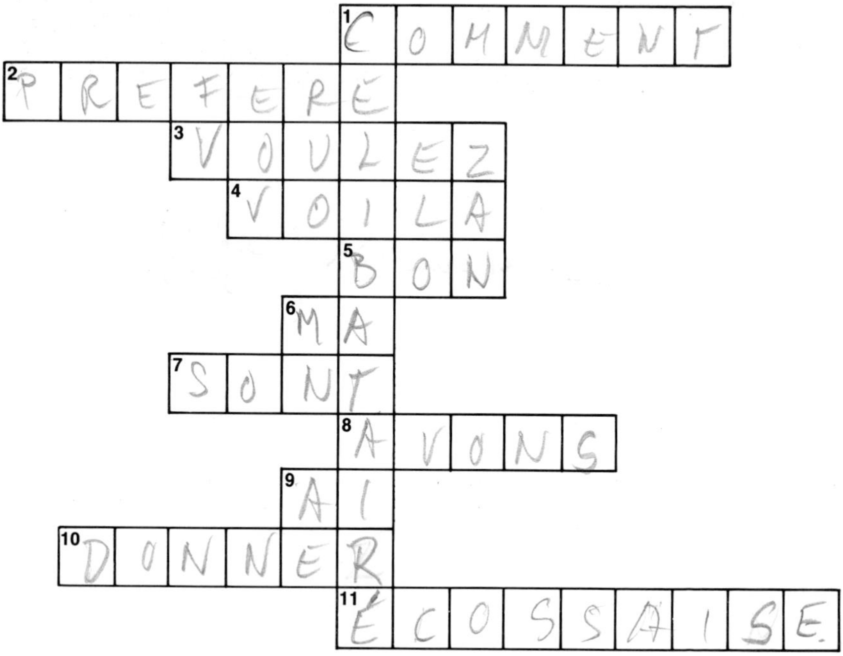
1 COMMENT
2 PREFERÉ
3 VOULEZ
4 VOILA
5 BON
6 MA
7 SONT
8 AVONS
9 AI
10 DONNER
11 ÉCOSSAISE

Horizontale

1 ______ tu t'appelles?
2 J'adore la tarte aux pommes. C'est mon dessert ______
3 Vous ______ encore un peu de pain?
4 Vous pouvez passer le sel, s'il vous plaît?
______, madame.
5 On passe à table maintenant.
______ appétit!
6 Qu'est-ce qu'ils font dans la vie, vos parents?
Mon père est fonctionnaire et ______ mère est chômeuse en ce moment.
7 Ils ______ professeurs tous les deux.
8 Je regrette. Nous n'______ pas d'abricots aujourd'hui.
9 J'______ dix-huit ans.
10 Vous pouvez me ______ la recette?
11 Tu es anglaise?
Non, je suis d'Edimbourg. Je suis ______

Verticale

1 Je ne suis pas marié. Je suis CELIBATAIRE

Unit 7
Tu y vas en voiture?

Patrick veut voir un film à la Cinémathèque à Paris. Il veut trouver le moyen le plus simple d'y aller. Il demande à Marguerite. ∾

PATRICK: Marguerite, pour aller à la Cinémathèque?
MARGUERITE: Tu y vas en voiture?
PATRICK: Non, je n'ai pas de voiture, j'y vais à pied.
MARGUERITE: Ah non, mais c'est trop loin! Il faut y aller en taxi ou en métro.
PATRICK: Mais les taxis coûtent cher. Où est la station de métro la plus proche?
MARGUERITE: Alors, tu descends l'avenue ici, tu prends la première rue à gauche et puis la station de métro est sur ta droite. Le métro met environ une demi-heure.
PATRICK: D'accord. A tout à l'heure, alors.
MARGUERITE: Salut.
(Patrick ne trouve pas la station de métro. Il faut demander à un passant!)
PATRICK: Excusez-moi, monsieur, pour aller à la station de métro, s'il vous plaît?
LE PASSANT: Alors là, vous êtes sur la mauvaise route. Vous faites demi-tour, vous continuez tout droit jusqu'aux feux rouges, vous traversez la rue et vous avez la station de métro sur votre gauche. Vous voyez, où il y a le panneau.
PATRICK: Ah oui, je vois maintenant. Merci, monsieur.
LE PASSANT: Je vous en prie.

demander *to ask*	le moyen le plus simple
faire demi-tour *to turn round*	*the simplest way*
descendre *to go down*	le panneau *signpost*
tout droit *straight on*	à pied *on foot*
à droite *on the right*	pour aller à . . .? *how do I get to . . .?*
environ *about*	prendre *to take*
les feux rouges *traffic lights*	je vous en prie *don't mention it*
à gauche *on the left*	la plus proche *nearest*
à tout à l'heure *see you later*	salut *bye*
il y a *there is*	sur *on*
jusqu'à *up to*	traverser *to cross*
maintenant *now*	trop loin *too far*
la mauvaise route *wrong (lit. bad) road*	trouver *to find*
en métro *by tube*	en voiture *by car*
mettre une demi-heure	vous voyez (*from* voir) *to see*
to take half an hour	y *there*

A Multiple choice

Listen to the passage and choose the correct answer (a), (b) or (c):

1 Patrick va à la Cinémathèque
  (a) en voiture.
  (b) en taxi.
  (c) en métro.

2 Il faut
  (a) monter l'avenue.
  (b) prendre la première rue à
     gauche.
  (c) trouver la station de métro
     sur la gauche.

3 Le métro met
  (a) une demi-heure.
  (b) une heure.
  (c) une heure et demie.

4 Le monsieur lui dit qu'il faut
  aller
  (a) à droite.
  (b) tout droit.
  (c) à gauche.

B Equivalents

Find the French equivalents in the text for the English expressions given below and write them down:
1 How do I get to the Cinémathèque?
2 I'm going on foot.
3 That's too far!
4 Where is the nearest tube station?
5 You take the first street on the left . . .
6 . . . and the tube station is on your right.
7 Right. See you later, then.
8 Excuse me, how do I get to the tube station please?
9 Don't mention it.

C

Listen to the passage once again. Stop the tape after each of the sentences you have written down in exercise B and repeat it, imitating the person on the tape as closely as you can.

Grammar notes

A Verbs

1 Regular -re verbs
Regular -re verbs form the present tense as illustrated below:

    descendre *to go down*
    je descend**s**   nous descend**ons**
    tu descend**s**   vous descend**ez**
    il/elle/on descend   ils/elles descend**ent**

2 Irregular verbs

Here is another batch of irregular verbs which you must simply learn by heart:

aller *to go*

je vais	nous allons
tu vas	vous allez
il/elle/on va	ils/elles vont

prendre *to take*

je prends	nous prenons
tu prends	vous prenez
il/elle/on prend	ils/elles prennent

mettre *to put, take*

je mets	nous mettons
tu mets	vous mettez
il/elle/on met	ils/elles mettent

mettre is often used when talking about how long something takes:

Le car met combien de temps? *How long does the coach take?*

voir *to see (literally and figuratively)*

je vois	nous voyons
tu vois	vous voyez
il/elle/on voit	ils/elles voient

B Prepositions

Prepositions are words like 'on', 'in', 'at', 'near', 'opposite', etc. which help you locate things. When combined with the definite article, *à* (at, to) has forms like this:

à + *le* becomes *au*
à + *la* becomes *à la*
à + *l'* becomes *à l'*
à + *les* becomes *aux*

e.g.	Je vais	**au** café. **à la** banque. **à l'**hôpital. **aux** magasins.	*I'm going*	*to the café.* *to the bank.* *to the hospital.* *to the shops.*

Similarly, *de* becomes *du, de la, de l', des.*

L'office de tourisme se trouve	à côté **du** marché en face **de la** poste près **du** supermarché à gauche/droite **des** boutiques	*beside (lit. at side of) the market* *opposite the post office* *near the supermarket* *to the left/right of the small shops*

Other prepositions

dans la boulangerie   *in the baker's*
sur votre droite/gauche   *on your right/left*
devant la gare   *outside (lit. in front of) the station*
derrière la cathédrale   *behind the cathedral*
entre le garage et la pharmacie   *between the garage and the chemist's*

C   Comparatives and superlatives

To talk about things being 'bigger' and 'the biggest', 'more interesting' and 'the most interesting' you should use *plus* + adjective (more . . .) and *le plus* + adjective (most . . .):

grande, plus grande, la plus grande   *big, bigger, biggest*
mûre, plus mûre, la plus mûre   *ripe, riper, ripest*
Donnez-moi le melon le plus mûr, s'il vous plaît
   Give me the ripest melon, please
Note:
Où est la gare la plus proche?·   *Where is the nearest station?*
Où est le café le plus proche?   *Where is the nearest café?*

Communicating

Means of transport

Just as in English we say 'by car' (not 'on car'), but 'on foot', so in French a particular preposition is chosen for each mode of transport:

je y vais

à pied	*on foot*	en train	*by train*
en velo/	*by bike*	en métro	*by tube*
à bicyclette		en bateau	*by boat*
en moto	*by motorbike*	en avion	*by plane* (par avion =
en voiture	*by car*		*by airmail*)
en autobus	*by bus*	en aéroglisseur	*by hovercraft*
en taxi	*by taxi*		

Ordinal numbers

Ordinal numbers are numbers like 'first', 'second', 'third'. In French, most are formed by adding -ième to the cardinal (ordinary!) numbers. Sometimes this affects the spelling a little and 'first' is the exception to the rule.

1st	premier	6th	sixième	11th	onzième
2nd	deuxième	7th	septième	12th	douzième
3rd	troisième	8th	huitième	21st	vingt et unième
4th	quatrième	9th	neuvième	68th	soixante-huitième
5th	cinquième	10th	dixième		

Asking the way

When asking a stranger the way somewhere, it is most polite to say:
Pardon, madame, ...
Excusez-moi, monsieur, ...
and then ask your question:
. . . pour aller à la gare, s'il vous plaît?   . . . *how do I get to the station, please?*
. . . où sont les grands magasins?   . . . *where are the department stores?*
. . . où est la banque la plus proche?   . . . *where is the nearest bank?*

Understanding directions

Vous descendez l'avenue Beaumarchais.
You go down Beaumarchais Avenue.
Vous prenez la première rue à droite.   *You take the first street on your right.*
Vous continuez tout droit.   *You go straight on.*
Et le cinéma est sur votre gauche.   *And the cinema is on your left.*

Exercises

1   Fill in with the appropriate part of *descendre, prendre, mettre* or *voir* (see grammar note A, pp. 38–39):

(a) L'autobus _____ environ dix minutes.
(b) Nous _____ un taxi.
(c) Je _____ maintenant!
(d) Ils _____ une demi-heure pour arriver au restaurant.
(e) Vous _____ la rue et la banque est sur votre droite.
(f) Elles _____ la troisième rue à droite.

2   Read through all the examples in grammar note B (pp. 39–40). Write down the words, with *le, la, l'* as appropriate, for:

(a) the baker's   (f) the supermarket
(b) the hospital   (g) the post office
(c) the shops   (h) the station
(d) the small shop   (i) the market
(e) the café   (j) the garage

3   Now fill in the blanks in the exercise below with the correct form of the verb *aller* (see grammar note A, p. 39) and with *au, à la, à l', aux* as appropriate:

(a) Nous _____ _____ café.
(b) Je _____ _____ gare.
(c) Vous _____ _____ hôpital.
(d) Ils _____ _____ grands magasins.
(e) Elle _____ _____ boutique.
(f) Tu _____ _____ marché.

Unit 7

4 Now look through the examples in grammar note B (watch out for when you need *de* after the expression!) and write down the equivalents for: (a) behind (b) near (c) in (d) between (e) outside/in front of (f) beside (g) opposite (h) on (i) to the left/right of

5 Fill in the blanks with *est* or *sont* (see grammar note A, p. 21) and then *le, la, l', les* or *du, de la, de l', des* as appropriate:

(a) Le café _____ près _____ banque.
(b) Les grands magasins _____ derrière _____ marché.
(c) Le garage _____ en face _____ hôpital.
(d) La pharmacie _____ à gauche _____ poste.
(e) Les boutiques _____ devant _____ gare.
(f) La boulangerie _____ à côté _du_ théâtre.

6 How would you say 'Excuse me, how do I get to . . .':

(a) the bank?
(b) the garage?
(c) the chemist's?
(d) the national theatre?
(e) the station?
(f) the hospital?
(g) the baker's?
(h) the department stores?
(i) the cinema?
(j) the supermarket?

And how would you ask 'Where is/are the nearest . . .':

café?; chemist's?; post office?; shops?; garage?.

7 Act it out
Now act out the following situation in which you are asking your way:

VOUS: *(Say excuse me and ask how to get to the cinema 'Rex')*
UN PASSANT: Vous êtes à pied ou en voiture?
VOUS: *(Say you are on foot and ask how far away it is)*
LE PASSANT: A deux kilomètres à peu près. Il faut prendre un taxi.
VOUS: *(Say yes, you are late, and ask where the taxis are)*
LE PASSANT: Devant la gare en principe.
VOUS: *(Ask how to get to the station)*
LE PASSANT: Vous continuez jusqu'aux feux rouges, vous tournez à gauche et la gare est sur votre gauche.
VOUS: *(Thank him very much and ask if it is far)*
LE PASSANT: Non, non, c'est tout près, à 200 mètres environ.

8 Understanding directions ∞
The following instructions are in the wrong order. Listen to the cassette and correct the order. Then say what the original question probably was.

(a) You take the third street on the left. (b) You turn left.
(c) You go on till you get to the traffic lights.
(d) The Eiffel Tower is straight ahead of you.
(e) You go down the street. (f) You go straight on.

42

Unit 8
On passe quel film ce soir?

Patrick ne trouve toujours pas la Cinémathèque . . . ⟲

PATRICK: Pardon, mademoiselle. Où est la Cinémathèque, s'il vous plaît?

UNE DEMOISELLE: Juste ici, monsieur. C'est le grand bâtiment gris.

PATRICK: Où est l'entrée?

LA DEMOISELLE: Vous continuez jusqu'à l'extrémité du bâtiment, vous montez l'escalier et elle est devant vous.

PATRICK: C'est à quelle distance?

LA DEMOISELLE: Oh, ce n'est pas loin! Venez. J'y vais aussi. Je vous accompagne.

PATRICK: Merci, mademoiselle. Vous êtes très aimable. On passe quel film ce soir?

LA DEMOISELLE: On passe *Un homme et une femme* par Claude Chabrol.

PATRICK: C'est un film intéressant?

LA DEMOISELLE: Oui, oui. C'est un film classique, une histoire d'amour.

PATRICK: Le film commence à quelle heure?

LA DEMOISELLE: A huit heures trente.

PATRICK: Quelle heure est-il?

LA DEMOISELLE: Huit heures vingt-six.

PATRICK: Oh là là!

LA DEMOISELLE: Oui, oui. Nous devons courir! Allez! Courez!

PATRICK: Mais attendez-moi!

(A l'intérieur du cinéma)

PATRICK: Deux places au balcon, s'il vous plaît.

L'EMPLOYEE: Trente-huit francs, monsieur.

PATRICK: Voilà.

LA DEMOISELLE: Vous êtes très gentil, mais je dois vous rembourser le prix du ticket.

PATRICK: Pas question! Allons nous asseoir. Le film commence déjà.

accompagner
  to accompany
aimable *kind*
allons nous asseoir
  let's go and sit down
attendre *to wait*
au balcon *in the balcony*
le bâtiment *building*
commencer *to start*
courir *to run*
déjà *already*
devoir *to have to*

à quelle distance . . .?
  how far . . .?
l'entrée *entrance*
l'escalier *the stairs*
jusqu'à l'extrémité
  right to the end
gentil(le) *kind*
gris *grey*
quelle heure est-il?
  what time is it?
une histoire d'amour
  a love story

à l'intérieur *inside*
monter *to go up*
oh là là! *oh, my goodness!*
passer *to show*
la place *seat*
rembourser *to reimburse*
ce soir *this evening*
toujours *still*
trouver *to find*
venir *to come*
y *there*

43

A Vrai ou faux?

Say whether the statements are true or false in the context of the passage you have heard on cassette. If it is false, rewrite the sentence, making it correct:

1 La cinémathèque est un tout petit cinéma.
2 Pour aller à l'entrée, il faut monter un escalier.
3 Le film ce soir est un western.
4 Le film commence à 8h20.
5 Il est 8h26.
6 Patrick achète les billets.
7 La demoiselle rembourse le prix du billet.
8 Le film ne commence toujours pas. Ils doivent attendre quatre minutes.

B Questions – réponses

Write down the questions (in the text) which might lead to the answers below!

1 Il est neuf heures.
2 A sept heures quarante-cinq.
3 C'est à deux kilomètres.
4 On passe *La guerre des étoiles*.
5 Tournez à gauche et le cinéma est sur votre droite.

C Test-mémoire

See if you can write down the French for these phrases, then check back to the text.

1 Go up the stairs.
2 How far is it?
3 I'm going there, too.
4 You are very kind.
5 At eight thirty.
6 We must run.
7 Wait for me!
8 Two seats in the balcony, please.
9 Out of the question!
10 Let's go and sit down.

D Ecoutez et répétez!

Listen to the dialogue once more, stopping the cassette after each of the phrases in exercise C. Repeat each phrase, imitating the speaker as closely as possible.

Grammar notes

A Verbs

1 The imperative

regarde!   *look!* (tu *form*)
regardez!   *look!* (vous *form*)
regardons!   *let's look!*

The imperative is the same as the *tu*, *vous* and *nous* forms of the present
tense of the verb. For -er verbs the final 's' is dropped in the *tu* form:

Va!   *go!*   Attends!   *wait!*
Allez!   *go!*   Attendez!   *wait!*
Allons!   *let's go!*   Attendons!   *let's wait!*

(**NB:** When *va* is followed by *y*, the 's' is retained – vas-y! (go on!).
This is commonly used, so worth remembering.)
    The *tu* and *vous* forms of the imperative sound slightly less 'bossy'
in French than in English. It is, for example, quite acceptable to start
explaining something by saying:
    Ecoute(z), . . .   *Listen,* . . .

2 Irregular verbs

devoir   *to have to*
je dois   nous devons
tu dois   vous devez
il/elle/on doit   ils/elles doivent

e.g. Je dois aller maintenant.   *I must go now.*

B Question words

Combien . . .?   *How much . . .?*
Où . . .?   *Where . . .?*
Quand . . .?   *When . . .?*
A quelle heure . . .?   *At what time . . .?*
Quelle heure est-il?   *What time is it?*
Comment . . .?   *How . . .?*
C'est à quelle distance?   *How far is it?*
A 200 metres   *200 metres away*

C Quel?

Notice that *quel* changes depending on the number and gender of the noun
it goes with:

	m.	f.
s.	quel . . .	quelle . . .
pl.	quels . . .	quelles . . .

e.g. Quel film est-ce qu'on passe
    ce soir?
    Quelle heure est-il?

45

D Y

Y means 'there' and goes just before the relevant verb. Sometimes it is added in French where we would not need a 'there' in English:

J'y vais aussi.	*I'm going there, too.*
Il n'y va pas.	*He is not going (there).*
Nous devons y aller demain.	*We must go there tomorrow.*

Communicating

Expressing gratitude

Vous êtes très aimable/gentil(le). *You are very kind.*

At the cinema

Une place au balcon, s'il vous plaît. *One seat in the balcony, please.*
Deux places à l'orchestre, s'il vous plaît. *Two seats in the stalls, please.*
Qu'est qu'on passe ce soir? *What are you showing tonight?*
À quelle heure commence la prochaine séance?
  What time does the next showing start?
Quel est le prix du ticket? *How much is the ticket?*

Telling the time

Quelle heure est-il? *What time is it?*
Il est une heure. *It is one o'clock.*
Il est deux heures. *It is two o'clock.*
Il est trois heures vingt. *It is three twenty.*
Il est neuf heures cinquante-six. *It is nine fifty-six.*

Exercises

1 The imperative (see grammar note A, p. 45)

(a) You're talking to a close friend. Write down how you would say:
  – listen!   – go up the stairs!
  – wait!   – take the underground!
  – look!   – come here!

(b) You're giving a taxi-driver instructions. Write down how you would tell him to:
  – turn left!
  – go straight on!
  – go down the avenue!
  – and take the first street on the right!

(c) You're making suggestions about what you should do this evening.
How would you say:
 – Let's go to the cinema!
 – Let's watch TV!
 – Let's listen to records (un disque)!
 – Let's invite Monique!

2 Tu veux aller au cinema?

Oui, je veux bien, mais je dois faire la lessive!
A colleague you do not know very well invites you to dinner. Fill in the blanks with the correct part of the verbs devoir (see p. 45) or vouloir (see p. 21) as appropriate.

COLLEGUE: Est-ce que vous _____ dîner chez nous ce soir?
VOUS: Oh, c'est tres gentil. Merci. Je _____ bien. Je _____ arriver à quelle heure?
COLLEGUE: A huit heures, ça va?
VOUS: Oui, ça va. Je _____ travailler tard ce soir mais à huit heures je suis libre.
COLLEGUE: Et votre ami(e) Est-ce qu'il/elle _____ vous accompagner?
VOUS: Oui, je crois que oui. Il/elle _____ accompagner son père chez le dentiste cet après-midi.
COLLEGUE: Le rendez-vous est à quelle heure?
VOUS: Ils _____ arriver à trois heures.
COLLEGUE: Quel hasard! Nous _____ y aller aussi à deux heures et demie!
VOUS: Ce n'est pas vrai!
COLLEGUE: Est-ce qu'ils _____ y aller en voiture?
VOUS: Ah oui, ils _____ bien. Sinon, ils _____ aller en autobus.
COLLEGUE: Je _____ passer la maison de toute façon pour aller chez le dentiste. Disons, à deux heures?
VOUS: D'accord. Merci beaucoup. A tout à l'heure.
COLLEGUE: Salut.

3 Which of the questions in grammar note B (p. 45) would best fit these answers:

(a) Demain. ℂ
(b) En autobus.
(c) A 50 kilomètres.
(d) Il est six heures.
(e) Devant la cathédrale.
(f) A vingt heures dix.
(g) 5F55.

4 Write out the sentences below, filling in the blanks with the correct form of quel? (see grammar note C, p. 45):

(a) _____ film est-ce qu'on va voir?
(b) A _____ cinéma?
(c) _____ est le prix du billet?
(d) Le film commence à _____ heure?

5 Rewrite the sentences below replacing the phrase in bold print with *y*:
e.g. Je vais **à la banque**.
    J'y vais.

(a) Il travaille **à la poste**.
(b) Il aime habiter **en ville**.
(c) Il va **au cinéma** très souvent.
(d) Il n'est pas beaucoup **à la maison**.
(e) Il ne veut pas rester seul **chez lui**.

6 Act it out
You're at the cinema. Act out the situation at the ticket office.

VOUS:	*(Greet the assistant and ask what they are showing this evening)*
L'EMPLOYEE:	*La guerre des trois.* C'est un western spaghetti avec Klaus Westwood.
VOUS:	*(Ask her what time the next showing begins)*
L'EMPLOYEE:	A huit heures vingt.
VOUS:	*(Ask how much a seat in the stalls costs)*
L'EMPLOYEE:	Trente francs.
VOUS:	*(Say you'll have two seats please)*
L'EMPLOYEE:	Voilà. Cela vous fait soixante francs.
VOUS:	*(Say here is a 100 franc note)*
L'EMPLOYEE:	Soixante-dix, quatre-vingts et cent francs, monsieur/madame/mademoiselle.
VOUS:	*(Ask what time it is please)*
L'EMPLOYEE:	Huit heures cinq.
VOUS:	*(Thank her and say she is very kind)*

7 Un coup de téléphone ⌒⌒
You overhear a telephone conversation in which two people are arranging a date. Listen carefully and answer the questions in English below. (These are not in the same order as they appear in French on the cassette!)

(a) When are they going to meet up? To-morrow evening
(b) What time will he pick her up at her house? 6.45 pm
(c) What time does the film start? 8.45 pm.
(d) What time does he get home? 6 pm.
(e) When will they eat? 7.30 pm

48

Unit 9
Je ne visite jamais les sites touristiques

Denise et Florence déjeunent en compagnie de plusieurs collègues au café près de la banque où elles travaillent. Denise présente son amie à son cousin Jean-Pierre. oo

DENISE: Salut, Florence.

FLORENCE: Salut.

DENISE: Je te présente mon cousin Jean-Pierre.

FLORENCE: Tiens, salut. Tu n'es pas d'ici?

JEAN-PIERRE: Non, je suis de Poitiers. Je suis à Paris depuis deux jours seulement.

FLORENCE: Mais tu restes encore longtemps?

JEAN-PIERRE: Ben, non. Je ne reste que pour une semaine – je pars dimanche.

FLORENCE: Denise compte te faire visiter les monuments principaux, je suppose.

JEAN-PIERRE: Oui, mais je n'aime pas tellement les musées. J'ai horreur des vieux bâtiments. Je ne visite jamais les sites touristiques.

FLORENCE: Jamais! Oh là là! Cela t'intéresse, le marché aux puces?

JEAN-PIERRE: Oui. Justement, j'adore ça.

FLORENCE: Il est assez loin mais cela vaut la peine d'y aller. Qu'est-ce que tu fais cet après-midi?

JEAN-PIERRE: Oh, rien de spécial. On sort au cinéma ce soir mais cet après-midi je suis libre.

FLORENCE: On y va ensemble alors?

JEAN-PIERRE: Allons-y!

cet après-midi	*this afternoon*	les monuments principaux	*the main*
le bâtiment	*building*		*(historical) monuments*
plusieurs collègues	*several colleagues*	le musée	*museum*
en compagnie de	*in the company of,*	ne . . . jamais	*never*
along with		ne . . . que	*only*
compter	*to intend*	où	*where*
déjeuner	*to have lunch*	je pars	*I'm leaving*
je suis . . . depuis . . .	*I've been . . .*	cela vaut la peine de . . .	*it's worth . . .*
for . . .		présenter	*to introduce*
dimanche	*on Sunday*	rester	*to stay*
encore quelques jours	*another few days*	rien de spécial	*nothing special*
ensemble	*together*	une semaine	*a week*
cela . . . t'intéresse?	*does . . . interest*	seulement	*only*
you?		sortir	*to go out*
libre	*free*	je n'aime pas tellement	*I don't like . . .*
le marché aux puces	*flea market*	very much	
		travailler	*to work*

A Vrai ou faux?

Listen to the passage and say whether the following statements are true or false:

1 Jean-Pierre est originaire de Paris.
2 Il reste deux jours à Paris.
3 Il rentre à Poitiers à la fin de la semaine.
4 Il compte visiter les monuments principaux de Paris.
5 Il n'aime pas les musées.
6 Il a horreur des marchés aux puces.
7 Jean-Pierre n'est pas libre cet après-midi.
8 Il sort au cinéma ce soir.

B Remplissez les blancs!

Fill in the blanks in the phrases below (from memory if possible), then listen to the passage again to check:

1 Je te _présente_ mon cousin Jean-Pierre.
2 Je suis à Paris _depuis_ deux jours.
3 Je ne reste _que_ pour une semaine.
4 Je n'aime pas _tellement_ les musées.
5 J'ai _horreur_ des vieux bâtiments.
6 Cela vaut la _peine_ d'y aller.
7 On y va _ensemble_ alors?

C Liste

Read through the passage once more and list the expressions you could use (a) when talking about your immediate plans; and (b) when talking about your tastes and interests.

Listen to the passage once more, stopping the tape after each of the phrases you have written down. Speak the phrase out loud, imitating the voice on the cassette as closely as you can.

Grammar notes

A Verbs

1 Present tense with *depuis*

J'habite ici **depuis** $\begin{cases} 1984. \\ \text{cinq ans.} \end{cases}$ *I've been living here since* $\begin{cases} 1984 \\ \textit{for 5 years.} \end{cases}$

2 Irregular verbs – present tense

The forms of the irregular verbs below should be learnt thoroughly. They are very common and you will need to use them again and again. *Partir* and *sortir* follow a similar sort of pattern, so it is convenient to learn them together.

partir *to leave, depart*		**sortir** *to go out*	
je pars	nous partons	je sors	nous sortons
tu pars	vous partez	tu sors	vous sortez
il/elle/on part	ils/elles partent	il/elle on sort	ils/elles/sortent

B Negative expressions

Like *ne . . . pas*, other negative expressions sandwich the verb:

ne . . . jamais	*never*
ne . . . pas du tout	*not at all*
ne . . . rien	*nothing*
ne . . . que	*only*

The second part of the first three can stand on its own:

Jamais!	*Never!*
Pas du tout!	*Not at all!*
Rien!	*Nothing!*

or may form an idiomatic expression of its own:

rien de spécial	*nothing special*
rien d'intéressant	*nothing interesting*
Jamais de la vie!	*Not on your life!*

C Demonstrative adjectives

ce soir	*this evening*
cet après-midi	*this afternoon*

The demonstrative adjective agrees with the noun in gender and number:

m.	f.	before vowel or 'h'	pl.
ce	cette	cet	ces

Communicating

Talking about plans

Use the present tense to talk about immediate plans:

Je ne reste que pour une semaine.   *I'm only staying a week.*
Je pars dimanche.   *I'm leaving on Sunday.*

To state intentions, use *compter* with the infinitive:

Je compte te faire visiter la Tour Eiffel.   *I intend to visit the Eiffel Tower
 with you.*

Expressing likes and dislikes

J'ai horreur de ça.   *I hate that.*
La musique punk ne me plaît pas du tout.   *I don't like punk music at all.*
Je n'aime pas tellement les musées.   *I'm not very keen on museums.*
Ça ne m'intéresse pas beaucoup. }
Ça ne me dit rien.   } *I'm not interested in it.*
J'aime assez la musique rock, les romans policiers.
 I quite like rock music, spy thrillers.
J'aime beaucoup les westerns.   *I am very keen on westerns.*
J'adore le basket.   *I adore basketball.*

Expressing preferences – or the lack of them

Je préfère . . .   }
J'aime mieux . . .   } *I prefer . . .*
Je préfère le cinéma à la télévision.   *I prefer the cinema to television.*
Je préfère le football au rugby.   *I prefer football to rugby.*
Je lis un peu de tout.   *I read a bit of everything.*

Asking about other people's interests

Qu'est-ce que tu fais quand tu es libre?   *What do you do in your spare time
 (when you are free)?*
Cela t'/vous intéresse, l'alpinisme, le sport?   *Are you interested in
 mountaineering, sport?*
Tu t'intéresses au jardinage?   }
Vous vous intéressez au jardinage?   } *Are you interested in gardening?*

Exercises

1   Vous êtes ici depuis quand?
Answer these questions about yourself using *depuis* and the present tense (see grammar note A, p. 51):

(a) Vous habitez où? (nom de la ville)
(b) Quelle est votre adresse?
(c) Depuis quand est-ce que vous habitez là?
(d) Vous travaillez où? Vous faites vos études où?
(e) Vous y travaillez (étudiez) depuis longtemps?

2   Vous sortez souvent le soir?
You're working as an au pair with the Lefèvre family. Everyone goes out a great deal – and someone has to babysit! Fill in the correct part of *sortir* in the sentences below (see p. 51):

(a) Monsieur et Madame Lefèvre _Sortent_ très souvent le soir.
(b) Le bébé et moi, nous _sortons_ le matin pour aller au jardin public.
(c) Marguerite _sort_ chaque soir pour rendre visite à une amie.
(d) Son frère Philippe _sort_ l'après-midi pour faire une promenade à velo.
(e) Marguerite et Philippe _sortent_ ensemble quelquefois. Ils jouent au tennis.
(f) Je _sors_ rarement le soir.

3   Vous partez déjà?
You've been to a party and some people are beginning to leave. Fill in the correct part of the verb *partir* in the sentences below (see p. 51):

(a) 'Tu _pars_ à quelle heure?'
(b) 'Je ne sais pas. Les autres, ils _partent_ à quelle heure?'
(c) 'Michel _part_ à dix heures. Les deux jeunes filles _partent_ à dix heures et demie.'
(d) 'Tu _pars_ avec moi?'
(e) 'Ça dépend. Quand est-ce que nous _partons_?'
(f) 'Alors moi, je _pars_ à minuit.'

4   Je n'aime pas du tout le camembert!
You're in a very negative mood first thing in the morning. Write down how you would say that you:

(a) never eat croissants in the morning.
(b) don't like coffee at all.
(c) only drink tea.
(d) don't eat anything.
(e) never go jogging (*faire du jogging*) in the park at six o'clock in the morning!

5 Je prends ce melon, s'il vous plaît
You pick up the following items at a market stall. Write down how
you would say that you'll take this or that . . . please (see grammar
note C, p. 51):

le chou-fleur	les olives
les pommes	le pamplemousse
l'ananas	la salade ╱

6 Je m'excuse – je ne suis pas libre!
Write down what you are doing today and tomorrow:

(a) Ce matin ⎯⎯   (d) Demain matin ⎯⎯
(b) Cet après-midi ⎯⎯   (e) Demain après-midi ⎯⎯
(c) Ce soir ⎯⎯   (f) Demain soir ⎯⎯

7 Act it out
Read through the phrases given in *Communicating* (p. 52) before
acting out this conversation with a friend:

VOTRE AMI(E): Tu aimes la musique?
     VOUS: (*Say whether you are interested in music or not and what sort of
music you like. And then ask if your friend is interested in
television*)
VOTRE AMI(E): Ah non. J'ai horreur de ça! Je préfère le cinéma ou le
théâtre.
     VOUS: (*Talk about whether you like the cinema or the theatre*)
VOTRE AMI(E): Et les sports? Tu es sportif?
     VOUS: (*Say whether or not you are interested in sport and which sport you
like*)
VOTRE AMI(E): Qu'est-ce que tu fais demain?
     VOUS: (*Say what you are doing and, if you are free, ask if he/she would
like to accompany you to the theatre, cinema, football match, etc.*)
VOTRE AMI(E): Je veux bien. Merci. Salut!
     VOUS: (*Say goodbye!*)

8 Follow-up letter
Write a follow-up letter to the French contact with whom you hope to
arrange exchange visits. Say where you live and explain what your
likes and dislikes are. To find out how to start and end your letter,
refer back to exercise 7 (p. 32).

Unit 10
Où est-ce qu'on se donne rendez-vous?

Claudine sort du marché avec deux paniers chargés de légumes . . . 🔊

FREDERIC: Tiens, salut Claudine. Qu'est-ce que tu fais là?
CLAUDINE: Je viens de faire les courses au marché.
FREDERIC: C'est vrai? Mais donne-moi un de ces paniers.
CLAUDINE: Merci – la voiture est là-bas.
FREDERIC: Laquelle?
CLAUDINE: Celle-là, la verte devant la poste.
FREDERIC: A propos, qu'est ce que tu fais ce soir? Tu es libre?
CLAUDINE: Non, je suis prise. On fête l'anniversaire de Robert, mon frère
aîné. Tu connais Robert, n'est-ce pas?
FREDERIC: Oui, oui, bien sûr.
CLAUDINE: On va faire un grand repas. Ecoute, ça te plaîrait de dîner
chez nous ce soir?
FREDERIC: Ah, il fallait me le dire avant – nous, on va en boîte. Merci
quand même, hein?
CLAUDINE: Une autre fois, peut-être.
FREDERIC: Oui, c'est ça.
CLAUDINE: Demain nous allons faire de la planche à voile, ça te dit?
FREDERIC: Qui est-ce qui y va?
CLAUDINE: Mes frères Jules et Marc et aussi une de mes amies – Brigitte.
FREDERIC: J'aimerais bien. Vous allez où?
CLAUDINE: Au lac Bourdon, près du camping.
FREDERIC: Oui, oui, je connais l'endroit. On y va comment?
CLAUDINE: On y va en vélo. Tu sais déjà faire de la planche, n'est-ce pas?
FREDERIC: Non, non, pas du tout. Où est-ce qu'on se donne rendez-vous?
CLAUDINE: Chez moi, si tu veux. Disons, à neuf heures et demie.
FREDERIC: Très bien. Allez, à demain.
CLAUDINE: A demain. Bonne soirée.
FREDERIC: A toi aussi.

j'aimerais bien . . .	*I'd like to . . .*	l'endroit *place*
l'anniversaire	*birthday*	plus facile *easier*
bien sûr	*of course*	il fallait me le dire avant *you should*
en boîte	*to the disco*	*have told me before*
celle-là	*that one*	fêter *to celebrate*
chargé de	*loaded with*	une autre fois peut-être *another time*
comment?	*how?*	*perhaps*
connaître	*to know (someone)*	à neuf heures et demie *at half past nine*
demain	*tomorrow*	laquelle? *which one?*
disons	*let us say*	libre *free*
ça te dit?	*do you fancy it?*	louer *to hire*
écoute	*listen*	pas du tout *not at all*

55

ça te plairait de . . .? *would you like to . . .?*	qu'est-ce que? *what?*
faire de la planche à voile *to go windsurfing*	où est-ce qu'on se donne rendez-vous? *where shall we meet?*
pris *otherwise engaged*	un repas *meal*
à propos *by the way*	salut *hi*
quand même *all the same*	en vélo *by bike*
	venir de *to have just*

A Vrai ou faux?

Listen to the passage and say whether the statements below are true or false:

1 Frédéric fait ses courses au marché. *F*
2 Claudine rentre chez elle maintenant. *V*
3 Elle est à pied. *F*
4 Sa voiture est à la maison. *F*
5 Claudine n'est pas libre ce soir. *V* *elle est prise.*
6 Elle sort avec son frère. *F*
7 Frédéric ne peut pas dîner chez elle. *V* *il est pris*
8 Demain ils vont au lac. *V*
9 Ils y vont en voiture. *F*
10 Frédéric sait déjà faire de la planche. *F*
11 Ils se donnent rendez-vous chez Claudine. *V*

B Equivalents

Listen to and/or read the text once again and find the French equivalents of the English phrases below. Write them down.

1 By the way, what are you doing this evening?
2 You know Robert, don't you?
3 Listen, would you like to come for dinner with us this evening?
4 Thanks all the same. *Merci, quand même*
5 Who is going? *– Qui est-ce q'y va.*
6 How do we get there?
7 No, no, not at all. *– none, none, pas du tout*
8 Where shall we meet up? *Où est-ce q'on se donne rendez-vous*
9 See you tomorrow.

C Ecoutez et répétez!

Listen to the taped dialogue once more and when you get to the phrases you have written down, stop the cassette and repeat the phrase, imitating the speaker as closely as possible.

Grammar notes

A Question forms

Note this question form which is commonly used in the spoken language:

    qui est-ce qui/que? *who?*
    qu' est-ce qui/que? *what?*

qui – who (handwritten)

Note the second *qui/que* shows whether the 'who' or 'what' is the subject or object of the sentence:

    Qui est-ce **qui** vient?   *Who is coming?*
    Qu'est-ce **qui** arrive?   *What is happening?*
    Qui est-ce **que** j'aime?   *Who do I like?*
    Qu'est-ce **que** j'aime?   *What do I like?*

Qu'est-ce qui se passe – what is happening (handwritten)
Qu'est-ce que c'est – what is it (handwritten)

If *que* is followed by a vowel it becomes *qu'*. *Qui*, on the other hand, just stays the same.

B Choosing – interrogative and demonstrative pronouns

To ask 'which one(s)?' use:

	s.	pl.
m.	lequel?	lesquels?
f.	laquelle?	lesquelles?

depending on the gender (m. or f.) and number (s. or pl.) of the word in question.

    To point out 'which one it is', use *celui-ci* (this one) or *celui-là* (that one), again selecting the appropriate gender and number:

	s.	pl.
m.	celui	ceux
f.	celle	celles

Je voudrais une tarte, s'il vous plaît.   *I'd like a tart, please.*
Laquelle? *Which one?*
Celle-là. Celle à 25F.   *That one. The 25F one.*

C Irregular verbs

venir   *to come*
je viens   nous venons
tu viens   vous venez
il/elle/on vient   ils/elles viennent

Notice that *venir de* means 'to have just done something':
    je viens de manger. *I've just eaten.*

connaître *to know*

je connais	nous connaissons
tu connais	vous connaissez
il/elle/on/connaît	ils/elles connaissent

savoir *to know*

je sais	nous savons
tu sais	vous savez
il/elle/on/sait	ils/elles savent

Both verbs mean 'to know' in English but *connaître* is used to denote acquaintance, knowing a person or place, whilst *savoir* is used to talk about knowing facts or knowing how to do something.

Communicating

Days of the week

dimanche	*Sunday*	jeudi	*Thursday*
lundi	*Monday*	vendredi	*Friday*
mardi	*Tuesday*	samedi	*Saturday*
mercredi	*Wednesday*		

dimanche on va à la plage   *on Sunday we are going to the beach*
le lundi   *on Mondays*
le samedi soir   *on Saturday evenings*

Times of day

à { une heure / neuf/six heures   *at one/nine/six o'clock*
à   six/huit heures et demie   *at half past six/eight*
à   trois/cinq heures et quart   *at a quarter past three/five*
à { une heure / onze heures   moins le quart   *at a quarter to one/eleven*
à   midi   *at midday*
à   minuit   *at midnight*

Making a date with someone

Preparing the ground
First, find out if the person is free by asking:
Qu'est ce que tu fais (vous faites) demain?   *What are you doing tomorrow?*
Est-ce que tu es (vous êtes) libre ce soir?   *Are you free this evening?*

Making suggestions
On va faire de la planche à voile, ça te dit?
   We are going windsurfing, how about you?
Ça te plairait d'aller au cinéma?   *Would you like to go to the cinema?*

Agreeing

Ah oui, je veux bien.   *Yes, I'd like to very much.*
Ça serait sympa.   *That would be nice.*
D'accord.   *OK.*

Disagreeing (politely!)

Merci, mais . . .   *Thanks, but . . .*
Je suis désolé(e), mais . . .   *I am sorry, but . . .*
. . . je suis pris(e).   *. . . I am otherwise engaged.*
. . . je n'ai pas le.temps.   *. . . I have not the time.*
Merci quand même.   *Thanks all the same.*
Il fallait me le dire avant.   *You should have told me before.*
Ça sera pour une autre fois.   *It'll have to be another time.*

Arranging things

Où est-ce qu'on se donne rendez-vous?   *Where shall we meet up?*
Je viens te/vous chercher à trois heures.
    I'll come and pick you up at three o'clock.
Disons samedi à midi.   *Shall we say Saturday at midday.*

Saying good-bye

Allez, au revoir.   *Bye, then.*

A ⎰ demain.   ⎱ tomorrow.
A ⎨ tout à l'heure.   *See you*   ⎨ later.
  ⎱ dimanche.   ⎰ on Sunday.

Exercises

1   Qu'est-ce que tu fais là?

Read the dialogue below and fill it in with *qu'est-ce qui*, *qui est-ce qui*, *qu'est-ce que* or *qui est-ce que* as appropriate (see grammar note A, p. 57). Then read the conversation.

A: *Qu'est-ce que* tu fais ce soir?
B: Rien de spécial. Et toi?
A: Je vais au café, ça te dit?
B: _____ va?
A: Sylvie et Jean-Pierre. Madeleine va nous joindre plus tard.
B: *Qu'est-ce qu'*elle fait, Madeleine?
A: Elle joue de la flûte au concert.
B: *Qui est-ce qu'* elle accompagne?   *(Qui est-ce)*
A: C'est un pianiste assez célèbre.
B: Beau?
A: Je ne le connais pas. Mais _____ tu as?*
B: Tu ne sais pas? Je suis amoureux de Madeleine!

*   What's wrong with you?

2 Je viens de faire les courses

Say you've just:

(a) bought some bread. *je viens d'acheter du pain*
(b) been to the post office. *Je viens d'aller à la poste*
(c) telephoned London.
(d) spoken to the waitress. ✗

3 – La voiture est là-bas.
– Laquelle?
– Celle-là. La verte.

You're shopping Using the demonstrative pronouns (see grammar note B, p. 57 to point out which one(s) you want, fill in your part of the conversation:

A: (*Say you would like a melon*)
B: Oui, bien sûr. Lequel voulez-vous?
A: (*Say that one, the large one, the yellow one over there*)
B: Celui-ci?
A: (*Say yes, that's it and ask if they have got any apples*)
B: Qu'est-ce que vous prenez? Un kilo de goldens?
A: (*Say oh no, you will have these ones, the red ones*)
B: Très bien. Combien en voulez-vous?
A: (*Say you will have a kilo*)
B: Et avec ça?
A: (*Say that is everything thanks, and ask how much you owe*)
B: 10F50, mademoiselle.
A: (*Say there you are, thank them and leave*)

4 Fill in the sentences below with the correct form of *connaître* or *savoir* (see grammar note C, p. 58) as appropriate:
e.g. Je le connais déjà, ton frère.
  Je ne sais pas faire de la planche à voile.

(a) Tu _____ jouer du piano?
(b) Non, mais je _____ jouer de la guitare.
(c) Ah oui. Ma sœur aussi _____ jouer de la guitare.
(d) C'est vrai? Mon frère et moi, nous ne _____ pas ta sœur.
(e) Ah, vous ne la _____ pas? Il faut vous présenter. La semaine prochaine elle va faire un stage de musique en Bretagne. Moi, je fais un stage de voile.
(f) _____ -tu faire de la planche à voile?
(g) Non, mais les autres _____ le faire. Ils vont me l'apprendre. Et toi?
(h) Non plus. Mais je _____ faire de la voile.
(i) Ça te plairait de nous accompagner? On part vendredi soir mais je ne _____ pas quand on va rentrer.
(j) J'aimerais bien mais tu _____, je n'ai pas le temps. Mes deux frères ne _____ pas la région. Ils voudraient bien y aller, eux. Et ils _____ aussi jouer du piano!

5 Disons . . . dimanche à dix heures.
How would you say 'let's make it . . .' (see *Communicating*, p. 58):

(a) Monday at eleven o'clock.
(b) Wednesday at half past four.
(c) Thursday at a quarter to five.
(d) Tomorrow at midday.
(e) Friday at a quarter past two.
(f) Saturday evening at half past seven.

6 Act it out
Now use the phrases listed under *Making a date with someone* to act out these situations:

A: (*Ask what B is doing tomorrow*)
B: Pas grand'chose!
A: (*Ask whether he/she would like to go to the cinema*)
B: Ah oui, je veux bien. Qu'est-ce qu'on passe?
A: (*Say they are showing a film with Nathalie Baye and Gérard Depardieu*)
B: D'accord. Il commence à quelle heure?
A: (*Say it starts at eight o'clock and that you'll come and pick him/her at half past seven*)
B: Très bien. Alors, à demain.
A: (*Say yes, see you tomorrow and say good-bye*)

You're in a busy social whirl. Try to find time to meet up for a drink or a meal with a French colleague. Act out the situation:

A: Tiens, salut. Je vais prendre un pot, ça te dit?
B: (*Say you are sorry but you have not the time now. Thanks all the same*)
A: Tant pis. Ça sera pour une autre fois.
B: (*Say yes and ask him/her if he/she is free tomorrow evening*)
A: Oui, oui. Ça te plairait de manger ensemble?
B: (*Say yes, that would be nice*)
A: D'accord. Je te téléphone demain matin pour voir à quelle heure on y va.
B: (*Say well, let's say eight o'clock*)
A: Très bien. Alors, à demain. Au revoir.
B: (*Say see you tomorrow*)

7 Letter-writing
Write a note to a French friend in which you say it is your sister's birthday on Sunday and ask if they would like to come for lunch at your house. Say you have just bought her a present – an enormous teddy bear (*un nounours*)! Say Claire loves teddy bears. She already has 17. Before the meal you are all going to the café to have a drink, so say you could meet up there, let's say at about half past eleven. Say see you on Sunday and sign off.

Jean-Luc rend visite à son amie Josiane à Toulouse. Ils se promènent en ville quand Jean-Luc découvre dans sa poche . . . une carte postale. ⌒

JEAN-LUC: Tiens, il faut mettre cette carte postale à la poste. Je l'envoie à mes parents à Nice. Il y a une poste dans le quartier?

JOSIANE: Non, mais il y a un café-tabac juste ici. On peut prendre un pot en même temps.

JEAN-LUC: Volontiers.

(Ils entrent dans le café-tabac.)

JEAN-LUC: Bonsoir, monsieur.

LE GARÇON: Qu'est-ce que vous prenez?

JOSIANE: Qu'est-ce que tu prends, toi? Un coca?

JEAN-LUC: Une bière, s'il vous plaît, monsieur.

JOSIANE: Et pour moi un café. Qu'est-ce que vous avez comme casse-croûtes, monsieur? Vous avez des sandwichs, des hot-dogs?

LE GARÇON: Je regrette, mademoiselle. Ici, on ne fait pas de sandwichs. Alors, un café et une bière. Vous la voulez pression, monsieur, ou en bouteille?

JEAN-LUC: Pression, s'il vous plaît, monsieur.

JOSIANE: Tu n'as pas faim? Tu ne veux pas manger quelque chose?

JEAN-LUC: Non, je n'ai pas faim, moi.

JOSIANE: Un peu plus tard je t'emmène dans un restaurant tout près d'ici.

JEAN-LUC: A propos, où peut-on manger le fameux cassoulet, la spécialité de la région?

JOSIANE: Justement nous pouvons en manger ce soir au restaurant.

JEAN-LUC (AU GARÇON): On va vous régler maintenant, monsieur.

LE GARÇON: Alors, une bière – sept francs cinquante, un café deux francs. Cela vous fait neuf francs cinquante.

JEAN-LUC: Et je voudrais aussi un timbre à un franc quatre-vingts.

LE GARÇON: D'accord. Alors, c'est onze francs trente.

JEAN-LUC: Voilà, monsieur. Il y a des toilettes ici, monsieur?

LE GARÇON: Bien entendu. Là-bas, les voilà monsieur.

JEAN-LUC: Merci, monsieur.

LE GARÇON: Je vous en prie.

une bière   *beer*
un casse-croûte   *snack*
le cassoulet   *pork and bean stew*
découvrir   *to discover*
on peut en manger   *we can eat it/some*
entrer   *to go in*
envoyer   *to send*
avoir faim   *to be hungry*
il y a   *there is*
là-bas   *over there*
manger   *to eat*
mettre à la poste   *to post*
la poche   *pocket*
la poste   *post office*
prendre un pot (fam.)*   *to have a drink*

pression   *draught*
se promener   *to walk*
à propos   *by the way*
le quartier   *district*
on va vous régler maintenant   *we'll settle up now*
rendre visite à   *to visit*
un peu plus tard   *a bit later on*
en même temps   *at the same time*
tiens!   *heavens!*
un timbre   *a stamp*
en ville   *in town*
les voilà   *there they are*
volontiers   *(lit. willingly) I'd love to*

* (fam.): Colloquial French – words which should be used only when speaking and then only with close friends.

A Multiple choice questions

Listen to the passage and choose the correct answer (a), (b) or (c):

1 Jean-Luc has forgotten to buy
   (a) cigars.
   (b) a stamp.
   (c) a pot.

2 Josiane has
   (a) a coke.
   (b) a beer.
   (c) a coffee.

3 Jean-Luc and Josiane are going to
   (a) have a hot-dog at the café.
   (b) go to Josiane's house to eat.
   (c) eat *cassoulet*, a regional speciality.

4 The coffee costs
   (a) 1F80.
   (b) 2F00.
   (c) 7F50.

B Equivalents

Read and/or listen to the passage once more and write down the French equivalents of these phrases in English:
   1 I must post this postcard.
   2 Is there a post office around here.
   3 We can have a drink at the same time.
   4 What would you like to drink (formal)?
   5 What would you like to drink (when speaking to a friend)?
   6 And I'll have a cup of coffee.

7 What sort of snacks have you got?
8 Aren't you hungry?
9 Where can one eat *cassoulet?*
10 We'll settle up now.
11 Is there a lavatory here?

C   Ecoutez et répétez!

Now rewind the cassette and replay the dialogue, stopping every time you hear one of the phrases you have written down in exercise B. Repeat the phrase out loud, copying the speaker as closely as possible.

Grammar notes

A   Verbs

1   Irregular verbs

envoyer   *to send*

j'envoie	nous envoyons
tu envoies	vous envoyez
il/elle/on envoie	ils/elles envoient

manger   *to eat*

je mange	nous mangeons
tu manges	vous mangez
il/elle/on mange	ils/elles mangent

découvrir   *to discover*

je découvre	nous découvrons
tu découvres	vous découvrez
il/elle/on découvre	ils/elles découvrent

Two other verbs which follow the same (irregular!) pattern as *découvrir* are *ouvrir* (to open) and *couvrir* (to cover).

2   The future tense with *aller*

You can talk about the immediate future in French by using *aller* followed by an infinitive. The construction looks like the English 'I'm going to', but the sense is slightly different. As well as referring to longer-term plans, the French covers the immediate future:

Je vais mettre cette lettre à la poste.   *I'll just put this letter in the post.*
On va prendre un café.   *We'll just have a coffee.*

3   Entrer dans

Note that *entrer* is always followed by *dans*:

J'entre dans le café.   *I go into, I enter the café.*
Il entre dans la voiture.   *He gets into the car.*

B Direct object pronouns

These are the pronouns which you use as the object of the verb:

me	*me*	le	*him, it (m.)*	nous	*us*	les	*them*
te	*you*	la	*her, it (f.)*	vous	*you*		

1 Position of direct object pronouns

In French the direct object pronouns are generally placed before the verb:

Il **le** prend avec lui. *He's taking it with him.*
Je **l'**envoie à mes parents. *I'm sending it to my parents.*
On **les** achète cet après-midi. *We'll buy them this afternoon.*
Elle **t'**emmène dans le restaurant. *She is taking you to the restaurant.*

If there is a verb followed by an infinitive, the pronoun is placed between the two verbs:

On peut **la** voir ce soir. *We can see it/her this evening.*
Tu veux **l'**acheter aujourd'hui? *You want to buy it today?*
On va **vous** régler maintenant. *We'll pay you now.*

2 Voilà!

Notice this expression with object pronouns:
Le voilà! *There it is!*
Les voilà! *There they are!*
Me voilà! *There I am!*
Te voilà! *There you are!*

3 En

En is used to replace nouns with *du, de la, des* before them. It is also placed before the verb:

Veux-tu **du beurre**? *Do you want some butter?*
J'**en** ai, merci. *I have some, thanks.*
Nous pouvons manger **du cassoulet** ce soir.
Nous pouvons **en** manger ce soir.

Communicating

Asking about availability

Asking whether things are available

Il y a
Est-ce qu'il y a } une poste dans le quartier? *Is there a post office nearby?*
Y a-t-il

On peut
Est-ce qu'on peut } téléphoner d'ici? *Can one make a telephone call from here?*
Peut-on

Asking where or when things are available

Où est-ce qu'on peut manger? *Where can one eat?*
Quand est-ce qu'on peut prendre un pot? *When can one have a drink?*
Où est-ce qu'il y a un bon restaurant? *Where is there a good restaurant?*
Quand est-ce qu'il y a une séance du film? *When is there a showing of the film?*

Asking what is available

Qu'est-ce que vous avez comme sandwichs/glaces?
What sort of sandwiches/ice creams have you got?
J'ai des sandwichs au jambon/au fromage/au pâté.
I have ham/cheese/pâté sandwiches.
J'ai des glaces au chocolat/aux fraises/à la vanille.
I have chocolate/strawberry/vanilla ices.

Avoir faim

Note that you 'have hunger' in French. Here are several other similar expressions:

avoir soif	*to be thirsty*	avoir froid	*to be cold*
avoir sommeil	*to be sleepy*	avoir chaud	*to be hot*

NB: **J'ai** froid/chaud. *I am cold/hot.*
Il fait froid/chaud. *It is cold/hot (weather).*

Exercises

1 Fill in the blanks in the sentences below with the correct part of the verb *pouvoir* (see p. 21):

(a) Je _____ vous aider?
(b) Est-ce qu'on _____ téléphoner d'ici?
(c) Tu _____ me passer le sel, s'il te plaît?
(d) Est-ce qu'on _____ manger au café?
(e) Est-ce qu'elles _____ sortir ce soir?
(f) Vous _____ mettre cette lettre à la poste?

2 JACQUES: Tu vas aller au cinéma ce soir?
    VOUS: Non, je vais aller au théâtre
  JACQUES: Vous allez prendre un pot?
    VOUS: Non, nous allons faire une promenade.

Say you are going to do something other than that which is suggested by Jacques (see grammar note A, p. 39):

(a) Vous allez faire la vaisselle?
(b) Tu vas aller au marché aux puces?
(c) Tu vas faire les courses?
(d) Vous allez manger chez vous?
(e) On va voir un film?

3 In each sentence replace the noun with a pronoun (see grammar note B, p. 65) and say where or when you could do the activity (*à la boulangerie, le matin*):
 e.g. J'achète **le pain**. Je l'achète à la boulangerie. Nous vendons **des légumes**. Nous **en** vendons au marché le matin.

(a) J'achète les livres.
(b) Nous mangeons le coq au vin.
(c) Tu prends le cognac.
(d) Vous visitez les monuments principaux.
(e) Ils voient la pièce de théâtre.
(f) On emmène sa mère voir un film.

4 Make up suitable replies to the questions below, again replacing the noun with a pronoun (see grammar note B):
 e.g. Quand peut-on acheter **des légumes**?
 On peut **en** acheter au marché demain matin.

(a) Quand est-ce que tu veux manger la pizza?
(b) Où est-ce qu'on peut acheter les poireaux?
(c) Je vais rencontrer ta cousine?
(d) Est-ce qu'on peut mettre ces lettres à la poste?
(e) Vous voulez acheter le journal?

5 Answer the questions, using *le, la, les voilà!* (see grammar note B):
 e.g. Où est le cinéma? Le voilà!

(a) Vous avez des poires?
(b) Où est la banque?
(c) Tu as un frigo?
(d) On peut utiliser le téléphone?
(e) Tu vas me présenter ta mère?

6 Rewrite these sentences, replacing the expressions in bold print with *en* (see grammar note B) or *y* (see grammar note D, p. 46) as appropriate:

(a) On va manger **du cassoulet** demain. (en)
(b) Nous allons tous **au restaurant**. (y)
(c) J'ai **de l'argent**, moi.
(d) Après, on va faire du ski **à Chamonix**.
(e) Comment va-t-on **aux montagnes**?
(f) On peut aller **au Mont Blanc** par car.
(g) On va avoir froid. Je vais apporter **du cognac**.

7 Act it out

Use all the phrases you have learnt to act out this conversation at the café:

VOUS: (*Ask François if he'd like to go for a drink*)
FRANÇOIS: Oui, je veux bien. Où est-ce que tu veux aller?
VOUS: (*Say you are hungry and want to eat something – a sandwich or a snack. Ask François if there is a café around here*)
FRANÇOIS: Il y a un café-tabac juste ici mais je ne sais pas si on fait des sandwichs.
VOUS: (*Say you will see*)
(Vous entrez dans le café-tabac.)
VOUS: (*Ask François what he wants to drink*)
FRANÇOIS: Pour moi, une bière pression.
VOUS: (*Ask the waiter for a draught beer and a coffee*)
LE GARÇON: Tout de suite.
VOUS: (*And ask what sort of sandwiches he has got*)
LE GARÇON: On a des sandwichs au jambon, fromage, saucisson, pâté. . .
VOUS: (*Ask François if he's hungry*)
FRANÇOIS: Moi, non. Je vais manger plus tard.
VOUS: (*Say you'll have a cheese sandwich and ask if you can buy postcards here*)
LE GARÇON: Oui, bien sûr. Les voilà!
VOUS: (*Say thank you and excuse yourself to François, saying you are going to send a postcard to your friends in Paris*)
FRANÇOIS: Bonne idée. Tu vas les voir bientôt?
VOUS: (*Say yes, you'll be seeing them next week*)

(Le garçon apporte les boissons et le sandwich.)

FRANÇOIS: Merci. Santé.
VOUS: (*Say cheers. Ask François if he wants to accompany you to Paris*)
FRANÇOIS: Oh, je veux bien mais il faut travailler!
VOUS: (*Say he can go at the weekend. He can show you the sights!*)
FRANÇOIS: Alors, oui! Quand est-ce qu'on va partir. . . .?

8 Hunger and thirst

Give reactions to the following situations:
e.g. Je veux manger – J'ai faim.

(a) Tu veux dormir? Tu as . . .?
(b) Nous voulons boire un coca.
(c) Ils veulent prendre un cognac.
(d) Elle veut nager dans la mer.
(e) Vous ne voulez pas manger?

9 Laisser un message

You exchange houses with a French family in the summer. You want to make them feel welcome, so you leave a note about where one can buy stamps, good bread, meat, fruit, etc., where one can swim or play tennis, if there is a doctor and dentist nearby and whether there is a local theatre or cinema, restaurant or nightclub. Start your letter *Chère Famille Legrand* and end it *Bien amicalement,*. . .

Unit 12
Retrouvez votre souffle

A Est-ce que vous avez bien compris?

Marmottan (Musée) (Institut de France)

2, rue Louis-Boilly, 75016 Paris - Tél. 224.07.02.

Métro	La Muette.
Ouvert	de 10 h à 18 h, sauf lundi.
Entrée	15 F. 6 F pour les étudiants, Amis du Louvre, Amis de la Bibliothèque Nationale.
	Visites groupes : sur demande préalable.
Coll.	Ier Empire (Marmottan) ; Impressionnistes (Donop de Monchy - Michel Monet). Wildenstein (enluminures du Moyen-Age).

Musée d'Orsay petit guide

- Attention :
la vente des billets se termine à 17 h 15
(le jeudi 21 h 00).
La fermeture des salles débute
à 17 h 30 (le jeudi 21 h 15).

Heures d'ouverture

– le mardi, mercredi, vendredi et samedi
de 10 h 00 à 18 h 00
– le dimanche
de 9 h 00 à 18 h 00
– le jeudi
de 10 h 00 à 21 h 45.
– Entre le 20 juin et le 20 septembre,
le Musée ouvre à 9 heures.
– Fermé le lundi.

Read the short extracts about the Musée Marmottan and the Gare d'Orsay. They give the opening times and other information about these very important collections of impressionist paintings. Then listen to the extract on the cassette and choose the correct answer (a), (b) or (c), or give as many details as you can in answer to the questions below: ∞

1 The person is asking
   (a) what she must do at the Musée Marmottan.
   (b) how to get to the Musée Marmottan.
   (c) what she does at the Musée Marmottan.

2 The man says you should go there
   (a) on foot.
   (b) by train.
   (c) by tube.

3 You have to
   (a) get on at La Muette.
   (b) change at La Muette.
   (c) get off at La Muette.

4 You (a) cross a park.
   (b) pass a park.
   (c) go along beside a park.

5 And at a large main street, you (a) turn left.
   (b) turn right. (c) go straight on.

6 What are the museum's opening times?

7 How much does it cost to get in?

8 Why might this person be interested in the Gare d'Orsay?

9 How far away is it?

10 On what day is it open till late in the evening?

11 On what day is it shut?

12 What happens at 5.15 pm (or at 9 pm on Thursdays)?

69

B Remplissez les blancs!

Copy out the passage below, filling in the blanks with the correct part of the present tense of the verbs in the box below:

mettre	habiter	vouloir	devoir
prendre	passer	aller (x2)	
avoir	attendre	être	
manger	inviter	descendre	
rentrer	connaître	sortir	

Robert et moi, nous _____ à Paris. Pour aller au travail, nous _____ le métro. On _____ à pied à la station de métro la plus proche. Les trains _____ très fréquents. On_____ cinq minutes au maximum. Les trains _____ un quart d'heure pour arriver à la station Opéra. C'est là où je _____ . Robert _____ continuer jusqu'à la station République. A midi, deux amies et moi, nous _____ à un restaurant. Je les _____ très bien et le temps _____ très vite.

Nous _____ souvent le soir. Soit nous _____ au cinéma, soit des amis nous _____ chez eux. On _____ très tard – à minuit ou à une heure du matin. Le lendemain j'_____ sommeil et je ne _____ pas aller au bureau!

C Dialogue

Rewrite the dialogue, filling in your part:

SOPHIE: Qu'il fait froid, aujourd'hui. Et je n'ai pas de pullover!
VOUS: (*Say you've got two and ask if she'd like one of them*)
SOPHIE: Je veux bien.
VOUS: (*Ask her which one she would prefer: this one, the red one; or that one, the blue one*)
SOPHIE: Le rouge.
VOUS: (*Give it to her and say you're just going for a coffee – does she want to go*)
SOPHIE: Volontiers!
VOUS: (*Say let's go then!*)

D Questions and answers

1 Answer the following questions:
(a) Vous vous appelez comment?
(b) Vous habitez où?
(c) Vous habitez là depuis quand?
(d) Quelle heure est-il?

2 Here are some answers, but what were the questions?
(a) 12F50.
(b) Vous traversez la rue et la banque est sur votre droite.
(c) La prochaine séance commence à 20h30.
(d) On y va à pied.

E Lectures

1 Look at the photo carefully, then answer the questions:

(a) You want to park. Which way do you go and why? What must you watch out for when the lights go green?

(b) When would you follow the *Toutes directions* signs?

2 You're working as an au pair in Paris. It's a Tuesday in the school holidays and the children's mother has given you 45F to spend. You decide to take the (two) children out to something. You consult *Pariscope*, the Paris theatre and cinema guide and see these three adverts:

THEATRE PRESENT 211 Avenue Jean-Jaurès (19ᵉ). 203.02.55. Pl : 7 et 10 F. Mer, Ven, Lun 14h30 :
Le Secret de l'île musicale par la Cie Reflux.
Pour enfants de 5 à 11 ans.
Un voyage fantastique au pays du son.

CIRQUE DE PARIS Boulevard Henri IV. Mº Sully-Morland. Location 887.33.86. Pl : 30 à 55 F. Enf. : 20 à 45 F. Sam, Dim 14h30 : Spectacle de cirque : jongleurs, acrobates, cyclistes excentriques, animaux et numéros du clown Francis. Accompagné par l'homme-orchestre Bernard constant.

CIRQUE DE PARIS
VACANCES SCOLAIRES T.L.J. 15H
887.33.86

Say what you decide to do, giving details. Talk about (a) what each show is about; (b) when it is on; and (c) how much it might cost.

F A note

You've invited a French friend for dinner but the cupboard is bare! You write a note (below) in English, but then decide to translate it into French. Write down your translation:

Dear Marc,

I have just arrived home and there is nothing to eat! There is only some cheese and some apples. You can eat them if (*si*) you are hungry. I'll just buy some fresh vegetables and some bread at the nearest grocer's and we can have dinner at half past eight.
See you!

(Your name)

Unit 13
Vous avez la taille au-dessus?

Béatrice et sa fille Martine vont voir les soldes. . . ᴏ⟋ᴏ

MARTINE: Viens par ici, maman. Voici l'ascenseur. Vêtements
féminins, c'est au troisième étage, n'est-ce pas?
BEATRICE: Oui, oui. Oh là là! Qu'il fait chaud ici!
MARTINE: Tu mets trop de vêtements, maman. Et tu portes toujours tes
gants et ton écharpe. Enlève-les! J'aime bien ce chandail-ci,
toi non?
BEATRICE: Non. Je ne le trouve pas terrible, moi. De toute façon, il est
trop grand. J'aime mieux ces jupes-là.
MARTINE: Quelles jupes?
BEATRICE: Celles-là – à pois. Mademoiselle, est-ce que je peux essayer
une jupe?
L'EMPLOYEE: Bien sûr, madame. Quelle taille faites- vous?
BEATRICE: Je fais du 40.
L'EMPLOYEE: Et en quelle couleur? On en a en bleu, rouge, vert ou jaune.
BEATRICE: Vous n'en avez pas en violet?
L'EMPLOYEE: Non, je regrette. Ah si, il m'en reste une en violet . . . à pois
blancs.
BEATRICE: Je vais l'essayer . . . Qu'en penses-tu, Martine? C'est un peu
juste?
MARTINE: Non. Elle est tout à fait à ta taille. C'est super!
BEATRICE: Mais qu'est-ce que tu as, Martine? Qu'est-ce que tu caches
là? Ah – le chandail.
MARTINE: C'est la taille la plus petite.
BEATRICE: Alors, vas-y! Achète-le si tu veux.
MARTINE: Il est trop étroit. Vous avez la taille au-dessus, s'il vous plaît,
mademoiselle?
L'EMPLOYEE: Attendez, je vais voir. Le voici, mademoiselle.
MARTINE: Merci. Oui, je le prends.
L'EMPLOYEE: Alors merci, madame . . .mademoiselle.
MARTINE ET BEATRICE: Merci, madame. Au revoir, madame.

l'ascenseur *lift*	je fais du 40 *I take a (French) size 40*
au-dessus *bigger*	les gants *gloves*
cacher *to hide*	la jupe *skirt*
un chandail *sweater*	un peu juste *a bit tight*
qu'il fait chaud! *how hot it is!*	mettre, porter *to put on, wear*
l'écharpe *scarf*	n'est-ce pas? *is that right, aren't they?*
enlever *to take off*	à pois *with spots, spotty*
essayer *to try on*	qu'est-ce que tu as? *what's wrong?*
l'étage *floor*	il me reste . . . *I have . . . left*
étroit *tight*	ah si *oh yes (after all)*

les soldes   *sales*
être super (fam.)   *to be fantastic*
la taille   *size*
je ne le trouve pas terrible   *I'm not too keen on it*
toujours   *still*

tout à fait à ta taille   *just your size*
trop (de) . . .   *too (many)* . . .
vas-y!   *go on!*
les vêtements   *clothes*
voici   *here is*

A   Vrai ou faux?

Listen to the passage and decide whether the statements below are true or false. If false write down the correct version!

1   Les deux femmes montent l'escalier à pied.
2   Elles vont au troisième étage.
3   Béatrice a froid.
4   Elle veut enlever quelques vêtements.
5   Martine a envie d'acheter un chandail.
6   Sa mère le trouve trop grand.
7   Béatrice fait du 42.
8   Béatrice essaie une jupe violette à pois blancs.
9   La jupe est trop grande.
10   Martine ne trouve pas de chandail à sa taille.

B   Vocabulaire

Fill in the blanks with a vocabulary item you have come across in the passage:

1   Pour monter au deuxième etage, il y a un _____
2   Si on a chaud, il faut _____ quelques vêtements.
3   Un _____ est un type de pullover.
4   Je ne l'aime pas, je ne le trouve pas _____
5   Quelle _____ faites-vous?
     – Je fais du quarante.

C   Phrases utiles

Listen to the passage once more, noting down all the phrases you think you might use in a clothes shop in France. Repeat the phrases carefully to make sure that you can pronounce them.

D   *Aller* + infinitive

Write down the phrases in the passage where *aller* + infinitive is used to talk about the immediate future.

Grammar notes

A Irregular verbs

Note where you need the accent in these two verbs:

enlever	*to take off (clothes)*	**acheter**	*to buy*
j'enlève	nous enlevons	j'achète	nous achetons
tu enlèves	vous enlevez	tu achètes	vous achetez
il/elle/on enlève	ils/elles enlèvent	il/elle/on achète	ils/elles achètent

B Pronouns with the imperative

1 Pronouns follow the imperative of the verb as follows:
Achète-le!   *Buy it!*
Enlevez-les!   *Take them off!*
Essayons-la!   *Let's try it (on)!*

2 But in the *negative* they come before the verb:
Ne **l'**achète pas!   *Don't buy it!*
Ne **les** enlevez pas!   *Don't take them off!*
Ne **l'**essayons pas!   *Let's not try it (on)!*

Note that *me* and *te* change to *moi* and *toi*:
Regarde-moi ça!   *Just look at that!*
Donne-le-moi!   *Give it to me!*

C Superlatives

Superlatives are adjectives which denote the biggest, best, smallest, tallest, most extraordinary, etc. We met them briefly in grammar note C, p. 40.

They commonly follow the noun:
la gare la plus proche   *the nearest station*
la taille la plus petite   *the smallest size*
le garçon le plus grand   *the tallest boy*

The adjective may take the place of a noun:
Laquelle préférez-vous?   *Which do you prefer?*
La plus petite.   *The smallest (one).*

Quel melon prenez-vous?   *Which melon will you have?*
Le plus mûr.   *The ripest (one).*

D Demonstratives

Note the addition of *-ci* and *-là* to indicate 'here' or 'there', 'this one' or 'that one':

ce chandail-ci	*this sweater (here)*	cette jupe-ci	*this skirt (here)*
ce manteau-là	*that coat (there)*	cet argent-là	*that money (there)*

E Interrogatives: Which?

You have already met *quel. . .?* and *lequel?* (grammar notes C, p. 45, B, p. 57), but when should you use one and when should you use the other? *Lequel?* stands on its own and means 'which (one)?' *Quel. . .?* on the other hand accompanies a noun:

Laquelle?   *Which one?*
Lesquels?   *Which ones?*
Quel manteau?   *Which coat?*
Quelle jupe?   *Which skirt?*
Quels gants?   *Which gloves?*
Quelles chaussures?   *Which shoes?*

F Expressions

1 N'est-ce pas?
This is used in the same way as the question tags 'don't we?', 'aren't they?' in English, but it doesn't change:

Ils vont venir, n'est-ce pas?   *They are coming, aren't they?*
Tu aimes le camembert, n'est-ce pas?   *You like Camembert, don't you?*

2 Qu'il fait chaud!
Note how to talk about the weather in French, using *faire*:
        Il fait beau   *It's lovely weather*
        Il fait froid   *It's cold*
        Il fait chaud   *It's hot*

Add *Que. . .* at the beginning of a sentence to turn it into an exclamation:
        Qu'elle est belle!   *How beautiful she is! Isn't she beautiful!*
        Qu'il fait froid!   *How cold it is!*

3 Trop
This indicates an excess of something! It can be used with an adjective:
        trop petit   *too small*
        trop grand   *too big*

or with a noun, using *de* to link them together:
        trop de chandails   *too many sweaters*
        trop d'argent   *too much money*

4 Voici
This is the parallel to *Voilà* (see grammar note B, p. 65):
        Voici l'ascenseur.   *Here is the lift.*
        Le voici.   *Here it is.*
        Te voici.   *Here you are.*

Communicating

Describing things in shops

Materials and colours

en }
de }
coton	cotton
laine	wool
plastique	plastic
cuir	leather
fourrure	fur
soie	silk

made of

en bleu, vert, rouge, etc.   *blue, green, red, etc.*

Trying things on

Quelle taille faites-vous?   *What size are you?*
Je fais du 38.   *I take a 38. (= English size 32.)*
Je peux l'essayer?   *Can I try it on?*
Je vais l'essayer.   *I'll just try it on.*
C'est trop juste.   *It's too tight.*
Avez-vous la taille au-dessus?   *Have you a larger size?*
Avez-vous la taille au-dessous?   *Have you a smaller size?*

Pointing things out

Quel manteau prenez-vous?   Le voici.   *Here it is.*
  Which coat will you have?   Le voilà.   *There it is.*
Celui-ci.   *This one.*   Te voici/voilà.   *Here/there you are.*

Contradicting

When you want to say yes, but you are contradicting what the previous
speaker has said, you should use *si* not *oui*. This does not come naturally
to English speakers but it is worth mastering so as to sound really French:

Vous n'êtes pas anglaise?   *You're not English?*
Mais si, je suis anglaise.   *Yes, I am English.*

Vous n'avez pas le même modèle en laine?   *You haven't the same style in wool?*
Mais si, j'ai le même modèle en laine.   *Yes, I do have the same style in wool.*

Exercises

1   Rewrite these sentences using the imperative of the verb in brackets
    (see grammar note A, p. 75). Think about what context the
    sentence might have been used in and decide whether to use *tu* or

vous as appropriate. Write in brackets after each answer who the two speakers are in each case, for example *femme/mari, marchand/client, frère/sœur, ami/amie*, etc.
  e.g. (Passer)-moi le sel, s'il te/vous plaît.
       Passe-moi le sel, s'il te plaît. (mari/femme)

(a) (Passer)-moi le sel, s'il te/vous plaît.
(b) (Signer) ce formulaire ici.
(c) (Donner)-moi de l'argent.
(d) (Enlever) tes/vos chaussures.
(e) (Aller)-y. (Acheter) le disque, si tu veux/si vous voulez.
(f) (Attendre). Je vais voir si j'ai la taille au-dessus.

2 Pronouns with imperatives
Rewrite the sentences below replacing the nouns in bold type with pronouns:
  e.g. Enlevez **vos gants**! Enlevez-les!

(a) Mets **tes chaussures**!
(b) Dis '**bonjour**'!
(c) Regardez **cette photo**!
(d) Mangeons **le gâteau**!
(e) Envoyez **ces lettres**!

3 Don't do it!
You've changed your mind. Rewrite all the sentences in exercise 2, making them negative:
  e.g. Enlevez-les! – Ne les enlevez pas!

4 Dialogue
Here is a dialogue in a shop but the lines have got muddled up. Choose a phrase from the list on the left, then one from the list on the right to reconstruct the conversation. Write down the dialogue.

VOUS		LA VENDEUSE
(a) Vous pouvez me les montrer?	1	Oui, monsieur. Vous faites quelle taille, s'il vous plaît?
(b) Il est tout à fait à ma taille – je vais prendre ce pantalon-ci.	2	C'est moi qui vous remercie. Au revoir.
(c) Bonjour, madame.	3	Vous ne le voulez pas en laine?
(d) J'ai envie d'acheter un pantalon.	4	Les voici, monsieur.
(e) Si! En couleur verte.	5	Bonjour, monsieur. Vous désirez?
(f) Merci, madame.	6	Très bien, monsieur. Je vais vous l'emballer.
(g) Je fais du 44.	7	Alors, j'en ai deux en couleur verte.
(h) Merci, je préfère celui-ci. Je peux l'essayer?	8	Bien entendu. Par ici, monsieur.

78

5 You're buying some clothes for your uncle, who is over two metres tall – and pretty thickset as well! Ask for the biggest, widest or longest item in each case (see grammar note C, p. 75):

e.g. – Quel pullover prenez-vous?
– Je prends le pullover le plus large, s'il vous plaît.

(a) Quel manteau prenez-vous?
(b) Quelle cravate voulez-vous?
(c) Quelles chaussures préférez-vous?
(d) Quels gants avez-vous envie d'acheter?
(e) Quel chandail achetez-vous?

6 Ce pullover-ci!
In relation to the items mentioned in exercise 5, answer the questions, this time using *ce/cette/cet/ces* ...*-ci*:
e.g. Quel pullover prenez-vous? Ce pullover-ci.

7 Quel ...?, lequel
Rewrite the mini-dialogues below, filling in with the correct part of *lequel?* or *quel?* as appropriate:

(a) – J'aime bien ce manteau.
– _____?
– Celui-ci.

(b) – _____ chaussures préfères-tu?
– Ces chaussures-ci.

(c) – Voilà une femme intelligente.
– _____ ?
– Celle-là, auprès de la porte.

(d) – Donnez-moi cet ananas-là.
– _____?
– Celui-là, à gauche.

(e) – Je voudrais acheter des fruits.
– _____ fruits voulez-vous?
– Des oranges, des cerises et des bananes.

8   Act it out

You've gone to help a friend buy a Dior dress at the Galeries Lafayette in Paris. Of course, it has got to be a perfect fit . . .

VOUS: (*Ask the shop assistant if she has this model in blue*)
LA VENDEUSE: Bien sûr. En quelle taille?
VOUS: (*Say it is for your friend. She takes size 40*)
LA VENDEUSE: Attendez. Je vais voir.
VOUS: (*Thank her very much and ask her to bring size 38, too*)
LA VENDEUSE: Voilà. Je regrette je n'ai pas la taille 38 en bleu mais j'ai ce modèle-ci. Vous ne voulez pas l'essayer?
VOUS: (*Say yes and how pretty that one is, and ask where can one try it on*)
LA VENDEUSE: Il y a une cabine d'essayage par ici.

(Quelques minutes plus tard.)

VOUS: (*Tell your friend it looks fantastic but the dress is a bit tight, isn't it? Ask the assistant if she has the larger size*)
LA VENDEUSE: Oui, voilà.
VOUS: (*Say it's perfect, you'll take this one, and ask how much it is*)
LA VENDEUSE: 1250F. Je vous l'emballe?
VOUS: (*Gulp! But say yes please and ask her to wrap it up*)

9   Letter-writing

You want to buy your French friend a present. You know that English wool sweaters usually go down well but you're not sure what size to get and what colour he/she would prefer. Write him/her a letter explaining the situation and asking for this information.

Unit 14
Ne t'en fais pas, ce n'est pas grave

Bernard est invité à dîner chez Joelle. Il arrive à huit heures, et à neuf heures et quart Joelle reste toujours dans la cuisine. . . ⚲

JOELLE: Ecoute, je m'excuse – le repas n'est toujours pas prêt.
BERNARD: Ne t'en fais pas, ce n'est pas grave.
JOELLE: Tu n'as pas faim, toi? Moi, si. A quelle heure tu manges le soir?
BERNARD: Oh, ça dépend. Vers neuf heures d'habitude. Quand ma soeur est là, nous mangeons un peu plus tôt vers huit heures, huit heures et demie. Elle doit se mettre au travail à dix heures. Elle est infirmière et en ce moment elle travaille de nuit.
JOELLE: Quelle horreur! Mais elle habite toujours chez tes parents, n'est-ce pas?
BERNARD: Oui, c'est ça. Mais elle passe la soirée chez moi. Souvent elle est absolûment crevée. Il est difficile de se reposer chez mes parents. On ne peut jamais s'asseoir. On ne peut rien laisser par terre. Il faut toujours ranger ses affaires.
JOELLE: Elle s'appelle comment, ta soeur?
BERNARD: Stéphanie. De toute façon, ça ne me dérange pas du tout si elle est là. Je sors beaucoup et puis je l'aime bien aussi.
JOELLE: Et d'ailleurs, elle cuisine bien aussi, hein?
BERNARD: Tu as raison. Mais moi aussi je sais cuisiner, hein? A propos, ça ne sent pas le brûlé ici?
JOELLE: Oh là là! Quelle catastrophe! Le boeuf bourgignon, c'est du charbon. Qu'est-ce qu'on va faire?
BERNARD: Ne t'inquiète pas! Où se trouve le restaurant le plus proche?
JOELLE: Il y a un très bon restaurant vietnamien juste au coin de la rue. Tu n'y vois pas d'inconvénients?
BERNARD: Pas du tout.
JOELLE: Allons-y, alors!

d'ailleurs   *besides, as well*
s'asseoir   *to sit down*
c'est du charbon   (*lit. it's coal*) *it's burnt to a cinder*
crevé(e) (*fam.*)   *exhausted*
déranger   *to bother, disturb*
difficile   *difficult*
de toute façon   *in any case*
ne t'en fais pas!   *don't worry!*
grave   *serious*
d'habitude   *usually*
s'inquiéter   *to worry*
laisser par terre   *leave lying around*

se mettre   *to start*
à propos   *by the way*
quelle horreur!   *how awful!*
ranger les affaires   *to tidy away*
se reposer   *to rest*
ça ne sent pas le brûlé?   *isn't there something burning?*
souvent   *often*
tôt   *early*
travailler de nuit   *to be on night shift*
vers   *about*
y voir des inconvénients   *to have anything against it*

81

A   Répondez aux questions en français

1   Où sont Bernard et Joelle?
2   Il est quelle heure?
3   Joelle, a-t-elle faim?
4   A quelle heure est-ce qu'on mange le soir chez Bernard?
5   A quelle heure est-ce que la soeur de Bernard commence à travailler?
6   Elle habite chez Bernard?
7   Elle s'appelle comment?
8   Bernard sait cuisiner?
9   Est-ce que Joelle sait cuisiner?
10   Qu'est-ce qu'ils vont faire?
11   Est-ce que Bernard y voit des inconvénients?

B   Equivalents

Listen to and/or read the passage once again and write down the French
equivalents of the phrases below:

1   I'm sorry.
2   Don't worry.
3   Aren't you hungry. I am!
4   She's on nights at the moment.
5   How awful!
6   You can never sit down.
7   You can't leave anything lying around.
8   It doesn't bother me at all.
9   I can cook too, you know!
10   By the way.
11   Isn't there a smell of burning?
12   What a disaster!
13   Let's go then!

C   Ecoutez et répétez!

Rewind the cassette and listen once more, pressing the pause button after
each of the phrases you have written down in exercise B. Repeat the
phrases, copying the speaker as closely as possible.

Grammar notes

A Reflexive verbs

As you may have noticed, some verbs have *me, te, se,* etc. between the person and the verb itself:

e.g. Il **s**'appelle... *I am called ..., My name is ...*
 Je **m**'excuse *I am sorry*

The easiest way to explain this in English is to translate the *me, te, se* as 'myself', 'yourself', 'herself', etc.:

se laver *to wash*
je **me** lave *I wash myself*
tu **te** laves *you wash yourself*
il **se** lave *he washes himself*
elle **se** lave *she washes herself*

nous **nous** lavons *we wash ourselves*
vous **vous** lavez *you wash yourselves*
ils/elles **se** lavent *they wash themselves*

There are a number of verbs which can be explained in this way:

s'appeler	*to call oneself*	s'arrêter	*to stop (oneself)*
se lever	*to get (oneself) up*	se préoccuper	*to bother oneself*
s'habiller	*to get oneself dressed*		*(to worry)*
se raser	*to shave oneself*	s'asseoir	*to sit (oneself) down*
s'excuser	*to excuse oneself,*	se reposer	*to rest oneself*
	apologise	se coucher	*to put oneself to bed*
se trouver	*to find oneself,*		*(go to bed)*
	to be situated		

However, there are also a number of verbs which are reflexive for no apparent reason. They are simply always found as reflexive verbs.

B Irregular verbs

dormir *to sleep*
je dors nous dormons
tu dors vous dormez
il/elle/on dort ils/elles dorment

s'asseoir *to sit down*
je m'assieds nous nous asseyons
tu t'assieds vous vous asseyez
il/elle/on s'assied ils/elles s'asseyent

Here are two reflexive verbs which change for the singular and third person plural:

> **s'appeler**   *to be called*
> je m'appelle   nous nous appelons
> tu t'appelles   vous vous appelez
> il/elle/on s'appelle   ils/elles s'appellent

> **se lever**   *to get up* (cf. *enlever*, p. 75)
> je me lève   nous nous levons
> tu te lèves   vous vous levez
> il/elle/on se lève   ils/elles se lèvent

C Toujours

Note that *toujours* may be translated as 'still', 'yet' or 'always':

Joelle reste toujours dans la cuisine.   *Joelle is* still *in the kitchen.*
Le repas n'est toujours pas fait.   *The meal isn't ready* yet.
Il faut toujours ranger ses affaires.   *You* always *have to tidy your things away.*

D Expressions of time

> le soir   *in the evening*
> le matin   *in the morning*
> dimanche   *on Sunday*
> le samedi   *on Saturdays, every Saturday*
> tous les jours/soirs   *every day/evening*

E Quel(s)/Quelle(s). . .!

Quel, whilst generally used to mean 'which. . .?', can also be used in exclamations:

> Quelle horreur!   *How awful!*
> Quelle catastrophe!   *What a catastrophe!*

F Other expressions

1 Il est difficile de . . .

Notice that in the completed expression, you use *ce*:

> C'est difficile   *It's difficult.*
> C'est facile   *It's easy.*

but that if you continue the phrase in order to say what it is that is difficult or easy, you must use *Il est . . . de . . .* + infinitive:

Il est difficile de se reposer.   *It is difficult to rest.*
Il est facile de faire une omelette.   *It is easy to make an omelette.*

2 sentir

Ça sent bon/mauvais.	*That smells good/bad.*
Ça sent le café ici!	*It smells of coffee here!*
Ça sent le brûlé.	*It smells of burning.*
Ça ne sent pas la rose!	*It doesn't smell very nice!*

Communicating

Apologising

Note that *excusez-moi!* does not have the same sense as 'excuse me' in English (usually used when trying to get past someone in a shop or on a bus). *Excusez-moi* or *je m'excuse* is used in a more general sense to mean 'I am sorry'. You can also say:

> Je regrette, . . .
> Je suis désolé(e), . . .
> or, to be most emphatic:
> Je suis navré(e), . . .

Checking up

In order to make sure people don't mind about something, you can say:

> Ça ne te/vous dérange pas?
> Tu n'y vois pas d'inconvénients?
> Vous n'y voyez pas d'inconvénients?

Reassuring

In order to reassure someone that you don't mind, use:

> Ne t'en fais pas!
> Ne vous en faites pas! *Don't worry!*
> Ne t'inquiète pas!
> Ne vous inquiétez pas!
> Cela ne me dérange pas du tout. *It doesn't bother me at all.*

Suggesting

Remember you can use the imperative form to make a suggestion:

Allons-y alors!	*Let's go then!*
Achetons-le!	*Let's but it!*
Jouons aux cartes!	*Let's play cards!*

Exercises

1 Rewrite these sentences, filling in the blanks with the appropriate part of the verbs in brackets. Don't forget the reflexive pronouns (*me, te, se,* etc.) (see grammar notes A, B, pp. 83–84).

(a) Je _____ à huit heures le matin. (se lever)
(b) Mon amie _____ Marie-Louise. (s'appeler)
(c) Ils _____ près de la porte. (s'asseoir)
(d) Nous _____ assez tôt le soir – à neuf heures et demie. (se coucher)
(e) La banque _____ en face de la cathédrale. (se trouver)
(f) Ne _____ pas! (s'inquiéter)
(g) Je _____ – je n'ai pas de pièces de 1F! (s'excuser)
(h) Elles _____ pour prendre une tasse de café. (s'arrêter)

2 Translate the passage below:
Antoine Delfosse is a computer scientist. He works with a large German company in Paris. He gets up every day at seven o'clock, gets washed and dressed, and then he has breakfast at about half past seven. He sets off for work at a quarter to eight. The office is not far from his house – he takes about five minutes by car. Every evening he goes jogging in the park and then watches television. He usually goes to bed at eleven o'clock.

3 Using the paragraph in exercise 2 as a model, write a paragraph about your daily habits.

4 Say whether you find it is difficult or easy to do the following things:
e.g. Il est facile/difficile de conduire une voiture.
It is easy/difficult to drive a car.

(a) jouer du piano
(b) préparer un plat français
(c) réparer la voiture
(d) jouer au tennis
(e) parler français
(f) peindre la maison

5 Turn all the statements in exercise 4 into exclamations.
e.g. Conduire une voiture – c'est facile!

6   Act it out

Act out the following conversations – you will wish to work out your part
and write it down before acting it out. But try not to read out your part.
See if you can remember what to say, or improvise as you go along.

(a) Au restaurant

VOUS: (*Say that you like this restaurant but that it is very difficult to find a
table*)

MARIE-LOUISE: Ne t'en fais pas. On a le temps.

VOUS: (*Check up that she doesn't mind and ask when she has to go back to
work*)

MARIE-LOUISE: Oh, à deux heures, deux heures et demie.

VOUS: (*Say look, there is a table, and suggest going and sitting over there*)

MARIE-LOUISE: D'accord.

VOUS: (*Ask if she is hungry, saying that there is a delicious smell*)

MARIE-LOUISE: Oui, j'ai assez faim – je ne bois que du café le matin.

VOUS: (*Ask if she gets up late*)

MARIE-LOUISE: Oui, je me lève à sept heures et demie et je dois quitter la
maison à huit heures.

VOUS: (*Ask what she would like to eat*)

MARIE-LOUISE: Un chateaubriand!*

VOUS: (*Exclaim that she really is hungry and ask the waiter for two
chateaubriands*)

*   *a very large steak*

(b) Après le repas

VOUS: (*Suggest going to a café to have a cup of coffee*)

MARIE-LOUISE: D'accord. Où veux-tu aller?

VOUS: (*Say you know a café near here where one can sit outside*)

MARIE-LOUISE: Génial. C'est loin?

VOUS: (*Say no, it is on Place Voltaire beside the cinema*)

MARIE-LOUISE: Tu y vas souvent?

VOUS: (*Say you go there almost every day. The waiter knows you and the
service is fast*)

MARIE-LOUISE: Je veux bien y aller mais je dois partir dans quinze
minutes.

VOUS: (*Say let's go quickly then*)

7   Letter-writing

You've got to go away for a few days and you're a bit worried about
your pet parrot (*le perroquet*)! Leave a note for your French landlady
(Mme Durand) saying that you are leaving your parrot at her house
and asking whether she minds. Say that she's called Polly and that
she eats in the morning and in the evening and gets up at seven in the
morning. Say that you are sorry, that you are coming back on
Saturday, and sign off!

(Sonnerie) 🔊

MARC: Tiens, salut Francine. (Ils s'embrassent.) Ça va?
FRANCINE: Oui, ça va. Et toi?
MARC: Très bien.
FRANCINE: Tu n'as pas trop à faire?
MARC: Pourquoi?
FRANCINE: Ecoute. Tu ne te rends pas compte? Aujourd'hui, c'est le 24 décembre!
MARC: Oh moi, tu sais, je ne fais pas grand'chose à Noël. Mais assieds-toi – justement je veux te demander quelque chose.
FRANCINE: Vas-y!
MARC: Je veux offrir un petit cadeau à Sébastien. Qu'est-ce que tu en penses?
FRANCINE: Oh, c'est vachement sympa, mais vraiment . . .
MARC: Arrête – tu ne vas pas lui refuser un petit jouet. Attends! Je te le montre!
FRANCINE: Oh! Qu'il est mignon! Un petit ours mécanique. Fais-le marcher! Tout à fait adorable. Et il joue du tambour, d'ailleurs. Sébastien va l'adorer. C'est une antiquité, n'est-ce pas?
MARC: Oui, c'est un jouet du dix-neuvième siècle.
FRANCINE: Où trouves-tu de telles curiosités?
MARC: Je connais un vieil italien. Il s'intéresse beaucoup aux antiquités en général et aux jouets en particulier. Quand il en trouve un il me le vend.
FRANCINE: Et après tu les donnes à Sébastien.
MARC: Cela me fait plaisir.
FRANCINE: Et à lui aussi. Non, mais tu es vraiment gentil.
MARC: Je te le donne maintenant? Tu peux le lui offrir ce soir.
FRANCINE: D'accord. Merci mille fois.
MARC: Attends. Je vais te l'emballer.
FRANCINE: Mais toi, qu'est-ce que tu fais ce soir?
MARC: Je vais regarder la télé, me coucher tôt.
FRANCINE: Tout seul, ici? Pas question. Tu vas diner chez nous et à minuit on va tous ensemble à la messe. OK?
MARC: D'accord. Merci, Francine. Alors il faut faire un petit paquet-cadeau, envoyer des cartes de Noël . . .

d'ailleurs *as well*
une antiquité *antique*
un cadeau *present*
se coucher *to go to bed*
une curiosité *curio, strange old thing*
demander *to ask*
donner *to give*
emballer *to wrap up*
s'embrasser *to hug/kiss on both cheeks*
ensemble *together*
gentil *kind*
s'intéresser à *to be interested in*
un jouet *toy*
joyeux Noël *happy Christmas*
mécanique *clockwork*
la messe *mass*
mignon *sweet*

mille fois *(lit. a thousand times)*
    a million
montrer *to show*
offrir *to offer, give*
un ours *bear*
faire un paquet-cadeau
    to wrap up the present
pourquoi? *why?*
se rendre compte *to realise*
le dix-neuvième siècle *nineteenth*
    century
seul *alone*
un tambour *drum*
tôt *early*
vachement sympa (fam.) *really nice*
vendre *to sell*
vieil *old*

A Multiple choice

1 Marc
   (a) has too much to do.
   (b) expects to have a quiet Christmas.
   (c) has not realised it's Christmas Eve.

2 Marc is giving Francine's son Sébastien
   (a) an antique Italian figurine.
   (b) a clockwork toy.
   (c) a teddy bear.

3 Francine's family give each other presents
   (a) on 6 January.
   (b) on Christmas Day.
   (c) on Christmas Eve.

4 Marc was planning to
   (a) have an early night.
   (b) go to the midnight service.
   (c) give Sébastien the present himself.

5 Francine
   (a) insists that Marc spends the evening at her house.
   (b) suggests that Marc spends the evening at her house.
   (c) is not keen for Marc to spend the evening at her house.

B Equivalents

Read and/or listen to the text again. Write down the French equivalents for the English expressions below:
1 Don't you realise?
2 Take a seat!
3 That's really nice of you.

4 I'll show it to you.
5 How sweet!
6 The nineteenth century.
7 When he finds one he sells it to me.
8 Shall I give it to you now?
9 You can give it to him this evening.
10 At midnight we'll all go to mass together.

Grammar notes

A Indirect object pronouns

The indirect object pronouns (to me, to him, to her, to us, to them, etc.)
are as follows in French:

me	*to me*
te	*to you*
lui	*to him, her*
nous	*to us*
vous	*to you*
leur	*to them*

Refer back to grammar note B, p. 65, to check what the direct object
pronouns are:

Il donne **un cadeau à ma mère**. *He gives a present to my mother.*
Il **le** donne à ma mère. *He gives it to my mother (direct object pronoun).*
Il le **lui** donne. *He gives it to her (indirect object pronoun).*

B Word order with direct and indirect pronouns

1 The pronouns always occur before the verb:
(a) Je **vous l'** envoie. *I'll send it to you.*
(b) Nous **le lui** offrons. *We'll offer it to him.*
   However, you will notice that in example (a) above, the indirect
   pronoun comes before the direct pronoun, whereas in example (b) the
   opposite is the case.
      The best way to remember this is that the indirect pronoun comes
   first except where both begin with the letter 'l', when the direct
   pronoun comes first:

Il	me te nous vous	le la les	lui leur	donne

Je te le montre. *I'll show it to you.*
Vous le lui donnez plus tard. *You'll give it to him later.*

2 When the finite verb is followed by an infinitive, the object pronouns go in front of the infinitive and not the finite verb.

e.g. Tu **peux** le lui **offrir** ce soir.   *You can give it to him this evening.*
Nous **allons** leur **envoyer** une carte de Noël.
We'll send them a Christmas card.
Je **veux** te **demander** quelque chose.   *I want to ask you something.*

C En

1 *En* is used to complement numbers. Think of it as 'of them':

Il y a en a deux.   *There are two (of them).*
Quand il en trouve un,. . .   *When he finds one (of them),. . .*

2 *En* is also used with verbs which are followed by *de*:

Qu'est-ce que tu en penses?   *What do you think of it?*

3 Where there is more than one pronoun, *en* always comes last. It may help you to remember if you think of it as coming at the *end*.

Je lui en donne deux.   *I give him two.*
Ils nous en offrent dix.   *They offer us ten there.*

D Reflexive verbs

The imperative of reflexive verbs is formed as follows:

| Assieds-toi! | *Sit down!* | Couche-toi! | *Lie down!* |
| Asseyez-vous! | | Couchez-vous! | |

Notice that the emphatic form *toi* is used rather than *te*.

E Irregular verbs

préférer   *to prefer*
je préfère   nous préférons
tu préfères   vous préférez
il/elle/on préfère ils/elles préfèrent

offrir   *to offer*
j'offre   nous offrons
tu offres   vous offrez
il/elle/on offre   ils/elles offrent

F Present tense for the immediate future

Notice that the present tense may be used for something which is going to happen in the immediate future:

Je te le montre.   *I'll show it to you.*

G Indefinite adjectives

1 **Tel(s), Telle(s)** *such (a)* . . .
   Où trouves-tu de telles curiosités?   *Where do you find such curios?*

2 **Tout (tous), Toute(s)** *all, every*
   tous les jours   *every day*
   On va tous ensemble à la messe.   *We will all go to the mass together.*

   Note that *tout* can also be used as an intensifier, like 'very'. It is
   especially used with *petit*:
   un tout petit jouet   *a very small toy*
   une toute petite tranche   *a very small slice*

H Dates

1 In French there is no need to use ordinal numbers for dates. Simply
   say:
   le 6 mars   *the 6th of March*
   le 14 juin   *the 14th of June*

   If you wish to add the day, the article must come first (unlike in
   English):
   le mardi sept novembre   *Tuesday the seventh of November*
   le vendredi dix août   *Friday the tenth of August*

2 For historical dates it is wise to get your ear tuned to the main
   centuries:
   au vingtième siècle   *in the twentieth century*
   au dix-neuvième siècle   *in the nineteenth century*
   au dix-huitième siècle   *in the eighteenth century*
   au quinzième siècle   *in the fifteenth century*
   au douzième siècle   *in the twelfth century*

I s'intéresser à, jouer de

Note that you use a reflexive verb to say you are interested in something.
It is followed by *à*:

Je m'intéresse **au** cinéma.   *I'm interested in the cinema.*
Elle s'intéresse **à l'**équitation.   *She is interested in horse-riding.*
Nous nous intéressons **à la** photographie.   *We're interested in photography.*

Notice, too, that when talking about a musical instrument *jouer* (to play) is
followed by *de*:

Tu joues **d'**un instrument?   *Do you play an instrument?*
Ils jouent **du** violon.   *They play the violin.*
Elle joue **de la** flûte.   *She plays the flute.*

Communicating

Expressing enthusiasm

J'aime bien. . .   *I like. . .*
Qu'il est mignon/adorable!   *Isn't it sweet/adorable!*
Qu'elle est belle!   *Isn't she beautiful!*

Expressing gratitude

C'est vachement sympa.   *That's incredibly kind.*
Tu es vraiment gentil. ⎫
Vous êtes très aimable. ⎭ *You're very kind.*

Je te/vous remercie ⎱ de ta/votre lettre.   *Thank you for* ⎰ *your letter.*
                    ⎰ du cadeau   ⎱ *the present.*

Attracting attention

Note that it is not at all rude to use the imperatives below when talking to a friend. You could even make a habit of using these phrases when you want 'thinking time'!

Ecoute! ⎱
Ecoutez! ⎰ *Listen!*

Attends! ⎱
Attendez! ⎰ *Wait!*

Arrête! ⎱
Arrêtez! ⎰ *Stop! Don't go on!*

Note also:

Vas-y! ⎱
Allez-y! ⎰ *Go on*
Fais-le marcher!   *Set it going!*

But be careful with the intonation, otherwise you will sound impolite.

Exercises

1   Rewrite the sentences below, putting the pronouns in the correct order (see grammar note B, p. 90):

e.g. Il (le / me) donne. → Il me le donne.

(a) Ils (le / nous) offrent.

(b) Nous (la / lui) envoyons.

(c) Je (les / leur) donne plus tard.

(d) Vous allez (les / nous) montrer.

2 Rewrite the sentences below, replacing the nouns with pronouns (see grammar notes A and B, p. 90):

e.g. – A Noël je donne un cadeau à mes parents.
  – Je leur en donne un.

(a) J'envoie une carte à mon frère.
(b) Nous donnons les cadeaux aux enfants.
(c) Vous allez téléphoner à votre amie?
(d) Ils montrent le gâteau aux clients.
(e) Elle écrit une lettre à son cousin.

3 Traduction
Translate the sentences below:

(a) I'll show them to you.
(b) We are offering you five of them.
(c) They're giving them to us on Thursday.
(d) You are going to send it to them tomorrow.
(e) We can give it to them this evening.
(f) She telephones him every day.

4 You're late and you're in a bad mood! Your friend is supposed to be giving you a lift and he's still in bed. Write down how you would order him to:

(a) get up   (e) sit down
(b) get washed   (f) eat his breakfast
(c) get shaved   (g) listen. . .
(d) get dressed   and (h) suggest going now!

5 Fill in the sentences below with the correct part of *tel(s)*, *telle(s)* or *tout (tous)*, *toute(s)* as appropriate (see grammar note G, p. 92):

e.g. Je n'aime pas de tels films. *I don't like such (those sort of) films.*
  Tous les garçons l'aiment bien. *All the boys like him/her.*

(a) Je le vois _____ les jours.
(b) Tu aimes de _____ histoires?
(c) Nous n'avons pas de _____ curiosités.
(d) Vous y allez _____ ?
(e) Un _____ homme n'est jamais heureux.
(f) _____ les femmes vont à la messe le dimanche.
(g) _____ les hommes vont au bar.
(h) On n'aime pas voir une _____ situation.

6 Say these things will just be done (see grammar note F, p. 91):
e.g. Je te le montre. *I'll just show it to you.*

(a) He'll show it to you.
(b) You'll give it to them.
(c) They'll offer them to us.
(d) We'll send it to you.
(e) You'll give them to him.

7 Months and numbers
Write down the following dates:

(a) 10th June   (d) 25th May
(b) 12th November   (e) 5th January
(c) 14th February   (f) 31st August

8 Dates and days of the week
Write down how you would say:

(a) Friday 4th July
(b) Sunday 29th March
(c) Wednesday 17th September
(d) Monday 21st June
(e) Thursday 13th April

9 Act it out
Drawing on phrases in the dialogue, the grammar notes and in the list of phrases on p. 93, act out these conversations with a friend:

VOUS: (*Ask your French friend if he likes Christmas*)
MICHEL: Oui, chez nous, c'est assez tranquille mais je l'aime bien. Et toi?
VOUS: (*Say you quite like Christmas but you prefer the 31st of December*)
MICHEL: Tu fêtes le nouvel an?
VOUS: (*Say you are Scottish and you all go out in the evening and then visit friends*)
MICHEL: Regarde, j'ai un petit cadeau pour toi.
VOUS: (*Say it is very kind of him and ask if you can open it now!*)
MICHEL: Oui, oui, si tu veux.
VOUS: (*Some Suchard chocolates. Exclaim how delicious they look*)
MICHEL: Tu aimes le chocolat noir?
VOUS: (*Say you adore dark chocolate, say you want to give him a present, too, and ask if you should show it to him now*)
MICHEL: Mais écoute, je n'attends pas. . .
VOUS: (*Ask him not to go on, and produce the present*)
MICHEL: Mais qu'est-ce que c'est? Ça bouge?
VOUS: (*Exclaim that he is interested in small animals, isn't he?*)
MICHEL: Une souris blanche! Qu'elle est adorable!

10 Letter-writing
Write a letter to some friends (remembering to put the date in French at the top) thanking them very much for the present, saying it is very kind of them and you love antiques – especially clockwork mice! Exclaim that it's adorable and ask where they find such things. Say you are sending them a present, too, and ask if they like it. Wish them a happy Christmas and sign off.

Unit 16
Ces lunettes-ci, ce sont les vôtres?

Un client entre en courant dans l'hôtel 'l'Empire'. ᴑᴑ

ANDRÉ: Bonjour, madame. Je voudrais réserver une chambre, s'il vous plaît. Pour deux nuits. Avec douche.

LA GERANTE: Bien sûr, monsieur. Préférez-vous une chambre qui donne sur la rivière ou sur la rue?

ANDRÉ: Sur la rivière, s'il vous plaît, madame.

LA GERANTE: Très bien, monsieur. Voici votre clé. C'est la chambre numéro 33. Elle est au troisième étage. En sortant de l'ascenseur vous tournez à gauche et la chambre est sur votre droite.

ANDRÉ: Merci, madame. Excusez-moi, monsieur est-ce que mon copain est déjà dans l'hôtel? C'est un grand monsieur aux cheveux frisés, âgé d'une vingtaine d'années. . .

LA GERANTE: . . . qui porte un pantalon rouge et un chandail vert?

ANDRÉ: Aux lunettes énormes.

LA GERANTE: Oui, oui. Un monsieur tout à fait charmant. Oui le jeune homme dont vous parlez vient de sortir, monsieur, garer sa voiture.

ANDRÉ: Mais ce n'est pas sa voiture, c'est la mienne!
(A la gérante) Alors, il y a un parking à l'hôtel, madame?

LA GERANTE: Bien sûr, monsieur. Nous avons un parking, un salon de coiffure, une piscine, un restaurant, une salle de télévision . . .

ANDRÉ: Excusez-moi, madame. Ces lunettes-ci, ce sont les vôtres?

LA GERANTE: Mais non, monsieur. Ce ne sont pas les miennes. Ce sont. . . celles du jeune homme.

ANDRÉ: Ah non, alors.

en aparté	*aside*	grand	*tall*
l'ascenseur	*lift*	les lunettes	*glasses*
les cheveux	*hair*	le/la mien(ne)	*mine*
la clé	*key*	un pantalon (always singular)	*a pair*
le copain	*friend 'mate'*		*of trousers*
en courant	*running*	le parking	*car park*
donner sur	*to overlook*	une piscine	*swimming-pool*
dont	*of whom*	porter	*to wear*
dont vous parlez	*who you are talking*	qui	*which, who, that*
	about	réserver	*to book*
la douche	*shower*	un salon de coiffure	*hairdresser's*
frisé(s)	*curly*	tout à fait	*quite, completely*
garer	*to park*	une vingtaine	*about 20*

A Questions in English

Read the questions below, listen to the passage on the cassette, and try to answer the questions in English *without reading the text* at the same time. You may rewind and play the passage a second time to check your answers.

1 Describe the room which André is booking.
2 What room number is it?
3 What floor is it on?
4 How do you get to the room?
5 What does the person André is looking for look like?
6 What is he wearing?
7 What is he doing at the moment?
8 What facilities does the hotel have?
9 What has the young man left on the reception desk?

B Equivalents

Read and/or listen to the passage once more and write down the French equivalents of the phrases below:

1 I'd like to book a room please.
2 A room which looks out over the river.
3 It's room number 33.
4 It's on the third floor.
5 About 20 years old.
6 The young man you are talking about has just left.
7 Where is he, then?

C Ecoutez et répétez!

Listen to the passage once more, stopping the cassette every time you get to one of the phrases in exercise B. Repeat the phrase as accurately as you can.

Grammar notes

A The present participle

This is the part of the verb like runn**ing**, jump**ing**, realis**ing**, etc., and is formed in French by adding *-ant* to the stem of the *nous* part of the present tense of the verb:

parl**ant**   *speaking*
finiss**ant**   *finishing*
vend**ant**   *selling*

Uses
The present participle may be used (a) as an adjective, in which case it agrees with the noun just like any other adjective:

Une femme charmante
Un clown amusant

(b) with *en* to describe the way an action is done:

Il sort de la maison en courant.   *He runs out of the house.*
Elle traverse la rue en se dépêchant.   *She hurries across the road.*

or (c) to convey the senses of 'by', 'in', 'on' or 'while doing something':

En sortant de l'ascenseur. . .   *On coming out of the lift.* . .
En appuyant sur le bouton. . .   *By pushing this button.* . .
(Tout) en mangeant, il leur explique la méthode.
    Whilst eating, he explains the method to them.

B   *Au, à la, à l', aux* in descriptions

You have already met *au*, *à la*, etc. used to describe the contents or flavours of things:

une glace à la vanille/au chocolat   *a vanilla/chocolate ice-cream*
un sandwich au jambon   *a ham sandwich*
une tarte aux pommes   *an apple tart*

It is also used to describe people:

	roux		red		
	marrons		brown		
aux* cheveux	blonds	*with*	blond	*hair*	
	noirs		black		
	frisés		curly		

	gris		grey	
aux yeux	bruns	*with*	brown	*eyes*
	verts		green	
	bleus		blue	

à la barbe noire   *with a black beard*

* NB: Hair is always plural.

C   Qui, que, dont

These words introduce a new clause (a mini-sentence within the main sentence) and refer back to a noun already mentioned so as to add more information about it:

Le jeune homme qui porte un pantalon rouge vient de sortir.
Le monsieur qui ne sait pas parler français gare sa voiture.

In the two examples above *qui* is the subject of the relative clause, i.e. it is the young man who is wearing the red trousers and who cannot speak French. Where the subject changes *que* must be used:

La femme que je connais n'est pas ici.
    The woman (whom/that) I know is not here.
Le petit garçon qu'il aime joue au football.
    The little boy (whom/that) he likes is playing football.

Qui is the subject of the verb in the relative clause; *que* is the object of the verb in the relative clause.

In English the 'whom/that' may be missed out, but the *qui/que* must always be included in French. Note, too, that the 'e' of *que* is elided before vowels (*le garçon qu'il aime*) whereas the 'i' of *qui* is never elided:

Le jeune homme qui habite à côté de moi. . .
　　The young man who lives next door. . .

Dont is used instead of *de qui* (of whom, whose):

La femme dont nous parlons. . .
　　The woman we are talking about (of whom we are talking). . .
Le monsieur dont le fils travaille à la poste . . .
　　The man whose son works at the post office. . .

D Possessive pronouns – mine, yours, his, etc.

The possessive pronouns agree in number and gender with the noun they replace:

singular		plural		
m.	f.	m.	f.	
le mien	la mienne	les miens	les miennes	mine
le tien	la tienne	les tiens	les tiennes	yours
le sien	la sienne	les siens	les siennes	his
le nôtre	la nôtre	les nôtres	les nôtres	ours
le vôtre	la vôtre	les vôtres	les vôtres	yours
le leur	la leur	les leurs	les leurs	theirs

Ce livre n'est pas le mien, c'est le vôtre.　*This book is not mine, it's yours.*
Où est sa guitare? La mienne est ici.　*Where is his/her guitar? Mine is here.*
Mes parents m'interdisent tout. Les siens sont plus raisonnables.
　　My parents do not allow me to do anything. Hers are more reasonable.

Often *à moi, à toi, à lui*, etc. is used in conversation to denote ownership instead of *le mien, le tien, le sien*:

A qui est ce cahier?　C'est à moi.　*Whose is this book? It's mine.*

Communicating

Booking a hotel room

Je voudrais réserver une chambre. . .　*I'd like to book a room*. . .
à deux lits　*with two beds*
pour deux personnes　*for two people*
pour trois nuits　*for three nights*
avec douche, WC (pron. vay – say), lavabo, salle de bains
　　with a shower, WC, hand basin, bathroom

Making inquiries

Vous avez une chambre qui donne sur la mer, la cour, le lac?
Have you a room overlooking the sea, the courtyard, the lake?
Il y a une salle à manger, un change à l'hôtel?
Is there a dining-room, a foreign exchange office at the hotel?
Il y a un restaurant daus le quartier?   *Is there a restaurant in the area?*
On peut prendre le petit déjeuner dans la chambre?
Can one have breakfast in one's room?
Quel est le prix, s'il vous plaît?   *How much is it please?*
Est-ce que le petit déjeuner est compris?   *Is breakfast included?*
La taxe est comprise?   *Is tax included?*

Exercises

1   **Il y a un parking, madame?**
    Ask the receptionist if the hotel has:
    (a) a restaurant.   (d) a lift.
    (b) a hairdresser's.   (e) a swimming-pool.
    (c) a TV room.

2   **Il vient de sortir**
    Say the young man has just:
    (a) booked a room.   (d) parked the car.
    (b) taken the key.   (e) taken his glasses off.
    (c) gone into the lift.

3   **Tout en cuisinant. . . ils font de la gymnastique!**
    Join the sentences from the list on the right to verbs from the list on
    the left using *en . . .-ant* (see grammar note A, pp. 97–98).
    Write down only those examples which are physically possible.

    écouter la radio   ils font de la gymnastique
    manger un sandwich   nous regardons la télé
    parler aux amis   elle prend une douche
    chanter 'La Marseillaise',   je fais la vaiselle
    prendre une tasse de café   vous cuisinez

4   Translate these sentences into French (see grammar note A2):

(a) They hurry out of the bank.   (c) We swim across the river.
(b) She runs down the street.   (d) I run into the house.

5   **Au voleur!**
    You spot a suspicious-looking person running away from the
    alimentation générale shop in the village with a big bag. He is tall, about
    40 years old, with curly brown hair and a black beard. He is wearing
    grey trousers and a blue sweater. The police ask you what the person
    you saw looks like. Write a description. Begin like this: *C'est un homme.*

6 Rewrite these sentences, filling in the blanks with *qui, que* (*qu'*) or *dont* as appropriate (see grammar note C, p. 98):

(a) La jeune fille _____ vous voyez là-bas s'appelle Nathalie.
(b) Le film _____ passe actuellement au cinéma 'Rex' est formidable.
(c) La femme _____ je connais le fils travaille à la crémerie.
(d) Le chien _____ on vient d'acheter a neuf mois.
(e) Le gâteau _____ reste est pour toi.
(f) Le magasin de disques _____ je te parle se trouve tout près de chez moi.

7 Anagrams
Unscramble the anagrams of the following words and match them with their definitions:

(a) S E S E R A C N U
(b) A L N P A O T N
(c) R U T V E I O
(d) E N T U L T E S
(e) H C D U O E
(f) E L C

1 Une façon de se laver.
2 Les hommes le portent mais les femmes aussi!
3 On en a besoin d'une pour ouvrir la porte.
4 On l'utilise pour monter aux étages supérieurs.
5 Un moyen de transport.
6 Si on ne voit pas très bien, on porte des _____

8 Ces lunettes-ci, ce sont les vôtres?
Write down how you would ask the manager if the following things are his (for *ce, cette, cet, ces*, see grammar note C, p. 51):

La voiture
le passeport
l'argent,
la clé
les livres.

9 Ce sont les miennes!
Add a comment to the following sentences using the correct form of the possessive pronoun indicated in brackets (see grammar note D, p. 99):
e.g. Où est votre voiture. (*mine*)
     La mienne est dans le parking.

(a) Où sont mes gants? (*hers*)
(b) De qui est-ce, cette voiture? (*his*)
(c) Ses parents sont très gentils. (*mine*)
(d) Leur maison est petite mais élégante. (*ours*)
(e) Notre chat dort toute la journée. (*theirs*)

10 Act it out
Act out this situation at a hotel reception desk:

L'HOTESSE D'ACCUEIL: Bonjour, monsieur/mademoiselle.
VOUS: (*Say you'd like to book a room for two nights*)
L'HOTESSE D' ACCUEIL: Bien entendu. Pour une personne.
VOUS: (*Say yes, for one person – with a shower, please*)
L'HOTESSE D'ACCUEIL: D'accord.
VOUS: (*Ask how much it is*)
L'HOTESSE D'ACCUEIL: 80F, monsieur/mademoiselle
VOUS: (*Ask if that includes breakfast*)
L'HOTESSE D'ACCUEIL: Tout compris, monsieur/mademoiselle.
VOUS: (*Ask if they have a room overlooking the lake*)
L'HOTESSE D'ACCUEIL: Oui, il nous en reste une – la 42.
VOUS: (*Ask if there is a lift*)
L'HOTESSE D'ACCUEIL: Oui. Juste ici. A gauche. Voici votre clé.
VOUS: (*Thank her very much and wish her a good day*)

11 Letter-writing
(a) Write a letter to a French friend in which you describe what you look like so that he can recognise you when they come to pick you up at the station. You can start your letter as follows:

Cher David,
J'attends avec impatience ma visite chez vous à Angoulême.
J'arrive à 14h.30 à la gare centrale. Tu vas me reconnaître facilement. Je suis. . .

(b) Write to the manager, Hotel Roma, Rue Lamarck-Caulaincourt, Montmartre, Paris, saying you would like to book a twin-bedded room at his hotel for three nights from 7–10 August. Ask how much a room costs and say you'd like a room which overlooks *la basilique du Sacré-cœur* if there is one.

Unit 17
C'est quelque chose de sérieux?

Robert est malade. Il va chez le médecin. ⚏

ROBERT: Bonjour, docteur. Que je souffre, docteur!

LE MEDECIN: Vous souffrez? Où souffrez-vous, mon pauvre?

ROBERT: J'ai mal à la tête, j'ai mal à l'estomac, j'ai mal . . . partout.

LE MEDECIN: Ouvrez la bouche. Dites 'Ah'!

ROBERT: Aah.

LE MEDECIN: C'est peut-être une grippe. Ce qui est surprenant c'est que vous n'avez pas de fièvre.

ROBERT: Je suis fatigué. Ce dont j'ai besoin, ce sont des vacances. De longues promenades au bord de la mer. L'air frais.

LE MEDECIN: Depuis combien de temps souffrez-vous?

ROBERT: Voici deux heures que j'ai la tête qui tourne, la bouche sèche et que je n'ai pas d'appétit.

LE MEDECIN: Deux heures. A quelle heure vous vous levez le matin?

ROBERT: Mais je ne me lève pas le matin. Je me lève à trois heures de l'après-midi.

LE MEDECIN: Et à quelle heure vous vous mettez au travail?

ROBERT: Oh, je ne me mets pas au travail! C'est trop fatigant. Non, je ne fais que ce qui m'intéresse.

LE MEDECIN: Et qu'est-ce qui vous intéresse en ce moment?

ROBERT: La nature! J'adore tout ce qui pousse – les fleurs, les légumes. . . Mais vous ne me dites pas ce que vous pensez, docteur. Qu'est-ce que j'ai? Vous croyez que c'est quelque chose de sérieux?

LE MEDECIN: Non. Je crois que la solution est très simple. Moi, j'ai besoin d'un jardinier. Et vous, ce qu'il vous faut c'est de l'exercice physique et de l'air frais. Vous dites que vous adorez la nature. . .

ROBERT: Et alors? Je ne vois pas. Vous n'êtes pas sérieux?

LE MEDECIN: Mais si. Voici votre ordonnance. Vous commencez demain matin à six heures.

ROBERT: Oh. Que je souffre, docteur.

avoir de l'appétit *to have a good appetite*
ce dont j'ai besoin *what I need*
le bord de la mer *seaside*
la bouche *mouth*
croire *to think, believe*
depuis combien de temps. . .? *how long. . .?*
dire *to say, tell*

fatigant *tiring*
fatigué *tired*
avoir de la fièvre *to have a temperature*
une grippe *flu*
un jardinier *gardener*
les légumes *vegetables*
avoir mal à la tête, l'estomac *to have a headache, stomach ache*
malade *ill*

le médecin   *doctor*
une ordonnance   *prescription*
partout   *everywhere*
penser   *to think*
pousser   *to grow*
la promenade   *walk*
quelque chose de sérieux   *something serious*
qu'est-ce que j'ai?   *what's wrong with me?*

souffrir   *to be ill*
où souffrez-vous?   *where does it hurt?*
ce qui est surprenant   *the surprising thing is*
avoir la tête qui tourne   *to feel giddy*
des vacances   *holidays*
voici deux heures que...   *for two hours...*

A   Multiple choice

Listen to the passage on cassette and say which of the statements (a), (b) or (c) is closest to the truth in each case:

1   Robert
  (a) has toothache.
  (b) aches all over.
  (c) just has a slight headache.

2   The doctor thinks it might be
  (a) flu.
  (b) a fever.
  (c) a sore throat.

3   Robert thinks he
  (a) is just tired after a long walk.
  (b) has had too much fresh air.
  (c) needs a holiday.

4   He gets up
  (a) at two o'clock.
  (b) at three o'clock.
  (c) early in the morning.

5   He
  (a) gets very tired at work.
  (b) has no interest in anything.
  (c) adores plants and flowers.

6   The doctor thinks Robert needs
  (a) a good rest.
  (b) hard work.
  (c) some medicine.

B   Equivalents

Read the passage once again, noting down the French equivalents of the English expressions below:
1   I have a headache.
2   I have a stomach ache.
3   The surprising thing is...
4   ... that you haven't got a temperature.
5   What I need is a holiday.
6   At the seaside.
7   How long have you been ill?
8   I've been feeling giddy for two hours.
9   At what time do you get up in the morning?
10   I don't get up in the morning!
11   I only do what interests me.
12   What's wrong with me?
13   Do you think it is something serious?
14   What you need is fresh air.

C Test-mémoire

Fill in the blanks in these phrases with words you have met in the text:
1 Ouvrez la _____!
2 De longues _____ au bord de la mer.
3 Je n'ai pas faim – je n'ai pas _____
4 'Voici votre _____', vous dit le médecin en vous donnant un morceau de papier.

Grammar notes

A Irregular verbs

croire *to think, believe*		**dire** *to say, tell*	
je crois	nous croyons	je dis	nous disons
tu crois	vous croyez	tu dis	vous dites
il/elle/on croit	ils/elles croient	il/elle/on dit	ils/elles disent

Lire (to read) follows exactly the same patterns as *dire*.
Souffrir (to suffer) follows exactly the same pattern as *offrir* (see p. 91).

B Ce qui, ce que, ce dont

Ce qui and *ce que* are used to mean 'what' or 'that which':

Il arrive toujours en retard, { ce qui m'énerve.
{ ce que je ne supporte pas.

He always arrives late, { *which annoys me.*
{ *which I can't stand.*

Ce qui me surprend,
Ce que je trouve inacceptable, } c'est qu'il ne s'excuse pas.

The thing which { *surprises me*
{ *I find unacceptable* } *is that he doesn't apologise.*

Just as with *qui* and *que* (see grammar note C, pp. 98–99), *ce qui* is the subject of the verb:
ce qui m'énerve   *which annoys me*
ce qui me surprend   *which surprises me*

whereas *ce que* is the object:
ce que je ne supporte pas   *which I can't stand*
ce que je trouve inacceptable   *which I find unacceptable*

Ce dont is used with a verb which is followed by *de*, and refers back to the whole of the preceding phrase:

Ce dont j'ai besoin, ce sont des vacances.   *What I need is a holiday.*

C Depuis, voici, il y a

Note that these three expressions are used with the *present tense* to translate the English 'have been . . .-ing'.

Depuis combien de temps apprends-tu le français?
How long have you been learning French?
J'apprends le français depuis cinq ans.
I've been learning French for five years.

Voici cinq ans ⎫
Il y a   ⎬ que j'apprends le français.
        ⎭

I've been learning French for five years.

D Reflexive verbs

1 Word order in questions and in the negative

A quelle heure vous vous levez le matin?
What time do you get up in the morning?
Je ne me lève pas le matin!   *I don't get up in the morning!*
Pourquoi vous ne vous levez pas le matin?
Why don't you get up in the morning?

2 Se casser le bras, se brosser les dents
With parts of the body, the possessive adjective (*mon, ma, mes*, etc.) must not be used:

Je vais **me** brosser **les** dents.   *I'll just brush my teeth.*

E Croire que, dire que

Note that croire and dire are followed by *que* and a subordinate clause:

Je crois qu'il va venir.   *I think (that) he is going to come.*
Il dit qu'il adore la nature.   *He says (that) he adores nature.*

In English 'that' is usually missed out; in French, *que* must always be included.

F J'ai mal à la jambe

Note that to say you have a headache, sore throat, etc., you must use the above construction. Here are some more examples:

Ils ont mal à la gorge.   *They have sore throats.*
Nous avons mal aux dents.   *We have toothache.*
J'ai mal au pied.   *I have a sore foot.*

G Quelque chose de sérieux

De must be used to link *quelque chose* to an adjective:

quelque chose d'intéressant   *something interesting*
quelque chose d'important   *something important*

Communicating

At the doctor's

Talking about symptoms

Je suis malade.   *I am ill.*
Qu'avez-vous?   *What's the matter?*
Où { avez-vous mal?
     souffrez-vous?   *Where does it hurt?*
avoir mal à l'estomac, au pied, etc.,   *to have a stomach ache, a sore foot, etc.*
avoir de la fièvre   *to have a temperature*
la grippe   *flu*
Je tousse (*from* tousser).   *I have a cough.*
Je vomis.   *I've been sick.*
être enrhumé   *to have a cold*
se casser le bras, la jambe   *to break one's arm, leg*

Treatment

une ordonnance   *a prescription*
un sirop   *a cough mixture*
des cachets   *tablets*
Il faut les prendre tous les combien?   *how often should I take them?*
quatre fois par jour   *four times a day*

Recovering

se remettre   *to recover*
Je vais }
Ça va } mieux aujourd'hui.   *I'm better today.*

Exercises

1   Je crois qu'il est là
Jean-Luc is about to leave home. You phone his family to find out
when you can say good-bye. His brother answers. Rewrite the
sentences filling in with the correct part of the verbs *dire* or *croire* (see
p. 105):

(a)   Je (croire) qu'il part demain matin.
(b)   Il (dire) qu'il va se réveiller à 6 heures.
(c)   Nous (croire) qu'il ne va pas partir d'ici avant 11 heures.
(d)   Marie (croire) qu'il assiste à une surprise-party chez Jacques ce soir.
(e)   On (dire) que les soirées chez Jacques sont formidables.
(f)   Est-ce que tu (croire) qu'il va rentrer avant minuit?
(g)   Je (croire) que non!

2   Invent a question
For each of the sentences (a)–(e) in exercise 1 invent a suitable
question.

3   Remplissez les blancs!
Rewrite these sentences, filling in the blanks with the correct form of
souffrir or *lire* (see p. 105) as appropriate:

(a) Nous _____ 'Le Figaro' tous les jours.
(b) Qu'est-ce que vous _____ comme journal?
(c) – Où _____-vous?
      – J'ai mal à la gorge.
(d) Ils ont la grippe. Ils _____ beaucoup, les pauvres.
(e) Je ne _____ pas beaucoup mais j'adore les romans de Michel
      Tournier.

4   Ce qui m'énerve. . .
Your boss is getting on your nerves. You write to a close friend about
it. Rewrite the sentences below, joining them together using *ce qui* or *ce
que* (see grammar note B, p. 105):
e.g. Il ne me dit jamais bonjour.
     Je trouve cela fort impoli.
     Il ne me dit jamais bonjour, **ce que** je trouve fort impoli.
or: **Ce que** je trouve fort impoli, c'est qu'il ne me dit jamais bonjour.

(a) Il est de mauvaise humeur.   (c) Il dit que je suis imbécile.
      Je ne peux pas accepter cela.   Je n'aime pas du tout cela!
(b) Il ne s'excuse pas.   (d) Il dit qu'il veut se marier
      Cela m'énerve.   avec moi.
                                                 C'est incroyable!

5   Depuis combien de temps. . .?
You've been introduced to a very old French man – a market stall
holder with some interesting hobbies. How would you ask him
how long

(a) he's been living in Dieppe.   (d) he's been playing the violin.
(b) he's been working in the market.   (e) he's been learning Italian.
(c) he's been selling cauliflowers.

6   Voici six mois que je joue de la guitare!
Make up six sentences in which you talk about things you have been
doing over the past few years:

e.g. Voici deux ans que je suis étudiant(e).
     J'apprends le français depuis 1988.
     Il y a deux ans que je fais du ski l'hiver.

7   Questions and answers
Write the questions to which the following are the answers (see
grammar note D, p. 106):

(a) Je me lève à sept heures.   (d) Elles se mettent au travail
(b) Il s'appelle Grégoire.   le matin.
(c) La poste se trouve avenue   (e) Nous nous couchons à minuit.
      de Gaulle.

8   Mais je ne me couche pas à six heures du soir!
Make the sentences in exercise 7 negative.

9   Traduction
Translate the following sentences. Don't forget *que* (see grammar note E, p. 106):

(a) I think we're going to the mountains tomorrow.
(b) Pierre doesn't think Sophie is coming with us.
(c) She says she doesn't like long walks.
(d) We think she needs some fresh air.
(e) Do you think we can persuade her?

10   Où souffrez-vous?
Rewrite the following sentences, filling in the blanks with the correct part of *avoir* and *au, à la, à l'* or *aux*:

(a) Nous _____ mal _____ tête.
(b) Ils _____ mal _____ estomac.
(c) J' _____ mal _____ pieds.
(d) _____ -vous mal _____ gorge?
(e) Elles _____ mal _____ dents.
(f) Tu _____ mal _____ jambe.

11   Act it out
Act out this situation at the doctor's:

VOUS: (*Greet the doctor*)
LE MEDECIN: Bonjour. Où avez-vous mal?
VOUS: (*Say you have a headache and a temperature*)
LE MEDECIN: Vomissez-vous?
VOUS: (*Say you haven't been vomitting but you have a cough*)
LE MEDECIN: Vous avez mal à la gorge?
VOUS: (*Say you haven't got a sore throat*)
LE MEDECIN: Alors, il faut vous reposer.
VOUS: (*Ask if it is something serious*)
LE MEDECIN: Non, non. C'est une grippe. Voici une ordonnance – il faut aller à la pharmacie acheter ces comprimés.
VOUS: (*Say right! and ask the doctor how often you should take them*)
LE MEDECIN: Quatre fois par jour à l'heure du repas.
VOUS: (*Thank the doctor and say good-bye*)

12   Letter-writing
Before you caught the flu, you had been planning to spend the week-end in Paris. Write to your friend Léontine explaining that you can't go and why. Say you think you'll recover quickly and ask if you can see her next week-end.

Unit 18
Retrouvez votre souffle

A   Est-ce que vous avez bien compris?

Listen to the short extracts on the cassette and answer the questions: 🔊

Aux grands magasins

1   What is this person looking for?
    Where are they?

2   What is the problem?
    Can the assistant help?

3   What does this man want?
    Can the assistant help?
    Does the man buy anything in the end?

Chez le médecin

A young friend has fallen ill. You go to the doctor.

4   What must she do?

A l'hôtel

5   What is the customer asking?
    What is the reply?

La réponse juste

Listen to the short extract on tape and choose the most suitable response
in each case (a), (b) or (c):

6   (a) Voulez-vous boire quelque chose?
    (b) Je me lève à six heures.
    (c) Non merci – pas de café.

7   (a) Donne-le-moi!
    (b) Où est la banque?
    (c) Ne t'en fais pas!

8   (a) Tu es très gentil.
    (b) Je vous en prie.
    (c) Bon appétit!

9   (a) Oui, mais je ne sais pas parler anglais.
    (b) Voilà – c'est la chambre numéro 9.
    (c) Au deuxième étage, monsieur.

10 (a) Non, je suis célibataire.
    (b) Non, je travaille toujours.
    (c) Non, je viens de manger.

Rendez-vous 1
Two people are talking about going out together. Listen to the extract on tape and answer the following questions:

(a) When are they going out?
(b) What are they going to do?
(c) When does it start?
(d) Where are they going to meet?
(e) At what time?

Rendez-vous 2
You receive a telephone call from a French friend who is arriving in London shortly. Listen to the extract on tape and answer the following questions:

(a) What does he want you to do?
(b) Where is he arriving?
(c) When will he get there?
(d) What does he look like?
(e) What will he be wearing?

B Texte

In the following text, based on an extract from a French magazine, give the correct form of the verbs and select the appropriate term from the words in brackets:

En direct d'Hollywood – Les secrets de beauté des machos sex symboles

Qu'est-ce (qui, que, qu') Paul Newman, Robert Redford, Donald Sutherland, Michael York et Dustin Hoffman (avoir) en commun, mis à part (leur, sa) célébrité, talent et fortune? . . . Les cinq stars partagent les mêmes secrets de beauté, révèle un magazine britannique, (qui, que, qu') gardent leurs visages toujours magnétiques. (C',Il) est difficile (de,à) s'imaginer le viril Newman, le séduisant Redford, le sportif York ou l'attachant Hoffman (s'asseoir) pour un masque facial ou un massage mais c'est précisément (ce qui, ce que, ce qu') ils font pour garder une figure fraîche et une mâchoire ferme. Ils (visiter) régulièrement une fois par mois un salon de beauté à New York (qui, que, qu') s'occupe d'actrices aussi célèbres que Bette Middler.

C Traduction

Translate the following sentences into French:
1 They think Jean-Luc will pick them up at five o'clock.
2 Can they speak Italian?
3 There she is! She is running across the road.
4 I'll give it to them tomorrow.
5 They say they get up at 8 o'clock in the morning.
6 Is his name Marc?
7 He is about 30 years old with grey hair.
8 We've been living in Paris for ten years now.
9 That biro is yours. This one is mine.
10 Aren't you going to bed now?

D Shorten it!

Rewrite the following sentences, replacing the words and phrases in brackets with suitable pronouns:

e.g. Je vais donner (les chocolats à mes cousins).

Je vais **les leur** donner.

1 Ne mets pas (tes chaussures sur la table)!
2 Donnez (les oranges à ma sœur).
3 Il montre (sa nouvelle voiture à mes amis et à moi).
4 Prenez (des biscuits)!
5 Il faut enlever (votre manteau).
6 Je veux offrir (des fleurs à ma petite amie).
7 Allons (à la gare)!
8 Nous envoyons (les cartes de Noël à tous les habitants du village).

E Question – réponse

Choose the most likely reply to the questions on the left from the list on the right:

1 Salut, ça va?
2 Quelle taille faites-vous?
3 Où se trouve la poste?
4 Que faut-il faire, docteur?
5 Depuis quand habites-tu à Paris?
6 Le petit déjeuner est compris?

(a) Reposez-vous!
(b) Au coin de la rue.
(c) Voici deux ans que je suis ici.
(d) Tout est inclus dans le prix.
(e) Oui. Et toi?
(f) Du quarante, madame.

F Lectures

1 You see the following signs in a hotel. To what do they refer?

a ASCENSEUR

b LAVABOS

c POUR OUVRIR OU FERMER LES RIDEAUX, TIREZ LES CORDONS ICI

d LES CHAMBRES SONT PAYABLES D'AVANCE

2 What is new at la Samaritaine? ▶

1ᵉʳ étage	2ᵉᵐᵉ étage	3ᵉᵐᵉ étage
mode enfants chaussures s/vêtements	articles de dessin jouets accés magasin 2	**radio télé hi-fi disques auditorium**

3   Which floor for

   (a) drawing materials   (d) toys
   (b) records   (e) children's fashion
   (c) shoes

4   You want to spend a few days in Banyuls-sur-Mer at Easter time (the first week in April). You are looking for a hotel with rooms for under 60F per person. You want to be able to have breakfast at the hotel.

    Scan the entries in the tourist brochure reproduced here and say which is the most suitable hotel. Give details of exactly what is available at the hotel.

SERVICE HOTELIER

LE CATALAN * NN**
Route de Cerbère - Tél. 88.02.80
36 chambres, toutes avec tél. Salle de bains, WC. Loggia et vue panoramique sur la baie - Arrangements : 160 à 260 F. (T.S.F.) - Ouvert aux séminaires et congrès - Jardins, garage, parking, piscine, club hippique - Ouvert du 1ᵉʳ Mai au 5 Octobre.

HOTEL DE PARIS ** NN
2, avenue de la Gare - Tél. 38.31.30
15 chambres avec douches et WC, douches ou cabinet de toilette - Petit déjeuner, bar télévision. Terrasse, Parking. Prix des chambres à partir de 58 F. - Ouvert : vacances de printemps (21 Mars au 21 Avril) et de Mai à Toussaint. Chauffage.

LE CAP DOUNE ** NN
Place Paul Reig - Tél. 38.30.56 (Hors saison : 83.06.07)
10 chambres grand confort. Cabinet de toilette, douches et WC. 1 salle de bains. Prix des chambres à partir de 56 F. **Sans pension ni restaurant.** Ouvert de Juin à Septembre.

G   Dialogue

You decide to telephone the hotel in Banyuls-sur-Mer to book the room. Write down your conversation in dialogue form.

Unit 19
J'ai eu un accident

Michel entre dans l'hôtel et monte dans sa chambre pour téléphoner au garage. Il passe par la standardiste. oo

MICHEL: Allô. Allô. Bonjour. C'est Michel Vincent à l'appareil. Est-ce là le garage 'La Vallée'?

UN MONSIEUR: Mais non, monsieur. Vous avez fait un faux numéro. Ici, c'est le 23-67-84.

MICHEL: Oh pardon, monsieur. Zut, alors! Mademoiselle, vous m'avez donné un faux numéro. Je voudrais le 23-67-85.

LA STANDARDISTE: Tout de suite, monsieur . . . Je regrette, monsieur. La ligne est occupée. Pourriez-vous essayer plus tard, s'il vous plaît?

MICHEL: D'accord. Merci, mademoiselle. Oh là là! Ce n'est pas possible. Je vais essayer de la cabine téléphonique d'en bas.

MICHEL: Allô. Bonjour. C'est bien le garage de 'La Vallée'?

LE GARAGISTE: Oui, oui, monsieur. Vous désirez?

MICHEL: C'est Michel Vincent à l'appareil. J'ai eu un accident. Vous pouvez m'envoyer la dépanneuse, s'il vous plaît?

LE GARAGISTE: Mais bien sûr, monsieur. C'est quelque chose de sérieux? Vous êtes blessé?

MICHEL: Non, non. Il n'y a pas de blessés. J'ai reculé la voiture sans voir une autre voiture derrière moi. . .

LE GARAGISTE: Et vous avez percuté cette voiture?

MICHEL: Oui, c'est ça, oui.

LE GARAGISTE: Et votre voiture ne marche plus maintenant? C'est surprenant quand même.

MICHEL: . . . Non, mais après j'ai essayé de me mettre en marche, j'ai démarré trop vite, et voilà, j'ai fini par conduire la voiture dans la rivière.

LE GARAGISTE: Dans la rivière. Oh là là! J'arrive tout de suite.

c'est . . . à l'appareil . . . *speaking*	finir par *to end up by*
en bas *downstairs*	se mettre en marche *to set off*
blessé *injured*	la ligne est occupée *the line's engaged*
les blessés *the injured (people)*	percuter *to crash into*
la cabine téléphonique *telephone booth*	ce n'est pas possible! *this can't be true!*
conduire *to drive*	pourriez-vous. . .? *could you. . .?*
démarrer *to pull away*	raccrocher *to hang up*
la dépanneuse *breakdown lorry*	reculer *to reverse*
j'ai eu (*from* avoir) *I've had*	sans *without*
essayer *to try*	la standardiste *the operator*
faire un faux numéro *to dial a wrong number*	tout de suite *straight away*
	zut, alors! *blast!*

114

A Multiple choice

Listen to the passage and choose the correct answer (a), (b) or (c):

1 Michel Vincent
   (a) gets through the first time.
   (b) gets a wrong number.
   (c) gets no reply.

2 When the telephonist tries again
   (a) the line is engaged.
   (b) it is impossible.
   (c) the call goes through
       immediately.

3 He asks for
   (a) a breakdown lorry.
   (b) an ambulance.
   (c) a mechanic.

4 He needs help because
   (a) a car drove into him.
   (b) he backed into a car.
   (c) he drove the car into
       the river.

B Equivalents

Listen to and/or read the passage once more, writing down the French equivalents for these phrases:
1 Hello (on telephone). Michel Vincent speaking.
2 You've got a wrong number.
3 Blast!
4 The line is engaged.
5 Could you try later, please.
6 Oh dear! I don't believe this.
7 I have had an accident.
8 Could you send the breakdown lorry.
9 I ended up driving the car into the river.
10 I'll come straight away!

C Ecoutez et répétez!

Listen to the dialogue once more, stopping the tape after each of the phrases you have written down. Repeat each phrase, imitating the speaker as closely as possible.

Grammar notes

A The perfect tense

1 **Formation**
   The *perfect tense* is formed by using the present tense of *avoir* with the past participle of the verb in question. In regular verbs the past participle is formed as follows:

   -er verbs, e.g. trouver → j'ai trouv**é**
   -ir verbs, e.g. choisir → j'ai chois**i**
   -re verbs, e.g. attendre → j'ai attend**u**

Note these irregular past participles:

avoir	→	j'ai eu
dire	→	j'ai dit
être	→	j'ai été
faire	→	j'ai fait
mettre	→	j'ai mis
prendre	→	j'ai pris
voir	→	j'ai vu

2 Meaning

The perfect tense has two possible translations into English. *J'ai trouvé* may be translated by 'I found' or 'I have found':

J'ai déjà vu ce film.   *I have already seen this film.*
J'ai vu ce film la semaine dernière.   *I saw this film last week.*

B The perfect tense and object pronouns

Note the position of the object pronoun, whether direct or indirect, before the verb:

Vous **m**'avez donné un faux numéro.   *You have given me a wrong number.*
Il **l**'a acheté hier.   *He bought it yesterday.*

C Position of adverbs with the perfect tense

Adverbs are usually placed between the auxiliary verb and the past participle:

Il l'a **déjà** mangé.   *He has already eaten it.*
Ils ont **souvent** été ensembles.   *They've often been together.*

except (a) when they are very long:

Cela n'a pas duré **longtemps**.   *It didn't last long.*
Je l'ai vu **récemment**.   *I saw him recently.*

or (b) when they are adverbs of time or place:

On l'a acheté **hier**.   *We bought it yesterday.*
Elle a cherché **partout**.   *She looked everywhere.*

D Verb constructions

When an infinitive follows a verb, the two verbs may be linked by *de*, *à*, *par*, or nothing at all. Verbs followed by *à* are discussed in grammar note A, p. 198.

1 Verbs followed by the direct infinitive

(*a*) *Modal verbs*

pouvoir	*to be able to*	falloir	*to be necessary*
savoir	*to know*	devoir	*to have to*
vouloir	*to wish*	espérer	*to hope to*

Vous pouvez essayer plus tard? *Could you try later?*
Je veux aller à l'étranger. *I'd like to go abroad.*
Vous savez nager? *Can you swim?*

(b) Verbs which imply seeing or hearing

entendre	*to hear*	regarder	*to watch*
voir	*to see*	sembler	*to seem*

Nous l'entendons arriver. *We hear him arrive.*
Je l'ai vu jouer au football. *I've seen him playing football.*

(*c*) *Verbs which involve movement*

aller	*to go*	monter	*to go up*
descendre	*to go down*	venir	*to come*
entrer	*to go in*		

Ils montent vous voir. *They are coming up to see you.*
Elle vient nous rendre visite. *She is coming up to visit us.*

2 Verbs followed by *de*

A great number of verbs are of this type. The commonest are:

essayer de	*to try to*
décider de	*to decide to*
cesser de	*to stop (doing)*
empêcher (quelqu'un de)	*to stop (someone) from*
oublier de	*to forget to*

Je vais essayer de téléphoner d'en bas.
I'll try and phone from downstairs.
Il a oublié d'acheter du lait. *He forgot to buy milk.*

3 Verbs followed by *par*

commencer par	*to begin by*
finir par	*to end by*

J'ai fini par mettre la voiture dans la rivière!
I ended up by putting the car in the river!

E Pour, sans

The prepositions *pour* (in order to) and *sans* (without . . .-ing) are followed by the straight infinitive:

Elle va à Paris pour perfectionner son français. *She is going to Paris (in order) to improve her French.*
Il a démarré sans voir la voiture derrière lui. *He started the engine up without seeing the car behind him.*

Communicating

Telephoning

Note that *allô* is used for 'hello' in telephone calls only! Note also that the French tend to divide numbers up into blocks of two digits. So if your home number is 356241 and a French person asks you:

> Quel est ton numéro de téléphone?

you should reply:

> 35-62-41 (trente-cinq, soixante-deux, quarante-et un).

Other useful telephone phrases include:

Vous avez fait un faux numéro. *You've dialled the wrong number.*
Vous m'avez donné un faux numéro. *You've given me the wrong number.*
La ligne est occupée. *The line is engaged.*
Vous pouvez essayer plus tard? *Can you try later?*
Vous voulez laisser un message? *Do you want to leave a message?*
Ne quittez pas! *Hold the line!*

Requesting help

Vous pouvez { reculer un peu? / envoyer la dépanneuse? *Could you* { back up a bit? / send the breakdown lorry?
Vous pourriez { prendre un message? / téléphoner au garage? { take a message? / telephone the garage?

Expressing anger (politely)

Zut, alors! *Blast!*
Oh là là! *Dear, oh dear!*
Ce n'est pas possible. *I don't believe this. This can't be true.*

Exercises

1   Rewrite the sentences below, filling in the past participle of the verb in brackets (see grammar note A, p. 115):
(a) Nous avons (finir) à trois heures.
(b) J'ai (regarder) la télévision.
(c) Ils ont (attendre) leurs amis.
(d) Elle a (dormir) jusqu'à neuf heures du matin.
(e) Vous avez (manger)?
(f) Elle a (choisir) le coq au vin.
(g) Il a (avoir) un accident.
(h) J'ai (faire) la vaisselle.
(i) Ils ont (prendre) un grand café noir.
(j) Nous l'avons (voir) hier soir.

2   You're telling a friend what you did last night. Using the perfect tense (see grammar note A), how would you say:
(a) You phoned Elisabeth.
(b) You dined at a restaurant.
(c) Elisabeth chose the roast chicken. . .
(d) but you ate steak and chips.
(e) Then you (*nous*) saw a film.
(f) At the end you (*nous*) waited for Marc and Sophie.
(g) They liked the film.

3   Say these things have already been done (see grammar notes B, C, e.g. Il doit acheter le chandail.   p. 116):
    Il l'a déjà acheté.
(a) Vous devez vendre votre vélo. Je. . .
(b) Elle doit mettre ses gants. Elle. . .
(c) Tu dois prendre ton café. Je. . .
(d) Vous devez trouver ce livre. Nous. . .
(e) Il doit lui dire 'Bonjour!' Il. . .

4   Muddled dialogue
Rewrite the dialogue putting the lines in the correct order:

PATRICIA	THIERRY
1 *La guerre des étoiles.* Ça te dit?	(a) Oui, je l'ai vu lundi.
2 Salut, ça va?	(b) Non, il l'a déjà acheté?
3 Une autre fois, alors.	(c) Quel film?
4 Oui, oui. Tu as parlé à Marc?	(d) D'accord. Salut.
5 Il t'a montré son magnétoscope?*	(e) Ça va. Et toi?
6 Oui, et il a enregistré** un film.	(f) Dommage. Je l'ai vu assez récemment.

5   Lettre
Fill in the blanks in the letter, using *à*, *de*, *par* or nothing as appropriate (see grammar note D, p. 117):
    Chère Anne,
    Tu sais que j'ai acheté une voiture l'autre jour. Mais je ne sais pas _____ la garer. Hier j'ai décidé _____ faire un tour de la ville avec David. Bien sûr, je ne l'ai pas empêché _____ la garer! Je l'ai attendu près de la banque. Tout d'un coup je l'ai entendu _____ percuter une autre voiture. Il a oublié _____ mettre le frein.*** J'ai fini _____ payer mille francs de réparations.

6   Pour, sans
Fill in the blanks with *pour* or *sans* (see grammar note E, p. 117):

(a) Nous allons en ville _____ faire nos courses.
(b) Il part tout de suite _____ même se laver!
(c) Je ne peux pas accepter votre invitation _____ consulter mon amie.
(d) Elle a mis la radio _____ écouter les nouvelles.

* video tape recorder ** to record *** brake

7 Correct endings

Choose the ending from the list on the right which best completes the sentences begun on the left. Translate each sentence.

1 J'ai essayé   (a) de quitter l'école.
2 Ils descendent   (b) faire du ski.
3 Nous avons oublié   (c) de la voir hier.
4 Elle a décidé   (d) traverser la rue.
5 Je l'ai vu   (e) de sortir.
6 Elles ont cessé   (f) de mettre du sel dans la soupe.
7 Ils m'ont empêché   (g) regarder la télévision.
8 Nous savons   (h) de parler.

8 Act it out

(a) You've just arrived in Paris. You can't get through to the people you're staying with, so you have to go through the operator.

LA STANDARDISTE: Allô.
VOUS: (*Say you want Paris 827-13-63*)
LA STANDARDISTE: Attendez. . . Je m'excuse. La ligne est occupée. Voulez-vous attendre un instant?
VOUS: (*Ask if she could try again now*)
LA STANDARDISTE: D'accord. Je vais essayer de vous joindre. Ne quittez pas. Ça y est.
UN MONSIEUR: Allô. Ici Paris 827-13-63.
VOUS: (*Greet him and say who you are*)
LE MONSIEUR: Tiens! Bonjour. Vous arrivez déjà?
VOUS: (*Say you're at the station*)
LE MONSIEUR: Je viens tout de suite vous chercher en voiture.
VOUS: (*Thank him and say see you soon*)

(b) You've just had a car accident. Phone the garage.

VOUS: (*Greet the garage owner*)
LE GARAGISTE: Bonjour, monsieur.
VOUS: (*Say you've had an accident and ask if he could send out the breakdown lorry*)
LE GARAGISTE: C'est sérieux?
VOUS: (*No, it's not serious but the car won't go anymore*)
LE GARGISTE: Où êtes-vous?
VOUS: (*Say you're on the Route Nationale 138 between Lageon and Parthenay*)
LE GARAGISTE: Ne quittez pas. Je cherche un stylo. Alors, voilà. Elle est de quelle couleur, la voiture?
VOUS: (*Say it's a red Volvo*)
LE GARAGISTE: J'arrive tout de suite.

9 Letter-writing

Write a letter to a friend in which you tell her you tried to phone yesterday but her line is always engaged! Say you've bought a new car and you hope to go to France this summer to visit her. Ask her if she could send a plan of her town showing (use *indiquer*) where her house is.

Unit 20
On s'est bien amusé

A la douane ⊙⊙

LE DOUANIER: Votre passeport, s'il vous plaît, monsieur.
M.LEFEVRE: Je n'ai rien à déclarer, monsieur.
LE DOUANIER: Cette valise est à vous, monsieur? Ouvrez-la, s'il vous plaît.
M.LEFEVRE: Voilà. Vous voyez. Je n'ai rien à cacher.
LE DOUANIER: Vous êtes allé en vacances en Angleterre, monsieur?
M.LEFEVRE: Oui, monsieur. Nous sommes allés en Ecosse. Ma femme et mes enfants sont déjà rentrés en France.
LE DOUANIER: Vous vous êtes bien amusés?
M.LEFEVRE: Mais oui, on s'est bien amusé! Nous sommes arrivés là-bas il y a deux semaines et nous avons fait tout le tour de l'Ecosse. . .
LE DOUANIER: Et vous n'avez rien acheté?
M.LEFEVRE: Mais si, mais ce sont des souvenirs, des cadeaux pour nos parents, nos amis.
LE DOUANIER: Qu'est-ce qu'il y a dans ce sac en plastique?
M.LEFEVRE: Ce sont des disques que j'ai achetés à Londres.
LE DOUANIER: Et cette grande bouteille de whisky, on vous l'a donnée, je suppose.
M.LEFEVRE: Oui, c'est ça. Les deux grandes bouteilles de whisky on nous les a données.
LE DOUANIER: Et celle-ci? Et celle-là? Et les deux cartouches de cigarettes que j'ai trouveés cachées sous une des bouteilles de scotch. Oh là là! Je regrette, monsieur, mais il y a des droits de douanes à payer sur ces articles.

s'amuser *to have a good time*	l'Ecosse (*f.*) *Scotland*
cacher *to hide*	il y a *ago*
une cartouche *carton*	rentrer *to return*
la douane *customs*	sous *under*
le douanier *customs officer*	en vacances *on holiday*
les droits de douane *duty*	la valise *suitcase*

A Vrai ou faux?

Listen to the passage and correct the statements which are false.
1 M. Lebrun est allé en Angleterre en voyage d'affaires.
2 Maintenant sa femme et ses enfants l'accompagnent.
3 Ils se sont bien amusés.
4 Ils sont arrivés en Angleterre il y a deux semaines.
5 M. Lebrun n'a rien acheté en Angleterre.
6 Il n'y a pas de droits de douane à payer.

B Equivalents

Find the French equivalents for the English expressions below:
1 I have nothing to declare.
2 Did you go to England on holiday?
3 We went to Scotland.
4 My wife and children have already returned to France.
5 Someone gave you it (the big bottle of whisky), I suppose.
6 . . .and the two cartons of cigarettes I found.

C A vous de répondre aux questions

Now answer these questions about yourself:
1 Vous êtes déjà allé en France?
2 Vous êtes allé où?
3 Pendant combien de temps vous y êtes resté?
4 Quand vous êtes rentré, vous avez eu des choses à déclarer?

Grammar notes

A The perfect tense – verbs conjugated with *être*

The following verbs form the perfect tense using *être* rather than *avoir* (irregular past participles are given in brackets):

1 The 'Advent' verbs

arriver *to arrive*   partir *to leave, depart*
descendre *to go down*   monter *to go up*
venir (venu) *to come*   aller *to go*
entrer *to go in*   sortir *to go out*
naitre (né) *to be born*   mourir (mort) *to die*
tomber *to fall*   rester *to stay*
                               devenir (devenu) *to become*

You may find it easier to remember these as the 'Advent' verbs (because of the initial letters of half of them – the other half being their opposites), or as verbs of motion (although *naître*, *mourir* and *rester* do not seem to fit into this category). Note that the past participle agrees in number and gender with the subject:

Elle est sorti**e** à huit heures.   *She went out at 8 o'clock.*
Nous sommes arrivé**s** hier soir.   *We arrived last night.*
Je suis né**e** à Marseille.   *I (female) was born in Marseilles.*
Ils sont mort**s** pendant la guerre.   *They died during the war.*

2 Reflexive verbs

Je me suis levé(e) très tôt ce matin.   *I got up very early this morning.*
Nous nous sommes amusés.   *We had a good time.*
Ils se sont réveillés à quelle heure?   *What time did they wake up?*

B The perfect tense – making it negative

The *ne . . . pas/rien/jamais*, etc. go round the auxiliary verb:

Je **n**'ai **rien** acheté.   *I did not buy anything./I have not bought anything.*
Elle **n**'y est **jamais** allée.   *She never went there./She has never been there.*
Ils **ne** se sont **pas** encore couchés.   *They haven't gone to bed yet.*

C Making the past participle agree

1   The past participle agrees with the subject of the verb if the perfect tense is conjugated with *être*:

Elle est parti**e**.   *She has left.*
Ils se sont réveillé**s**.   *They woke up.*

2   If a verb is conjugated with *avoir*, the past participle agrees in gender and number with the preceding direct object (if there is one!):

Je **les** ai vu**s** hier.   *I saw them yesterday.*
Ce sont des **disques** anglais **que** j'ai acheté**s** à Londres.
Those are some English records I bought in London.

D For and ago

1   Pendant
Used with the perfect tense to say how long you did something for:

J'y suis resté pendant deux semaines.   *I stayed there for two weeks.*

2   Depuis
Remember, to talk about something which started in the past and is still going on, use the present tense with *depuis*:

J'habite à Londres depuis cinq ans.   *I've been living in London for five years (and still am).*

3   Il y a
Il y a can mean 'there is', 'there are':

Il y a un train dans deux minutes.   *There is a train in two minutes.*
but can also be used to express 'ago':
Nous sommes arrivés il y a deux semaines.   *We arrived two weeks ago.*

Communicating

At the customs office

Je n'ai rien à déclarer.   *I have nothing to declare.*
Pouvez-vous ouvrir cette valise/ce sac?   *Could you open this suitcase/bag?*
Il y a des droits de douane à payer sur ces articles.
You'll have to pay duty on these items.

Reassuring someone

Ne t'en fais pas!/Ne vous en faites pas!/Ne t'inquiète pas!/Ne vous
inquiétez pas! *Don't worry!*

Calme-toi!/Calmez-vous! *Calm down!*

Ce n'est pas grave *It's nothing to worry about.*/(*It's not serious.*)

Ça ne fait rien *It doesn't matter.*

Offering, and accepting or refusing politely

Vous voulez prendre quelque chose? *Would you like something to drink?*
Vous prenez un verre de whisky, quand même!
  You'll have a glass of whisky, won't you?

S'il vous plaît./Oui, merci./Je veux bien./Avec plaisir. *Yes, please.*

Merci. *No thanks.*

Je ne fume pas. *I don't smoke.*

A votre santé./A la vôtre. *Cheers.*

Exercises

1 Rewrite these sentences, replacing the verbs in brackets with the
   correct form of the perfect tense (see grammar note A, p. 122):

(a) Marie (arriver) à huit heures ce matin.
(b) Nous (venir) te rendre visite.
(c) Je (aller) en France.
(d) Elle (devenir) comptable.
(e) Napoléon (naître) à Ajaccio en Corse.
(f) Il (mourir) sur l'Ile d'Elbe.
(g) Elles (rester) chez elles hier soir.
(h) Ils (sortir) au cinéma.

2 **Jour de fête**
   Change the following sentences into the past, using the perfect tense:

(a) Il se lève à sept heures.
(b) Elles se réveillent tôt le matin.
(c) Nous nous lavons très vite.
(d) Elle s'habille en clown.
(e) Ils se dirigent tous vers la fête.
(f) Tout le monde s'amuse bien.
(g) Les jeunes filles se promènent en ville.
(h) On se couche vers minuit.

3 Questions

A quelle heure vous vous levez le matin?
You're conducting a survey on people's daily habits. Write down how you would ask:

(a) what time they wake up in the morning;
(b) and what time they get up;
(c) whether they brush their teeth;
(d) and whether they have breakfast.

A quelle heure vous vous êtes levé **ce** matin?
Now write down how you would ask whether they did the same things this morning.

4 ... and answers

Now answer all the questions in exercises 2 and 3 yourself:
e.g. Je me lève en général à 7h30, mais ce matin je me suis levé(e) à 8 heures.

5 Qu'est-ce que tu as fait hier soir?

Make up five sentences in which you describe what you did last night:

(a) Tu es sorti(e)?
(b) Tu es allé(e) où?
(c) Tu es resté(e) à la maison?
(d) Qu'est-ce que tu as fait?
(e) A quelle heure tu t'es couché(e)?

6

Answer the questions, using a pronoun instead of the noun in bold print. Remember to make the past participle agree where appropriate (see grammar note C, p. 123):
e.g. A-t-il acheté les chaussures. (hier)
Oui, ils **les** a achet**ées** hier.

(a) Avez-vous trouvé **votre montre**? (dans la salle de bains)
(b) Elle a vu **le film**? (l'année dernière)
(c) Tu as envoyé **la lettre**? (déjà)
(d) Est-ce que vous avez mangé tous **les gâteaux**? (Oui)
(e) Ils ont aimé **les disques**? (beaucoup)

7 Mais ... quels disques?

Indicate 'which ones' you mean by adding a relative clause. Remember to make the past participle agree where appropriate (see grammar note C):
e.g. Quels disques? (vous avez acheté des disques hier)
Ceux que j'ai achet**és** hier.

(a) Quel film? (vous avez vu le film la semaine dernière)
(b) Quelle jupe? (vous avez acheté une jupe à la Samaritaine)
(c) Quels disques? (vous avez écouté des disques chez Jules hier)
(d) Quelles amies? (vous avez invité quelques amies à dîner chez vous)
(e) Quelles photos? (vous avez fait quelques photos à la plage l'été dernier)

125

8 Translation traps

Read through grammar note D (p. 123) and then translate these sentences.

(a) I've been living in Paris for ten years.
(b) We went there six years ago.
(c) They stayed for six weeks.
(d) He lived in Lyons for two years . . .
(e) . . . but he came back to London five weeks ago.

9 Act it out

Act out these conversations:

(a) A la douane
LE DOUANIER: Bonjour, monsieur/madame/mademoiselle.
VOUS: (*Greet him, and say you have nothing to declare*)
LE DOUANIER: Pouvez-vous ouvrir ce sac, s'il vous plaît?
VOUS: (*Say of course – there you are*)
LE DOUANIER: Qu'est-ce qu'il y a dans ce carton?
VOUS: (*Say it's an apple tart you have bought for your friends in France*)
LE DOUANIER: D'accord.
VOUS: (*Say you hope there is no duty on apple tarts!*)
LE DOUANIER: Mais non. Vous n'avez pas d'autres bagages?
VOUS: (*Say, no you've no other luggage*)
LE DOUANIER: Alors, bon séjour.

(b) Chez vos amis
FRANÇOISE: Veux-tu boire quelque chose?
VOUS: (*Accept!*)
FRANÇOISE: Qu'est ce que tu veux? Un petit apéritif? Un coca?
VOUS: (*Say a cup of tea*)
FRANÇOISE: Mais bien sûr. Tu m'as attendue longtemps à la gare?
VOUS: (*Say you arrived at 5.30 and ask what time it is*)
FRANÇOISE: Oh là là! 7 heures. Tu as attendu une heure.
VOUS: (*Reassure her that it really doesn't matter*)
FRANÇOISE: Voilà. Une tasse de thé!
VOUS: (*Say thanks – it's delicious*)
FRANÇOISE: Une cigarette?
VOUS: (*Refuse – you don't smoke*)
FRANÇOISE: Tu as raison.

10 Letter-writing

Write a letter to a friend in which you describe where you went and what you did last weekend.

Unit 21
Elle a failli rentrer chez ses parents

Un intervieweur a posé quelques questions à M. Prat, viticulteur. 👓

L'INTERVIEWEUR: Monsieur, vous êtes viticulteur dans le Roussillon.

M. PRAT: Oui monsieur.

L'INTERVIEWEUR: Mais vous n'habitez pas depuis longtemps à la campagne, n'est-ce pas?

M. PRAT: Non, je suis né à Perpignan, mais après avoir fait mon service militaire j'ai décidé d'acheter ce terrain et de travailler la terre.

L'INTERVIEWEUR: Alors, vous aimez mieux la vie campagnarde que la vie en ville?

M. PRAT: Oui, c'est-à-dire que cela n'a pas été facile, hein? J'ai dû tout établir ici. J'ai fait construire cette maison. Au début j'ai voulu la construire moi-même mais je n'ai pas pu. Je m'en suis vite rendu compte. C'est trop.

L'INTERVIEWEUR: Vous êtes marié?

M. PRAT: Oui monsieur, je me suis marié il y a deux ans. Ma femme s'occupe des animaux pendant que moi, je soigne la vigne.

L'INTERVIEWEUR: Elle est de la ville aussi, elle?

M. PRAT: Oui, je crois qu'elle a souffert un peu quand on a emménagé. Elle a perdu ses amies, elle n'a pas vécu la vie campagnarde auparavant. Un jour elle a failli rentrer chez ses parents. Mais une fois installée, elle s'est vite habituée.

L'INTERVIEWEUR: En ville qu'est-ce qu'elle a fait comme métier?

M. PRAT: Elle a travaillé comme vendeuse dans un grand magasin. Alors, ici on est plus isolé qu'en ville – on ne voit pas autant de gens. Par contre, on est plus libre – on peut faire ce qu'on veut quand on veut.

L'INTERVIEWEUR: Vous croyez que c'est une vie moins stressée?

M. PRAT: Peut-être. Je trouve que, pour moi personnellement, le travail est aussi dur mais moins stressant, c'est vrai. A mon avis, vivre selon les rhythmes de la nature, c'est chouette!

auparavant *before*
autant de *as many*
à mon avis *to my mind*
campagnard(e) *country*
à la campagne *in the country*
c'est-à-dire *that is to say*
chouette! (fam.) *fantastic, great*
construire *to build*
par contre *on the other hand*
devoir (dû) *to have to*
emménager *to move in*
établir *to establish, set up*
faillir faire quelque chose *to almost do something*
faire faire quelque chose *to have something done*
s'habituer *to get used to*
s'installer *to get settled in*

libre *free*
se marier *to get married*
s'occuper *to look after*
peut-être *perhaps*
pouvoir (pu) *to be able to*
se rendre compte *to realise*
le Roussillon *region of southern France near Spain*
selon *following, according to*
soigner *to tend, look after*
stressant, stressé *stressful*
un terrain *a plot of ground*
travailler la terre *to work on the land*
la vigne *vines*
le viticulteur *wine grower*
vivre (vécu) *to live*
vouloir (voulu) *to want*

A Questions in French

Listen to the passage on the cassette, consulting the vocabulary list, and answer the questions below in French:

1 Qu'est-ce qu'un viticulteur?
2 Où est-ce que M. Prat est né?
3 Qu'est-ce qu'il a décidé après son service militaire?
4 Pourquoi est-ce que la vie n'a pas été facile au commencement?
5 Qu'est-ce qu'il a fait construire?
6 Il s'est marié quand?
7 Est-ce que sa femme est contente?
8 Qu'est-ce qu'elle a fait comme métier avant son mariage?
9 Quels sont les inconvénients* de la vie à la campagne? Et les avantages?
10 Est-ce que M. Prat aime la vie campagnarde?

* disadvantages

B Vocabulaire

Fill in the gaps in the puzzle by solving the clues below:

Horizontale
1 Ce n'est pas _____: c'est difficile!
2 Participe passé du verbe vouloir.
3 Il a compris: il s'est _____ compte.
4 Participe passé du verbe savoir.
5 Au commencement: au _____
6 J'ai _____ ma montre. Je l'ai cherchée partout.
7 Participe passé du verbe vivre.
8 Si on n'est pas en prison, on est _____
9 On emménage dans une maison: on s'y _____
10 C'est formidable: c'est _____

Verticale
1 Il a bâti sa maison: il l'a _____

Grammar notes

A The perfect tense

Twelve irregular past participles for you to learn:

connaître (connu)	*to know (be acquainted)*
croire (cru)	*to believe*
devoir (dû)	*to have to*
dire (dit)	*to say, tell*
écrire (écrit)	*to write*
lire (lu)	*to read*
pouvoir (pu)	*to be able to*
recevoir (reçu)	*to receive*
rire (ri)	*to laugh*
savoir (su)	*to know (facts)*
vivre (vécu)	*to live*
vouloir (voulu)	*to wish, want*

Note that the following four follow the same pattern as each other:

couvrir (couvert)	*to cover*
offrir (offert)	*to offer*
ouvrir (ouvert)	*to open*
souffrir (souffert)	*to suffer*

B Linking expressions

Two verbs may be linked together in different ways

1 Après avoir

To express that one action followed another, you may use *après* with the past infinitive (*avoir* + past participle):

Après avoir fait mon service militaire, j'ai décidé d'acheter ce petit terrain.
After having done my military service I decided to buy this piece of land.

Verbs conjugated with *être* would use *être* instead of *avoir*:

Après être revenus en France mes cousins se sont mis à travailler.
After having returned to France my cousins got down to work.
Ils n'ont pas voulu se lever le matin après s'être couchés si tard.
They didn't want to get up in the morning after having gone to bed so late.

2 Une fois . . .

Une fois, used with the past participle on its own, is also used to express that one thing followed another:

Une fois installée, elle s'y est vite habituée.
Once (she was) settled in, she quickly got used to it.

3 Pendant que
This is used to express that actions are going on simultaneously (while), or to point out a contrast (whilst):

Ma femme s'occupe des animaux pendant que moi, je soigne la vigne.
My wife looks after the animals while I tend the vines.

C As ... as

aussi. . . que. . .	*as. . . as. . .*
plus. . . que. . .	*more. . . than. . .*
moins. . . que. . .	*less. . . than. . .*
autant de. . . que. . .	*as many. . . as. . .*

On est plus isolé qu'en ville.   *We are more isolated than in town.*
On ne voit pas autant de gens.   *You don't see as many people.*

D Verbs followed by the direct infinitive

1 devoir
J'ai dû faire quelque chose.   *I had to do something.*
J'ai dû tout établir ici.   *I had to set everything up here.*
Il a dû aller à l'étranger.   *He had to go abroad.*

2 faire
J'ai fait faire quelque chose.   *I had something done.*
J'ai fait construire la maison.   *I had the house built.*
Nous avons fait décorer le living.   *We had the living-room decorated.*

3 faillir
J'ai failli mourir!   *I almost died!*
Elle a failli rentrer chez ses parents.   *She almost went back to her parents.*

Communicating

Expressing your opinions

Je crois que. . . }
Je pense que. . . } *I think.* . .
Je trouve que. . .   *I find that.* . .
A mon avis. . .   *In my opinion.* . .
Selon moi. . . }
Moi personnellement, je. . . } *Speaking personally.* . .

Expressing preferences

J'aime mieux. . . }
Je préfère . . . } *I prefer* . . .
J'aime surtout. . .   *I'm especially keen* on. . .
Cela ne m'intéresse pas tellement.   *That doesn't interest me so much.*
Je suis amateur de . . .   *I'm keen on/I like* . . .

Exercises

1 Irregular past participles
Write out the following sentences, replacing the verbs in brackets with the correct form of the perfect tense:

(a) Je ne (vouloir) jamais aller à l'étranger.
(b) Nous (écrire) à l'ambassade de France.
(c) Ils me (offrir) un poste à Djibouti.
(d) Je ne (savoir) pas quoi faire.
(e) Mes amis (devoir) décider pour moi.
(f) Mon mari (dire): 'Il faut y aller.'
(g) Alors, nous (vivre) là-bas pendant deux ans.
(h) Au début je (souffrir) beaucoup.
(i) Mais après on ne (pouvoir) pas les quitter!
(j) Alors, une fois rentré(e) en France je (recevoir) beaucoup de Djiboutains.
(k) Que nous (rire) ensemble!

2 Linking things up
Make one sentence out of the two given below using *après avoir/être.* . ., *une fois* . . ., or *pendant que.* . . as appropriate:

(a) Nous nous sommes couchés. Nous avons entendu un bruit.
(b) J'ai fait la vaisselle. Il a passé l'aspirateur.
(c) Il s'est établi en Angleterre. Il a trouvé un poste.
(d) La vie à la campagne est tranquille. La vie en ville est stressante.
(e) Nous nous sommes installés. Nous avons été très contents.
(f) Elle est rentrée chez elle. Elle s'est vite remise.*

132 *   se remettre *to recover, get better*

3 Making comparisons
Choosing words from the boxes below, make up as many (sensible!) sentences as you can:

La Tour Eiffel		aussi	grand(e) féroce	que	un tigre l'Arc de Triomphe
Un éléphant	est	plus	petit(e)	qu'	un poisson rouge
Un crocodile			agréable		un chat
Marseille		moins	impressionnant(e)		Paris
Un chien			intéressant(e)		

4 L'emménagement
Your whole family has moved to a new house. . . in Limoges in France.

(a) Using *devoir*, how would you say:
– you had to say good-bye to your friends.
– your brother had to leave work.
– you all had to pack. (*faire les valises*)
– the family had to sell the house.
– your father had to hire a lorry. (*louer un camion*).

(b) Using *faire faire quelque chose*, how would you say:
– your parents had a house built.
– your mother had the house decorated (while)
– you had your clothes cleaned (*nettoyer*) (and)
– your brother had his motorbike (*la moto*) repaired.

(c) Now using *faillir faire quelque chose*, how would you say:
– your aunt almost died.
– you almost cried. (*pleurer*)
– your grandparents almost stayed in England.
– your brother almost went home again.

5 Act it out
Act out these situations:

(a) Moi personnellement,. . .

RICHARD: Où est-ce que tu habites?
VOUS: (*Say where you live*)
RICHARD: Qu'est-ce que tu préfères – la vie en ville ou la vie campagnarde?
VOUS: (*Give your opinion*)
RICHARD: Pourquoi?
VOUS: (*Give reasons*)
RICHARD: Tu veux habiter à Paris un de ces jours?
VOUS: (*Say whether you do or not*)
RICHARD: Pourquoi (pas?)
VOUS: (*Say why*)
RICHARD: Mmm. D'accord.

(b) Les heures de loisir

DELPHINE: Tu es sportif/sportive?
VOUS: (*Say whether you are or not*)
DELPHINE: Quels sports aimes-tu?
VOUS: (*Say which sports you like and which you play, if any*)
DELPHINE: Pendant tes heures de loisir, qu'est-ce que tu aimes faire?
VOUS: (*Say what pastimes you're specially keen on and ask her what she likes*)
DELPHINE: J'adore le patinage à roulettes.
VOUS: (*Say you've never tried it – but you want to. Ask her if she is free tomorrow*)
DELPHINE: Oui. On y va?
VOUS: (*OK*)

(c) Qu'est-ce que tu as fait hier soir?

JEAN-LUC: Tu es resté(e) à la maison hier soir?
VOUS: (*Say no, you went out to the cinema*)
JEAN-LUC: Avec qui?
VOUS: (*Say you went alone*)
JEAN-LUC: Qu'est-ce que tu as vu?
VOUS: (*Say you saw a western*)
JEAN-LUC: Tu l'as aimé?
VOUS: (*Say no, westerns don't really interest you very much*)
JEAN-LUC: Tu ne t'es pas amusé(e), alors?
VOUS: (*Say yes and that afterwards you came home and watched television with some friends. Ask if he saw the film with Sergio Leone*)
JEAN-LUC: Oui, oui, j'ai vu ça. Mais on l'a passé très tard.
VOUS: (*Agree and say you went to bed about midnight*)

6 Letter-writing

Write to a friend, thanking him/her for the letter which you received yesterday. Say you read it with great interest and, when you showed it to Nicholas, you both laughed – you particularly liked the description of the scene at the customs office. Ask whether he/she opened her suitcase and whether he/she had to pay duty!

Say you wanted to write straight away but you don't have much to tell him/her. Oh yes – you almost forgot – your small cousin Robert wanted to give him/her a present – a bar of chocolate! Say you'll bring it when you go to Paris in the summer. Sign off, saying see you soon.

Unit 22
Je passais mon temps à regarder les trains

Xavier répond à des questions sur ce qu'il voulait faire dans la vie. . . ∞

L'INTERVIEWEUSE: Quand vous étiez jeune, qu'est ce que vous vouliez faire dans la vie?

XAVIER: Quand j'étais petit je voulais devenir pompier ou conducteur de train comme tout le monde d'ailleurs. Mon père travaillait pour la SNCF et par conséquent j'avais beaucoup de contact avec le personnel de la gare. Je connaissais personnellement le chef de gare et je passais la plupart de mon temps à regarder les trains qui arrivaient et qui partaient. J'avais une profonde admiration pour mon père et voilà pourquoi je voulais faire comme lui.

L'INTERVIEWEUSE: Mais cela n'a pas duré longtemps?

XAVIER: Non, à dix ans ou onze ans j'ai changé d'idée – c'étaient des voitures qui me fascinaient. Mon oncle était garagiste à Saint-Didier, un village à dix kilomètres d'ici, et j'avais donc l'occasion de voir un peu comment c'était. Pendant deux ou trois ans j'y travaillais en qualité de pompiste car je pouvais gagner aussi un peu d'argent de poche. Pendant que mon oncle faisait des réparations, moi je regardais, j'apprenais.

L'INTERVIEWEUSE: Mais effectivement, vous êtes mécanicien, n'est-ce pas?

XAVIER: Oui, je suis apprenti mécanicien. Je pense qu'il est indispensable d'avoir un métier; alors, après avoir quitté l'école à seize ans, j'ai choisi celui de mécanicien.

L'INTERVIEWEUSE: Vous êtes content?

XAVIER: Oui, j'adore ça. J'ai gagné pas mal d'expérience à côté de mon oncle et c'est à cause de lui que j'ai décidé en fait de devenir mécanicien.

d'ailleurs *I might add*	gagner *to earn, gain*
l'apprenti *apprentice*	la gare *station*
l'argent de poche *pocket money*	indispensable *essential*
à cause de *because of*	longtemps *a long time*
changer d'idée *to change one's mind*	avoir l'occasion de. . . *to have the*
le chef de gare *station master*	*opportunity/chance to. . .*
le conducteur *driver*	ou *or*
par conséquent *as a result*	pas mal de *quite a lot of*
(mé)content *(un)happy*	passer son temps à *to spend one's time*
durer *to last*	la plupart *most*
effectivement *in fact*	le pompier *fireman*
en fait *in fact*	le pompiste *petrol pump attendant*

135

voilà pourquoi   *that's why*
profond   *deep*
en qualité de   *as a*
faire des réparations   *to do repairs*

la SNCF (Société nationale des
chemins de fer français)
French Railways

A   Complétez la phrase!

Listen to the passage and finish each of the following sentences:
1   Quand il était tout petit, Xavier. . .
2   Son père. . .
3   Xavier avait donc. . .
4   Il passait son temps. . .
5   A dix ans il a. . .
6   Son oncle. . .
7   Pendant deux au trois ans Xavier. . .
8   Comme cela, il. . .
9   Il a choisi le métier de mécanicien, après. . .
10   Il est devenu mécanicien, à cause. . .

B   Equivalents

Listen to the passage again and write down the French equivalents to
these English phrases, paying attention to the the tenses used:
1   When I was young. . .
2   I wanted to be a fireman!
3   I knew the station master personally.
4   I spent most of my time watching trains arriving and departing.
5   That's why I wanted to be like him.
6   I changed my mind.
7   For two or three years I worked as a petrol pump attendant.
8   I think it is absolutely essential to have a trade.

C   Et vous?

Quand vous étiez petit(e), qu'est-ce que vous vouliez faire dans la vie?

Grammar notes

A The imperfect

1 Formation

The imperfect is formed by taking the *nous* form of the verb in question as the stem.

i.e. nous **viv**ons
nous **mange**ons
nous **finiss**ons

and adding the following endings:

je	**-ais**	nous	**-ions**
tu	**-ais**	vous	**-iez**
il/elle/on	**-ait**	ils/elles	**-aient**

e.g. je mangeais
ils connaissaient
nous finissions

Note that *être* is irregular: *j'étais, tu étais, il était*, etc.

2 Use

The imperfect is used (a) to convey actions which were going on over a long period. Sometimes this is best thought of in contrast to the perfect, which is used to talk about completed actions:

Je parlais à ma mère (*imperfect*) quand mon père est rentré (*perfect*).
I was talking to my mother when my father came home.

and (b) to convey habitual action, something which was done over and over again. In this case it may be better translated as 'used to' or 'would':

Je connaissais le chef de gare.   *I used to know the station master.*
Je passais la plupart de mon temps à regarder les trains.
I would spend most of my time watching trains.
Lui, il faisait des réparations. . .   *He would do the repairs. . .*
. . .pendant que moi je regardais.   . . . *while I watched.*

Note that *connaître, savoir, vouloir* and *pouvoir* are often used in the imperfect (rather than the perfect) in French as they describe an attitude which existed over a fairly long period:

Je voulais devenir pompier.   *I wanted to be a fireman.*
Nous connaissions le chef de gare.   *We knew the station master.*
Il ne savait pas jouer de la clarinette.
He didn't know how to play the clarinet.

B Verb constructions

1

passer son temps **à** faire quelque chose
to spend one's time doing something
Je passais mon temps à regarder les trains.
I used to spend my time watching trains.

137

2   avoir l'occasion **de** faire quelque chose
to have the opportunity/chance to do something
J'avais l'occasion d'acquérir de l'expérience.
I had the chance to gain some experience.

C   Pendant, pendant que

Pendant is used with a noun to mean 'for' or 'during':

Je travaillais au garage pendant deux ou trois ans.
I worked at the garage for two or three years.
Pendant la nuit on a entendu un bruit effroyable.
During the night we heard a terrible noise.

Pendant que is used with a subordinate clause and means 'while':

Pendant que lui, il travaillait, j'allais au cinéma, moi.
While he was working, I used to go to the cinema.

D   Reasons why

Parce que is followed by a full sentence, *à cause de* by a noun on its own:

Je ne sors pas aujourd'hui parce qu'il neige.
I'm not going out today because it's snowing.
Je ne sors pas aujourd'hui à cause de la neige.
I'm not going out today because of the snow.

E   Il est indispensable de + infinitive

(See unit 14, F.)
Many other expressions follow this pattern:
Il est essentiel de. . .
Il est important de. . .
Il est intéressant de. . .

F

You have already met *tout* used as an intensifier with adjectives: (see Unit 15, G.)

Quand j'étais tout petit.   *When I was very small.*

Tout can also be used with adverbs:

Allez tout doucement!   *Go very slowly!*

Communicating

Giving reasons for things

Pourquoi. . .?   *Why. . .?*
Parce que. . .   *Because. . .*
Par conséquent,. . .   *Therefore. . ., And so. . .*
Voilà pourquoi. . .   *That's why. . .*
J'avais donc l'occasion. . .   *So I had the chance. . .*
Car je pouvais   *For/because I could. . .*
. . . et alors. . .   . . . *and so. . .*
à cause de lui/du gendarme/des mauvaises routes
    because of him/the policeman/the bad roads

Stating a fact

Effectivement
En effet,. . .
En fait,. . .   *In fact, . . .*
En réalité,. . .

Exercises

1   **The imperfect**
    Write out the following sentences, replacing the verbs in brackets with
    the correct form of the imperfect tense (see grammar note A,
    p. 137):

(a) Nous (choisir) des glaces à
     la fraise.
(b) Il (connaître) Paris.
(c) Tu (accompagner) Gil.
(d) Je (sortir) tous les soirs.
(e) Elles (remplir) les fiches.
(f) Nous (louer) chaque été une
     maison.
(g) Elle (souffrir) abominablement.
(h) Ils (manger) du chocolat.
(i) Vous (dormir) dans une tente.
(j) Il (commencer) à pleuvoir.
(k) Je (finir) par aller en France.

2   Fill in the blanks with the correct forms of *avoir l'occasion de* or *passer
    son temps à* as appropriate. Use the imperfect tense – remember you
    will have to change *son* to *mon, ton, notre, votre, leur* depending on the
    person:

(a) Nous _____ aller en Amérique.
(b) Ils _____ regarder la télévision.
(c) Elle _____ jouer du piano.
(d) Je _____ faire de la planche à voile.
(e) Elle _____ travailler à Paris.
(f) Ils ne/n'_____ pas _____ voir le nouveau film de Chabrol.
(g) Nous _____ écouter des disques.
(h) Est-ce que tu_____ rendre visite à Anne?

3 Dans le désordre.
Rewrite the sentences below (containing phrases with *pendant* or *pendant que*), putting the words in the correct order.

(a) Mangions que la sonné nous on porte à pendant a.
(b) Tombé neige la la pendant est nuit.
(c) Noël arrivé Père pendant dormait qu' le est on!

4 Répondez aux questions!
Answer the questions using *parce que* or *à cause de*:
e.g. Pourquoi est-ce que tu es fatigué(e)?
Parce que j'ai fait du sport aujourd'hui.

(a) Pourquoi est-ce que tu es fatigué(e)? (mé)content(e)?
(b) Pourquoi est-ce que tu as faim/soif?
(c) Pourquoi est-ce que tu vas très rarement au cinéma?
(d) Pourquoi est-ce que tu apprends le français?

5 Tell a French visitor what things it is interesting/important /easy/pleasant to do and see in your region of England.
e.g. Il est essentiel de rendre visite à Cheddar Gorge.
Il n'est pas agréable d'aller à la plage pendant le mois de janvier.

6 Act it out
LIONEL: Vous habitez depuis toujours à Londres?
  VOUS: (*Say no, your family moved when you were quite small*)
LIONEL: Vous habitiez où avant?
  VOUS: (*Say near the sea and that you liked it a lot*)
LIONEL: Qu'est-ce que tu faisais?
  VOUS: (*Say that in the summer you spent time swimming and playing sport*)
LIONEL: Et l'hiver?
  VOUS: (*Say that in the winter it was less interesting – it was cold. Say you used to read books and watch TV*)
LIONEL: Pourquoi est-ce que vous avez déménagé?
  VOUS: (*Say because your mother had the chance of a good job in London*)
LIONEL: Est-ce que Londres te plaisait?
  VOUS: (*Say at the beginning not at all, but you love it now*)

7 Conversation
Discuss these things with a friend or write down your answers.

(a) Qu'est-ce que vous avez décidé de faire comme métier? Pourquoi?
(b) Vous pensez qu'il est important de poursuivre vos études aussi longtemps que possible? Pourquoi?

8 Lettre
Ecrivez une lettre à un ami français dans laquelle vous décrivez une ville anglaise où vous êtes allé en vacances quand vous étiez jeune. Remarquez que vous pouvez y aller ensemble cet été et demandez-lui si cela l'intéresse.

Unit 23
On m'a dit qu'il fallait venir ici

David et Florence passent ensemble un jour de congé. David doit aller à la banque pour changer un chèque de voyage . . . ∞

DAVID: Pour changer de l'argent, c'est à quel guichet, s'il vous plaît?

L'EMPLOYE: Celui au fond, monsieur. Là-bas.

DAVID: Merci, monsieur . . . C'est ici, le bureau de change?

L'EMPLOYEE: Non, monsieur.

DAVID: Mais on m'a dit qu'il fallait venir ici pour changer de l'argent.

L'EMPLOYEE: C'est le guichet d'à côté, monsieur. Numéro 6.

DAVID: Ah, d'accord. Bonjour, monsieur. Je voudrais changer ce chèque de cinquante livres sterling, s'il vous plaît.

L'EMPLOYE: Bonjour, monsieur. Bien sûr. Pourriez-vous contresigner en haut, s'il vous plaît, monsieur.

DAVID: Voilà, monsieur.

L'EMPLOYE: Vous passez à la caisse maintenant s'il vous plaît, monsieur.

DAVID: Merci, monsieur. (A Florence) Alors, qu'est-ce qu'on va faire aujourd'hui?

FLORENCE: Si on faisait une randonnée à vélo?

DAVID: C'est une excellente idée. On pourrait aller jusqu'à Pont Aven rendre visite à Jean. Cela te dit?

FLORENCE: Oui, je veux bien. Je lui ai parlé hier soir et il a dit qu'il voulait justement rester chez lui aujourd'hui.

DAVID: On pourrait toutefois lui passer un coup de fil pour être sûr.

FLORENCE: Tu as raison. Comme ça on ne risque pas de le rater. Mais j'avais l'impression qu'il allait dormir jusqu'à midi. Depuis trois ou quatre jours il se couchait très tard – vers deux heures du matin!

DAVID: Oh là là!

LA CAISSIERE: M. Winter?

DAVID: C'est moi.

LA CAISSIERE: Alors, voilà, cinq cent cinquante francs cinquante.

DAVID: Merci, mademoiselle. Au revoir.

la caisse *cash-desk*	il fallait (*imp. of* il faut) *it was*
un jour de congé *a day off, holiday*	*necessary, I had to*
contresigner *to sign again*	au fond *down at the back*
à côté *next door*	le guichet *counter, 'position'*
	en haut *at the top*

jusqu'à (all the way) to	une randonneé à vélo a cycle ride
là-bas over there	rater to miss
passer un coup de fil à quelqu'un	rester to stay
to give someone a ring	toutefois however

A Detective

You are tailing David, a suspect English agent. Listen to the passage and fill in the Rapport-Suspect form below:

Rapport-Suspect
Montant d'argent changé : £
Equivalent en francs français : F
Pièce d'identification :
Guichet numéro :
Moyen de transport du suspect :
Prochaine destination :
Projet immédiat du suspect (à votre avis):

B Changer un chèque de voyage

Listen to and/or read the passage once more and write down how you would:
1   Ask where you go to change money.
2   Ask where the exchange office is.
3   Say you'd like to change this cheque for . . . pounds sterling.
    Now write down what the employee is asking you to do when he/she says:
4   Pourriez-vous contresigner en haut?
5   Avez-vous votre passeport?
6   Vous passez à la caisse maintenant, s'il vous plaît.

C Making suggestions

Write down the equivalents of these phrases:
1   So, what shall we do today?
2   What if we went on a cycle ride?
3   We could go to Pont-Aven to visit Jean.
4   Do you fancy it?
5   We could give him a ring, though.

D Reporting

Write down how David and Florence report that:
1   David had been told to come here to change his money.
2   Jean said he wanted to stay at home today.
3   Florence had the impression he would sleep till midday.

Grammar notes

A Further uses of the imperfect

1 Reported speech

Nous avons dit: 'Nous allons en ville aujourd'hui.'
Nous avons dit que nous **allions** en ville aujourd'hui.
Elle a expliqué: 'Il faut ajouter un peu d'huile.'
Elle a expliqué qu'il **fallait** ajouter un peu d'huile.

Note that (a) verbs other than *dire* also have this construction (e.g. *expliquer, penser, croire, réfléchir, décider, trouver, savoir, estimer*):

Ils ont décidé: 'Nous allons partir ce soir.'
Ils ont décidé qu'ils allaient partir ce soir.

(b) that the *que, qu'* cannot be missed out in French, (c) that when reporting speech you have to change the person of the verb:

Il a dit '**Je** pars. . .'
Il a annoncé qu'**il** partait. . .

and that the time reference must also be adjusted:

	aujourd'hui (*today*).
Je pars	demain (*tomorrow*).
	la semaine prochaine (*next week*).
	le même jour (*that day*).
Il a annoncé qu'il partait	le lendemain (*the next day*).
	la semaine suivante (*the following week*).

and (d) that French avoids the passive 'I was told' by using *on*:

On m'a dit qu'il fallait venir ici.
I was told (lit. someone told me) I had to come here.

2 Making suggestions

Si on allait au cinéma? *What if we went* } *to the cinema?*
How about going
Si on faisait une randonnée à vélo? *How about a cycle ride?*

3 Depuis

Depuis quand (combien de temps) apprenait-il le français?
How long had he been learning French?
Il apprenait le français depuis cinq ans.
He had been learning French for five years (but he gave up).
Depuis trois jours il se couchait très tard.
For three days he had been going to bed very late.

Compare this with the use of *pendant* with the imperfect:

Pendant trois jours je me couchais très tard.
For three days I went to bed very late.

Communicating

Making suggestions

Qu'est-ce qu'on fait (va faire) cet après-midi?
What shall we do this afternoon?
Si on lui téléphonait   *How about giving him a ring*
Si on faisait une randonnée à vélo?   *How about going on a cycle-ride.*
On pourrait aller jusqu'à Pont-Aven.   *We could go all the way to Pont-Aven.*
On pourrait changer un chèque de voyage.
We could change a traveller's cheque.
Cela te dirait de m'accompagner?   *Do you fancy going with me?*
Cela te dirait de jouer au ping-pong?   *Do you fancy playing ping-pong?*

In the bank

Je voudrais changer ce chèque de 50 livres s'il vous plaît.
I'd like to change this £ 50 cheque please.
Pour changer de l'argent, c'est quel guichet, s'il vous plaît?
Which counter is it to change money please?
Pourriez-vous contresigner en haut?   *Could you sign it again at the top?*
Vous passez à la caisse maintenant.   *You should go to the cash desk now.*

Exercises

1 **Telephone call**
Your French friend's boyfriend calls while she is out. Write down how you would relay what he said:
e.g. – Je vais au cinéma ce soir.
– Il a dit qu'il allait au cinéma ce soir.

(a) On finit de manger maintenant.
(b) Mes parents sont de mauvaise humeur.
(c) Il faut faire la vaisselle.
(d) J'arrive tout de suite.
(e) Mon ami Pierre m'accompagne.
(f) Nous sortons tous à la discothèque.

2 **On m'a dit que ...**
Write down how you would say you'd been told:

(a) the train arrived at five o'clock.
(b) the station master was going to show you (*indiquer*) the road.
(c) there were lots of taxis.
(d) you had to wait outside the station.
(e) the town was very small.
(f) taxis were not expensive.

3   Si on allait au bord de la mer?
Using the same formula, how would you suggest:

(a) doing the shopping this morning.
(b) playing football this afternoon.
(c) going out to the theatre this evening.
(d) going on a cycle ride tomorrow.
(e) eating at a restaurant on Sunday.
(f) beginning by having a cup of coffee and some croissants.

4   Depuis deux ans elle ne sortait plus!
A friend has been rushed to hospital. Make up sentences in which you describe what she's been doing for the last weeks or months which might explain her illness.
e.g. 2 ans – ne sortir plus.
     Depuis deux ans elle ne sortait plus.

(a) 3 ans – travailler trop.
(b) 2 ans – ne dormir pas bien.
(c) 1 an – amis – ne la voir plus.
(d) 6 mois – ne s'amuser pas.
(e) 3 mois – ne manger plus rien.

5   Translate these sentences using *depuis* + present tense, *depuis* + imperfect tense, or *pendant* + perfect tense, as appropriate:

(a) I lived in Paris for three years.
(b) We had been working at the school for six months.
(c) How long has she been going out every evening?
(d) They had been watching TV for two hours.
(e) She worked at the supermarket for three weeks.
(f) We've been waiting here for half an hour!
(g) How long had you been studying maths?

6   Dialogue
Rewrite the sentences below in the correct order, so as to make a dialogue which makes sense:

(a) Cela te plairait d'y aller à pied?
(b) Non, je n'aime pas du tout le sport.
(c) Oui, je veux bien.
(d) Qu'est-ce qu'on va faire aujourd'hui?
(e) Il y a un autobus qui part dans dix minutes.
(f) On pourrait aller en ville, ça te dit?
(g) Si on jouait au tennis?
(h) Allons-y, alors!
(i) Ah non, je suis fatigué.

7 Vocabulaire

Match up the equivalent expression on the list on the right with the sentences on the left:

1 Ça ne me dit rien.	(a) Où dois-je m'adresser?
2 J'avais l'impression...	(b) On pourrait faire un tour à bicyclette.
3 Si on faisait une randonneé à vélo.	(c) Pourtant.
4 C'est à quel guichet?	(d) Cela ne m'intéresse pas.
5 Toutefois.	(e) Téléphoner.
6 Passer un coup de fil.	(f) Je croyais que...

8 Act it out

(a) A la banque

VOUS: (*Say you'd like to change a traveller's cheque*)
L'EMPLOYE: Oui, monsieur/madame/mademoiselle.
VOUS: (*Ask if this is the exchange office*)
L'EMPLOYE: Oui, c'est ça. Combien voulez-vous changer?
VOUS: (*Say you want to change this cheque for £20*)
L'EMPLOYE: Pouvez-vous signer ici, s'il vous plaît.
VOUS: (*Say of course and here is your passport*)
L'EMPLOYE: Merci. Et voilà. Ticket numéro 16.
VOUS: (*Ask if you have to go to the cash-desk now*)
L'EMPLOYE: Oui, oui, il faut attendre quelques instants. On vous appelle.
VOUS: (*Thank him*)

(b) Un jour de congé

VOUS: (*Ask what you're going to do today*)
PAUL: Je ne sais pas. Qu'est-ce que tu aimes faire?
VOUS: (*Suggest going into town, buying some books and records*)
PAUL: Ah non, je suis fauché*, moi.
VOUS: (*Say how about going to the* maison des jeunes)
PAUL: Bonne idée!
VOUS: (*Say one can listen to records there...*)
PAUL: Oui, ils ont une très bonne collection.
VOUS: (*Without paying anything!*)
PAUL: Tu as raison.
VOUS: (*Say let's go then!*)

* fam. *broke*

9 Laisser un message

Leave a note for Jacques, your French friend, in which you say that Yves came to visit and that he said he wanted to see him immediately! He explained he was going to be at home that afternoon but was going out to the discotheque in the evening. Could Jacques give him a ring? Say you had the impression it was something very urgent.

Unit 24
Retrouvez votre souffle

A   Est-ce que vous avez bien compris?

Situations

Write down the numbers 1 to 4, listen to the short dialogues on the
cassette and write next to each number which of the situations below (a),
(b), (c) or (d) corresponds to what you hear: ○○

(a) car-crash   (c) customs
(b) telephone call   (d) bank

Alibi

A famous concert pianist has been killed at her home. The murder
occurred at 8 p.m. You are investigating the case and have recorded
interviews with two prime suspects (A) and (B). Listen to the suspects,
jotting down the details in a grid like the one below. Then decide:

(a) Which suspect's story is less water-tight and why?
(b) What would be your next line of investigation and why?

Fiche-Rapport

Heure	Suspect A	Suspect B
18h00		
18h30		
19h00		
19h30		
20h00		
20h30		
21h00		
21h30		
22h00		
22h30		

B   Remplissez les blancs!

Copy out the sentences, filling in the blanks with the correct form of the
verb in brackets in the perfect or imperfect tense as appropriate:
1   Nous (se lever) à six heures aujourd'hui.
2   Je voudrais acheter les fleurs que je (voir) ici ce matin.

3 Claude a expliqué qu'elle (sortir) ce soir.
4 L'année dernière ils (aller) en France.
5 – Pouvez-vous ouvrir votre valise?
   – Mais, monsieur, je l' (ouvrir) déjà.
6 Je lui ai dit que nous (manger) à la maison.

C Dialogues

1 You are going on a 'mini-weekend' package train and hotel trip to Paris. You phone your friend in Paris to suggest a meeting at the Eiffel Tower at two o'clock on Saturday. Write out what you say in dialogue form.

2 In a bank you change £30 into French francs. Write the dialogue.

D Paragraphe

Copy out the text, filling in the blanks with words from the box below:

donc	il y a	après avoir
parce que (×2)	pendant (×2)	pendant que
depuis	à cause de	
sans	pourquoi	

Marie-Claude travaille à la Samaritaine _____ deux semaines. Auparavant, elle était employée dans une pharmacie. Elle y était _____ trois ans mais _____ six mois un nouvel employé est arrivé – un M. Gilbert. Elle a vite décidé de changer de travail _____ elle ne l'aimait pas du tout. Il parlait _____ cesse _____ elle travaillait et elle avait horreur de cela. _____ souffert _____ six mois, elle a quitté son poste _____ lui.

   Vous pouvez imaginer _____ sa surprise quand elle est arrivée au magasin ce matin. En entrant, elle a vu... M. Gilbert.
   'Mais, _____ êtes-vous ici?' a-t-elle demandé.
   '_____ je vous aime!' a-t-il expliqué.

E Traduction

Translate these sentences:
1 He almost crashed into that car.
2 I saw him running up the street.
3 She has been learning Italian for two years.
4 We had a house built in the country.
5 It is important to find something interesting.
6 He has just returned home.
7 They had been living in Paris for twenty years.
8 She tried to phone her brother.
9 I spent most of my time playing football.
10 We had to do the shopping.

F Lectures

1 Les Angles. . . le charme d'un vieux village sous le soleil prodigue du Roussillon. . . Mais aussi les atouts d'une grande station de sports d'hiver.

AUX ANGLES, TOUT POUR LA DETENTE:

- 2 night-clubs,
- 2 cinémas,
- des crêperies,
- des restaurants nocturnes,
- une animation station . . .

AUX ANGLES, TOUT POUR LE SHOPPING:

- Epiceries, boulangerie, boucheries, magasins de sports, tabac, librairies, magasins de souvenirs, studio photo, salon de coiffure, parfumerie, . . .

mais aussi, banque, P.T.T., agences immobilières, peintre, électricien, plombier, station service, taxis . . .

sans oublier pharmacie et médecin.

AUX ANGLES, TOUT POUR L'ACCUEIL:

- Un office du Tourisme*** ouvert toute l'année,
- 2 agences immobilières,
- Hôtels, meublés, centres d'accueil . . .
- Un village de vacances . . .

une capacité d'accueil d'environ 7000 lits au total.

Se renseigner:

OFFICE DU TOURISME – 66210 LES ANGLES
Tel. (68) 04.42.21

Read the brochure about the town of Les Angles and answer the following questions:

(a) What are the two main attractions of Les Angles?
(b) What do you think is meant by 'Tout pour la *détente*'?
(c) What does the town offer in this respect?
(d) What services are provided in the town?
(e) What do you think is meant by 'Tout pour *l'accueil*'?
(f) Give examples of the kinds of thing on offer in this respect.

2 Here is an advert, which appeared in a French youth-hostelling magazine, for a cycling holiday in Wales (*le pays de Galles*). A French friend is thinking of going on it. Read the advert and answer the questions.

SAINT-BRIEUC   **NOUVEAU**
Le Pays de Galles à bicyclette

Tous niveaux. Age minimum 18 ans.
Autres conditions : une bonne condition physique et un minimum d'entraînement (50 km sans fatigue).

3 semaines : **3500 F**

du 8 au 29.07 - du 5 au 26.08

du dimanche dîner au dimanche petit déjeuner.

Programme :
50 km par jour - transport par bateau de St-Malo à Portsmouth et par train de Portsmouth à Newport (sud du Pays de Galles). Hébergement en Auberges de Jeunesse. Le Pays de Galles est une région au paysage sans cesse changeant : forêts, landes, lacs, cascades, falaises escarpées et baies profondes. De très nombreux monuments témoignent de son passé historique (châteaux forts du Moyen-Age). C'est aussi une région de petites montagnes que traversent de profondes vallées.

(a) What conditions must he fulfil before being allowed to take part.
(b) How long does the holiday last?
(c) Is lunch provided on the last day?
(d) How would your friend travel to Wales?
(e) Where would he stay?
(f) What is Wales like according to the brochure?

Unit 25
Il fera encore plus chaud demain

Pierre et Laurent arrivent au terrain de camping. ⌒⌒

PIERRE: Bonjour, madame. Vous avez encore de la place?
LA GARDIENNE: C'est pour une tente? Une caravane?
PIERRE: Une tente. Nous resterons deux nuits.
LA GARDIENNE: D'accord. Oui, j'ai deux places sous les arbres – à l'ombre – ou bien une place près du bloc sanitaire. Vous pouvez choisir. C'est comme vous voulez.
PIERRE: Il fait chaud et on dit qu'il fera encore plus chaud demain. On va prendre une des places à l'ombre.
LA GARDIENNE: Entendu.
PIERRE: Est-ce qu'on peut prendre une douche?
LA GARDIENNE: Oui, nous avons des douches chaudes – il faut me payer 2F et je vous donne la clé. Les douches froides sont gratuites.
PIERRE: Alors par ce temps-là on n'aura pas besoin d'une douche chaude, quand même! Merci, madame.
LA GARDIENNE: Je vous en prie.
LAURENT: (qui entre dans le bureau): Excusez-moi, madame. Je n'arrive pas à faire marcher le téléphone.
LA GARDIENNE: Il est en panne, celui-là. Il faudra aller à la cabine téléphonique en ville.
LAURENT: C'est loin?
LA GARDIENNE: Mais non, c'est à cinquante mètres d'ici. Vous traversez le pont et elle est sur votre droite.
LAURENT: Et il ne nous reste plus de gaz butane – où est-ce qu'on peut en acheter?
LA GARDIENNE: Eh bien ici, j'ai un dépôt de gaz sur place.
LAURENT: D'accord.
PIERRE: Est-ce que je dois vous payer l'emplacement maintenant?
LA GARDIENNE: Ne vous inquiétez pas. Quand vous partirez on va vous faire votre compte. Bon séjour!
PIERRE: Merci, madame.

arriver à   *to succeed in*
avoir besoin de   *to need*
le bloc sanitaire   *washing area*
chaud   *hot*
la clé   *key*
votre compte   *bill, account*
un dépôt de gaz   *gas stove*
la douche   *shower*

l'emplacement   *place, pitch*
entendu   *right you are*
il faudra (*future of* il faut)   *it will be necessary*
froid   *cold*
le gaz butane   *calor gas*
gratuit   *free*
faire marcher   *to get to work*

à l'ombre	*in the shade*	bon séjour!	*have a good stay!*
en panne	*broken down*	sous les arbres	*under the trees*
sur place	*on site*	par ce temps- là	*in this weather*
le pont	*bridge*	le terrain de camping	*camp-site*
il ne reste pas de. . .	*there is no . . . left*		

A Alternatives

Listen to the passage and choose the correct alternative in each case:
1 Pierre and Laurent are staying for one/two nights.
2 They want a place in the shade/near the washing area.
3 They'd like a hot/cold shower.
4 The cold showers cost nothing/2 francs.
5 The telephone is difficult to operate/out of order.
6 The nearest telephone is this side of the bridge/not far away.
7 They can buy calor gas at the camp site/in town.
8 They should pay up straight away/when they leave.

B Equivalents

Listen to and/or read the passage again and write down the French
equivalents of these phrases:
1 Have you any room left?
2 We'll take one of the places in the shade.
3 Can one have a shower?
4 Excuse me. I can't get the telephone to work.
5 We haven't any calor gas left.
6 Where can we buy some?
7 Should I pay for our pitch now?

C Ecoutez et répétez!

Listen to the passage once more and, stopping the cassette after each of
the phrases above, repeat it, imitating the speaker as closely as you can.

D Vocabulaire

Find the phrases in the dialogue which mean the same as the expressions
given below:
La voiture ne marche pas. Elle est _____
Allons _____ où il ne fait pas si chaud.
Les douches froides ne coûtent rien – elles sont _____
Où on peut se laver: _____
Amusez-vous bien! _____

Grammar notes

A The future

There are three ways of talking about the future.

1 The present tense
Qu'est-ce qu'on fait cet après-midi? *What shall we do this afternoon?*
Je lui passe un coup de fil plus tard. *I'll give him a ring later.*

2 *Aller* + infinitive
Je vais acheter un pantalon. *I'm going to buy a pair of trousers.*
Il va sortir au cinéma. *He's going out to the cinema.*

3 The future tense
This is formed by adding the endings below to the infinitive of the verb:

je	-ai	nous	-ons
tu	-as	vous	-ez
il/elle/on	-a	ils/elles	-ont

Nous resterons deux nuits. *We'll stay two nights.*
Je partirai demain. *I'll leave tomorrow.*

Note that (a) the present tense and *aller* + infinitive are much more common in everyday speech than the future tense. They also contain the idea of intention and probability. The future tense states what will happen in a more factual way:

Il fera chaud demain. *It will be hot tomorrow.*

(b) that the endings for the future tense are like the present tense of *avoir* (without the av- in the *nous* and *vous* form),

(c) that the 'e' at the end of -re verbs is dropped before adding the endings,

(d) that there are many irregular future stems, of which three of the commonest are:
faire → je ferai
avoir → j'aurai
falloir → il faudra

and (e) that the future tense is used after *quand*. This would be translated as the present tense in English, so beware:

Quand vous partirez, on va vous faire votre compte.
  When you leave, we'll make up your account.

B Verb constructions

1 **Arriver à faire quelque chose**   *to succeed in doing something*
Je n'arrive pas à dresser la tente. *I can't get the tent up.*

153

Nous n'arrivons pas à faire marcher le téléphone.
We can't get the phone to work.

2 Faire faire quelque chose *to get something/someone to do something*
J'ai fait venir le médecin *I got the doctor to come.*
On le fera marcher! *We'll get it to work!*

3 Il ne reste pas/plus de ... *There's no (more) ... left*
This can be used as an impersonal expression:

Il ne reste pas/plus   de pain.
                        d' essence.
                        de gaz butane.

                        bread
There is no (more)   *petrol*   *left.*
                        calor gas

To make the expression personal you must add an indirect pronoun:

Il ne **me** reste plus de. . .   *I*
Il ne **nous** reste plus de. . .   *We*   *don't have any more . . .*
Il ne **lui** reste plus de. . .   *He*   *doesn't*

4 Payer quelque chose
Note that with *payer* (to pay *for* something), you do not need to add a word for 'for':

Est-ce que je dois payer l'emplacement maintenant?
Must I pay for the place now?
Il faut payer le gaz butane.   *You must pay for the calor gas.*

C Encore

A word with a number of meanings!

1 More/another one
As when we shout *Encore* after a concert:

Encore une bière, s'il vous plaît!   *Another beer, please!*
Encore du pain, s'il vous plaît!   *Some more bread, please!*

2 Still/yet
Il n'est pas encore arrivé.   *He hasn't arrived yet.*
                              He still hasn't arrived.
Avez-vous encore des places?   *Have you still some places?*

3 Even ...-er
Il fera encore plus chaud demain.   *It will be even hotter tomorrow.*

Communicating

Asking if something is permissible

Est-ce qu'on peut . . .?   *Can one/we . . .?*
Où/quand est-ce qu'on peut . . .?   *Where/when can one/we . . .?*

At the camp-site

Vous avez encore $\begin{cases} \text{des emplacements?} \\ \text{de la place?} \end{cases}$ *Have you still* $\begin{cases} \textit{any places?} \\ \textit{any space?} \end{cases}$

Est-ce qu'on peut $\begin{cases} \text{prendre une douche?} \\ \text{acheter du gaz butane?} \\ \text{allumer un feu?} \\ \text{dresser la tente ici} \end{cases}$ *Can one* $\begin{cases} \textit{have a shower?} \\ \textit{buy calor gas?} \\ \textit{light a fire?} \\ \textit{put the tent up} \\ \textit{here?} \end{cases}$

Quel est le tarif par jour?   *How much is it per day?*
Est-ce qu'il y a un magasin sur place?   *Is there a shop on the site?*
J'ai un dépôt de gaz sur place.   *I have a calor gas store on the site.*

Exercises

1   The future tense
Replace the verb in brackets with the correct form of the future tense:

(a) Elle (partir) demain.
(b) Je (jouer) au tennis.
(c) Nous (vendre) la voiture.
(d) Elles (oublier) de venir.
(e) On (faire) la vaisselle plus tard.
(f) Il (falloir) arriver à l'heure.
(g) Ils n'(avoir) pas froid.
(h) Tu (sortir) samedi.
(i) Vous ne (perdre) pas votre temps.
(j) Est-ce qu'il (commencer) aujourd'hui?

2   Planning
You're writing to a hotel to book rooms. Write down how you would say:

(a) I'll arrive on Friday.
(b) I'll stay four nights.
(c) A friend will arrive on Saturday.
(d) We'll need two single rooms.
(e) Two more friends will arrive on Sunday.
(f) They will write to book a room.
(g) We'll all leave on Tuesday.

3 Fill in the blanks with the correct form of the future tense of *faire* or
avoir as appropriate:

(a) Nous ne _____ pas la vaisselle!
(b) Ils _____ de la chance.
(c) Je ne _____ pas besoin d'un parapluie.
(d) Il _____ beau toute la journée.
(e) Ils _____ du mal à trouver une place.
(f) Tu ne _____ pas démarrer cette vieille voiture!
(g) Vous ne _____ pas construire une maison!
(h) Elle _____ l'occasion de te voir.

4 It's all in the future!
Join the two sentences together with *quand*, rewriting them in the
future tense:
e.g. Il vend sa moto. Il a beaucoup d'argent.
　　Quand il vendra sa moto, il aura beaucoup d'argent.

(a) Je pars. Tu m'accompagnes.
(b) Tu sors au cinéma. Il faut acheter un journal.
(c) Nous vendons la maison. Nous avons beaucoup d'argent.
(d) Elle a seize ans. Elle quitte l'école.
(e) Il finit ses études. Il se marie.
(f) Vous avez votre bac.* Vous commencez à chercher un emploi.

5 You can manage it
Everything's going wrong. How do you say you can't:

(a) get the tent up.　　　　　　　(d) buy any calor gas.
(b) get the shower to work.　　　 (e) make a cup of coffee.
(c) find the toothpaste (*le dentifrice*).

6 There's none left
Now everything's running out on you. How would you say there is
none of these things left:

　　tea　　　　milk　　　sugar
　　water　　　coffee　　biscuits

7 Il ne leur reste plus de. . .
Everyone's running out of things! How would you say:

(a) They're out of petrol.　　　(d) She's out of toothpaste.
(b) We're out of wine.　　　　　(e) I'm out of chocolate.
(c) He's out of calor gas.

8 Encore plus . . .
Say it'll be even more so later:
e.g. Il fait chaud aujourd' hui.
　　Il fera encore plus chaud demain.

*　le baccalauréat *French equivalent of A levels*

(a) J'ai faim.   (d) Elle a sommeil.
(b) Il fait froid.   (e) Tu as peur!
(c) Nous avons soif.

9 Payez maintenant!

Point out that you're sorry but the customers will have to pay for things now:
e.g. le compte
    Je m'excuse. Il faut payer le compte maintenant.

le petit déjeuner	les journaux
la chambre	la carte postale
les fruits	

10 Act it out
Au terrain de camping

VOUS: (*Ask if he has any space left*)
LE GARDIEN: Mais oui. C'est pour une tente?
VOUS: (*Say it's a caravan and that there are three of you – and a car of course!*)
LE GARDIEN: Bien entendu! Nous avons une place à l'ombre ou bien une place près de la rivière.
VOUS: (*Say it's quite cold and that you prefer the place near the river. Ask if one can swim there*)
LE GARDIEN: Oui. Mais il faut faire attention, hein. Le courant est très fort.
VOUS: (*Say yes, you'll be careful*)
LE GARDIEN: Vous resterez combien de nuits?
VOUS: (*Say you haven't decided yet and ask if you can tell him tomorrow*)
LE GARDIEN: Bien sûr.
VOUS: (*Say you've no food left and ask if there's a shop on the camp-site*)
LE GARDIEN: Non. Mais il y a une alimentation générale dans le village.
VOUS: (*Thank him and say see you later*)

11 Letter-writing
Camp-sites in France can get very full in August. Write a letter to the owner of the camp-site below in which you book a pitch for a caravan for the seven nights of 8–14 August. Say you prefer a place in the shade not too far from the washing area. Say you'll arrive quite late – about eight o'clock – and ask if one can have a hot shower at that time. Also ask if there will be a restaurant open in the village till nine o'clock.

M. Georges Rascol
'Le Moulin'
Peyrac-Minervois
11160 Cannes-Minervois
Tel: 26-21-38

Unit 26
Nous pensons faire du camping en Ecosse

∽

CHRISTOPHE: Qu'est-ce que tu vas faire pendant les grandes vacances?

SOPHIE: Je pense aller en Angleterre.

CHRISTOPHE: Tiens! Moi, aussi! Où comptes-tu aller?

SOPHIE: A Plymouth dans le Devon. Ma soeur et moi, nous allons loger dans une famille britannique dont on a fait la connaissance l'année dernière.

CHRISTOPHE: C'est chouette! Combien de temps est-ce que tu comptes y rester?

SOPHIE: Quelques semaines. J'espère aussi voir Londres et je voudrais rendre visite à une amie française qui est lectrice à l'université d'Edimbourg.

CHRISTOPHE: Tu y seras donc pour un mois au moins!

SOPHIE: Oui, je partirai d'ici fin juin et je resterai jusqu'au début du mois d'aout. Et toi, que feras-tu?

CHRISTOPHE: Moi, j'ai l'intention de partir avec Laurent. On espère faire le tour de la Grande Bretagne en autostop. Nous pensons faire du camping en Ecosse – comme cela on pourra faire des économies et rester plus longtemps. Enfin on verra si ça marche. S'il ne nous reste plus d'argent, on reviendra en France!

SOPHIE: Alors, tu vas passer toutes tes vacances là-bas?

CHRISTOPHE: Non, de toute façon je devrai passer deux semaines chez ma grand-mère à Figeac dans le Lot – ce qui ne sera pas désagréable, d'ailleurs. Au contraire, j'aime bien passer dix jours à la campagne.

SOPHIE: Tu y es allé l'année dernière?

CHRISTOPHE: Oui. J'y suis resté pendant quinze jours.

SOPHIE: Qu'est-ce que tu comptes faire?

CHRISTOPHE: Je ferai de la voile, de l'équitation. J'irai à la pêche.

SOPHIE: Tu es sportif!

CHRISTOPHE: Oui, assez sportif, oui. Mais je passerai la plupart de mon temps à manger, à lire et à me décontracter.

assez *quite*
en autostop *hitch-hiking*
chouette (fam.) *nice, fantastic*
compter *to intend*
faire la connaissance de quelqu'un
   to get to know someone
au contraire *quite the opposite*
le début *beginning*
se décontracter *to relax*
dernier *last*
désagreáble *unpleasant*
faire des économies *to save some money*
l'Ecosse *Scotland*

Edimbourg *Edinburgh*
faire de l'équitation *to go horse-riding*
espérer *to hope*
de toute façon *in any case*
jusqu'à *until*
la lectrice *language assistant*
loger *to stay*
au moins *at least*
un mois *a month*
aller à la pêche *to go fishing*
quinze jours *15 days, a fortnight*
tiens! *goodness!*
faire de la voile *to go sailing*

A Vrai ou faux?

Listen to the passage and say whether the following statements are true or false. Correct any false statements.

1 Sophie pense passer ses vacances en Ecosse.
2 Elle a l'intention de loger chez une famille britannique à Plymouth.
3 Elle y va seule.
4 Elle veut voir une amie anglaise à Edimbourg.
5 Elle va pour deux semaines.
6 Christophe part pour l'Angleterre avec Laurent.
7 Ils vont voyager en train.
8 Ils n'ont pas beaucoup d'argent.
9 Ils vont dormir dans des auberges de jeunesse.
10 S'ils n'ont pas d'argent, ils rentreront chez eux.
11 Christophe aime passer quelques jours chez sa grand-mère chaque année.
12 L'année derniere il y a passé une semaine.
13 Christophe n'est pas sportif du tout.

B Projets

Listen to and/or read the passage once more and write down all the phrases you think would be useful in talking about future plans and projects.

C Complétez les phrases!

Finish these sentences, talking about your own plans:

1 Aujourd'hui je vais . . .
2 Ce soir je pense . . .
3 Demain soir on compte . . .
4 Samedi nous allons . . .
5 Le weekend j'espère . . .
6 Pendant les grandes vacances j'ai l'intention de . .

Grammar notes

A More irregular future stems

aller	j'irai	savoir	je saurai
devoir	je devrai	venir	je viendrai
être	je serai	voir	je verrai
pouvoir	je pourrai	vouloir	je voudrai

B Verbs followed by the infinitive with no preposition

The following verbs do not require *à* or *de* before the infinitive:

aimer faire quelque chose
    to like doing something
aller   *to be going to do something*
compter   *to count on doing*
    (intend to do) something
devoir   *to have to*
espérer   *to hope*

oser   *to dare*
penser   *to think of* ⎫
préférer   *to prefer* ⎬ *doing something*
savoir   *to know how to* ⎭
vouloir   *to want to*
sembler   *to seem to*

C Pour combien de temps?

Note that, to express 'for' when talking about future plans you use *pour*:
  Pour combien de temps penses-tu aller en Angleterre?
    How long are you thinking of going to England for?
  J'irai pour deux semaines.   *I will go for two weeks.*
Note that you miss out *pour* when using *rester*:
  On y restera trois jours.   *We will stay there for three days.*

Contrast this with the use of *pendant* with the perfect tense and *depuis* with the present tense:
  J'y suis resté pendant quinze jours.   *I stayed for a fortnight.*
  Il habite York depuis quinze ans.   *He has lived in York for fifteen years.*

D A, dans, en

There is no distinction between 'going to' and 'being in' in French:

Je vais à Plymouth.   *I'm going to Plymouth.*
J'habite à Plymouth.   *I live in Plymouth.*

Usually *à* is used with names of towns:
  à Rennes/à Paris

dans is used with names of counties or French departments:
  dans le Roussillon/dans le Lot

en is used with countries or regions:

en France	en Provence	(but note: au Japon
en Angleterre	en Bretagne	aux Etats Unis
en Ecosse	en Californie	au Canada
		au Portugal)

E   Expressions with *faire* or *aller*

faire de la voile   *to go sailing*
faire de l'équitation   *to go horse-riding*
faire une promenade   *to go for a walk*
faire une excursion en bateau/car   *to go on a boat/coach trip*
but: aller à la pêche   *to go fishing*

Communicating

Talking about future plans

You can use either the future tense (less common in the spoken language) or particular verbs like *aller, compter, espérer, penser*, or *avoir l'intention de*:

Qu'est-ce que tu vas faire?   *What will you do?*
J'irai à Londres.   *I'll go to London.*
Pour combien de temps?   *For how long?*
On compte y rester une semaine.   *We're intending to stay for a week.*
Que pensez-vous faire?   *What are you thinking of doing?*
Nous avons l'intention de faire un circuit des châteaux de la Loire.
    We're intending to go round the Loire chateaux.
Que feront-ils?   *What will they do?*

Ils espèrent { se décontracter. / faire de la voile. / aller à la pêche.   *They are hoping to* { *relax. / go sailing. / go fishing.*

Exercises

1   Irregular future stems
Rewrite these sentences, replacing the verb in brackets with the correct form of the future tense (see grammar note A, p. 160):

(a) Nous (aller) en Espagne cet été.
(b) Ils (devoir) aller à la banque.
(c) Nous (être) huit à table ce soir.
(d) Elles (pouvoir) revenir plus tard.
(e) Tu (savoir) demain.
(f) Vous (venir) me voir.
(g) On (voir).
(h) Elle (vouloir) t'accompagner.

2   Translate these sentences:

(a) They'll be able to come tomorrow.
(b) I'll go to Paris next week.
(c) That will be nice.
(d) He'll have to eat at six o'clock.
(e) I'll be seeing her tomorrow.
(f) Will you come swimming this evening?
(g) We'll want to play, too.
(h) Everyone will know everything.

3   Plans and projects
You're contemplating a holiday by the sea. How would you say:

(a) I'm thinking of going to Brittany.

(b) We'll stay there for two weeks.
(c) My sister intends to go, too.
(d) We're hoping to swim and sunbathe (*se bronzer*).
(e) I'm going to eat, drink and enjoy myself!
(f) My brother-in-law (*le beau-frère*) will go sailing.

4 Dialogues
(a) Answers
Read through the sentences below, then rewrite the dialogue filling in your own answers to the questions:

A: As-tu fait des projets pour les grandes vacances?
VOUS: . . .
A: Qu'est-ce que tu vas y faire?
VOUS: . . .
A: Combien de temps est-ce que tu vas y rester?
VOUS: . . .
A: Tu y es allé(e) l'année dernière?
VOUS: . . .

(b) Questions
Now fill in the questions in this dialogue. Again, read through the whole dialogue before you start:

VOUS: . . .
B: Nous irons dans les Pyrénées.
VOUS: . . .?
B: Non, on va prendre le train.
VOUS: . . .?
B: Non, c'est la première fois que j'y vais.
VOUS: . . .?
B: On fera du ski.

5 Pour, pendant, depuis
Fill in as appropriate:

(a) Il ira en Grèce _____ six semaines.
(b) _____ combien de temps faites-vous du piano?
(c) Nous avons habité à Reims _____ deux ans.
(d) _____ combien de temps penses-tu rester en Provence?
(e) J'y vais _____ trois jours.
(f) Il m'attendait _____ une demi-heure.
(g) _____ combien de temps es-tu resté en France?

6 Paris, France
J'ai l'intention d'aller à Paris en France.
Say you're thinking of going to these places:

Arles, Provence	Penzance, les Cornouailles
Ottawa, Canada	Perpignan, Roussillon
Quimper, Bretagne	San Francisco, Californie, Etats Units

7 Où habitez-vous?

J'habite à ———— dans le ———— en ————
au(x) ————

8 Vocabulaire
aller en bateau : faire de la ————
relaxez-vous! : ———— -vous!
se faire emmener en voiture : faire de l' ————
mettre de l'argent de côte : faire des ————
monter à cheval: faire de l' ————
attraper des poissons : aller à la ————

9 Act it out
NICOLE: Que fais-tu pendant les grandes vacances?
VOUS: (Say you're thinking of going to Rennes in Brittany)
NICOLE: Tu y vas seul?
VOUS: (Say you're intending to go with a friend)
NICOLE: Vous y allez comment?
VOUS: (Say you're intending to go by boat)
NICOLE: En voiture?
VOUS: (Say no – you're hoping to travel by bike!)
NICOLE: Pour combien de temps irez-vous?
VOUS: (Say you'll stay in Rennes for three days and then you'll go for a cycle trip round Normandy for a fortnight)
NICOLE: Allez-vous faire du camping?
VOUS: (Say no – you'll sleep at hotels)
NICOLE: Il pleut beaucoup en Bretagne, hein!
VOUS: (And also you won't be able to carry the tents)
NICOLE: Alors, bon séjour . . . et bon courage!*

* Good luck!

VOUS: (Ask what Raoul is thinking of doing this summer)
RAOUL: Je vais faire de la voile.
VOUS: (Ask him where he is intending to go)
RAOUL: En Californie aux Etats Unis.
VOUS: (Say very nice! Ask how long he is going for?)
RAOUL: Trois mois. Je compte aussi voir New York.
VOUS: (Ask if he'll go by plane)
RAOUL: Oui. Je vais prendre un vol direct jusqu'à San Francisco.
VOUS: (Ask if he'll be able to speak English)
RAOUL: J'espère bien!
VOUS: (Ask how long he's been studying it)
RAOUL: Depuis cinq ans.

10 Letter-writing
Write a letter to a French friend in which you tell them your (real!) holiday plans for next summer. Invite them to spend part of their holiday with you, either in England or in France.

163

Martine va quitter l'école cette année . . . 🎧

JULES: Qu'est-ce que tu penses faire dans la vie plus tard, Martine?

MARTINE: Je voudrais devenir informaticienne. Je suis assez forte en maths et on m'a conseillé de suivre un cours d'informatique.

JULES: Passeras-tu des examens cette année?

MARTINE: Oui, je passerai le bac mais j'ai l'impression que je vais le rater.

JULES: Pourquoi?

MARTINE: Parce que je ne travaille pas assez. Je préfère sortir avec mes amis.

JULES: Qu'est-ce que tu feras quand tu quitteras l'école?

MARTINE: Si par hasard je réussissais à mon bac, je poursuivrais mes études à l'université.

JULES: Après avoir quitté l'école, est-ce que tu continuerais à habiter chez tes parents?

MARTINE: Oui, j'irais à l'université tout près de chez moi à Aix-en-Provence.

JULES: Tu t'entends avec tes parents?

MARTINE: Il y aura des problèmes, j'en suis sûre! Ils ne me permettent pas de sortir si je ne leur promets pas de rentrer avant onze heures. Cela m'énerve! Comme j'aurai bientôt dix-huit ans je trouve que ce n'est pas raisonnable.

JULES: Mais à part ça, ça va?

MARTINE: Oui, enfin ma mère me dit tous les jours de ranger ma chambre. C'est embêtant. Et avant de sortir je dois lui montrer les vêtements que je porte. Elle me demande toujours de me changer! Je refuse. Enfin il y a plein de discussions entre nous mais on ne se prend pas trop au sérieux!

se changer	*to change (clothes)*	à part	*apart from*
conseiller	*to advise*	passer un examen	*to sit an exam*
demander	*to ask*	permettre	*to permit, allow*
la discussion	*quarrel*	plein de (fam.)	*lots of*
embêtant	*irritating*	porter	*to wear*
énerver	*to annoy, irritate*	poursuivre	*to pursue, continue*
s'entendre avec quelqu'un	*to get on with someone*	se prendre au sérieux	*to take each other seriously*
fort (en maths)	*good (at maths)*	promettre	*to promise*
par hasard	*by chance*	ranger	*to tidy*
l'informaticien	*computer scientist*	rater	*to fail*
l'informatique	*computing*	réussir à un examen	*to pass an exam*
montrer	*to show*		

A Questions in English

Read the questions below, then listen to the passage on the cassette without reading the printed text at the same time. See how many questions you can answer. You may rewind the cassette and play it again as often as you wish.

1 Why has Martine been advised to follow a computing course?
2 Does she have any exams this year?
3 Is she very hard-working?
4 What will she do when she leaves school?
5 Where will she live?
6 Does she get on well with her parents?
7 What time must she be in by in the evening?
8 What two things does her mother say which annoy her?
9 Are the quarrels serious?

B Equivalents

Listen again and read the passage at the same time, checking new vocabulary. Write down the equivalents of these phrases:

1 What are you thinking of doing later in life?
2 I'd like to be a computer scientist.
3 I'm quite good at maths.
4 I've been advised to take a computer course.
5 What will you do when you leave school?
6 They don't allow me to go out.
7 My mother tells me to tidy my room.
8 She always asks me to get changed!

C How would you say?

1 I'd like to be
(a) a mechanic.
(b) a teacher.
(c) a bus driver.

2 I'm quite good at
(a) French.
(b) English.
(c) Geography.

3 I've been advised to
(a) leave school.
(b) continue my studies.
(c) look for a job.

4 What will you do when
(a) you leave home?
(b) you go on holiday?
(c) you have more money?

Grammar notes

A The conditional tense

The conditional tense is formed by adding the endings of the imperfect tense (-ais, -ais, -ait, -ions, -iez, -aient) to the future stem:

J'irais en Italie.   *I would go to Italy.*
Nous ferions de notre mieux.   *We would do our best.*

Je voudrais devenir médecin.   *I'd like to be a doctor.*
Il aimerait nous accompagner.   *He'd like to go with us.*

B *Si* clauses

Note that the conditional tense is used to imply that something would
happen if something else did. The rule for *si* clauses is as follows:

1 Open condition (possible)
   Si + present tense, future tense:

   S'il fait beau, j'irai à la plage.   *If it's fine weather, I'll go to the beach.*

2 Closed condition (possible but improbable)
   Si + imperfect tense, conditional tense:

   S'il faisait beau, j'irais à la plage.
   If it was fine weather, I would go to the beach.

C Verbs followed by *à* + person and *de* + verb

Note that with certain verbs *à* must be used before the person, with *de*
before the infinitive:

J'ai dit **à** Martine **de** venir ce soir.   *I told Martine to come this evening.*
Je **lui** ai dit **de** venir.   *I told her to come.*

The commonest verbs of this sort are:

commander	*to command, order*	interdire	*to forbid*
conseiller	*to advise*	ordonner	*to order*
défendre	*to forbid*	permettre	*to allow*
demander	*to ask*	promettre	*to promise*
dire	*to tell*		

Elle **m'**a conseillé **de** poursuivre mes études.
   She advised me to go on with my studies.
Il **lui** a demandé **d'**aller au cinéma.   *He asked her to go to the cinema.*
On **m'**a interdit **de** sortir.
   They forbade me from going out (told me not to go out).
Je **leur** ai promis **de** venir (que je viendrais).   *I promised them I'd come.*

D Passing exams

Passer un examen means 'to take an exam', not necessarily to pass it!

passer
présenter } un examen   *to take/sit an exam*
avoir

réussir à un examen   *to pass an exam*

rater
échouer à } un examen   *to fail an exam*

E   Translating expressions with -ing

Note the different ways of translating expressions with -ing. Often an infinitive is used . . . and be careful to get the tense right; *après avoir fait quelque chose* (literally = after having done something) would normally be rendered as 'after doing something' in English.
Compare the English and French versions of the sentences below:

Après avoir mangé un bon repas, les deux chiens se sont installés auprès du feu.
  After eating a good meal, the two dogs settled down in front of the fire.
Avant de sortir, il a cherché son parapluie.
  Before going out, he fetched his umbrella.
Sans attendre un instant, il a téléphoné aux pompiers.
  Without waiting an instant he phoned the fire brigade.
En téléphonant à l'office de tourisme, il a eu des informations.
  By phoning the tourist office, he got some information.
(Tout) en regardant la télé elle a réparé ses chaussures.
  While watching TV, she repaired her shoes.

Communicating

Expressing hopes and wishes

Je voudrais devenir ⎱ ingénieur.   *I'd like to be an engineer.*
J'aimerais être   ⎰
J'espère travailler dans une banque.   *I hope to work in a bank.*
J'espère travailler comme hôtesse d'accueil   *I hope to work as a receptionist.*
Si par hasard/Si jamais je réussis à mes examens, j'irai à l'université/au collège (normal).
  If by chance I pass my exams, I'll go to university, to (teacher training) college.
Si je ratais mon examen de maths, on ne m'accepterait pas au collège.
  If I failed my maths exam, they wouldn't accept me for college.

Getting on with people

Je ne m'entends pas avec mes parents.   *I don't get on with my parents.*
Ils m'embêtent.   *They annoy me.*
Ils m'énervent.   *They get on my nerves.*
C'est embêtant/énervant.
Cela m'énerve/m'embête.   *It's irritating/annoying.*
On ne se prend pas trop au sérieux.   *We don't take each other too seriously.*

Expressing opinions

Je trouve que . . .
Je crois que . . .   *I think . . .*
Je pense que . . .

Exercises

1 The conditional tense
Rewrite the sentences below, changing the verbs from the present to the conditional tense:

(a) Est-ce que tu le trouves dans la salle à manger?
(b) Je suis ici demain.
(c) Nous n'allons pas en Tunisie.
(d) Ils savent ce qu'il faut faire.
(e) Elle voit Etienne demain.
(f) Vous regardez la télévision?

(g) Elle veut devenir mécanicien.
(h) Vous venez demain soir.
(i) Est-ce que vous finissez à temps?
(j) Il se lève à quelle heure?
(k) Il perd son salaire?
(l) Est-ce que tu peux venir plus tard?

2 Si j'étais à ta place . .
You're giving a friend some advice. How would you say, if you were in his/her place, you'd

(a) go to bed early.
(b) take a day off.
(c) continue your studies.

(d) become an accountant.
(e) go abroad.

3 Rewrite the sentences below with the correct tense of the verb in brackets:

(a) Nous (passer) te rendre visite si nous sommes en ville.
(b) S'il réussissait à son bac, il (aller) à l'université.
(c) Ils (être) trés contents, s'ils pouvaient sortir ce soir.
(d) S'il (faire) beau temps, j'irai au jardin public.
(e) Elle resterait deux ou trois jours si elle (avoir) l'occasion.

4 Complétez la phrase!
Finish the following sentences, making up your own ending:

(a) S'il fait beau demain, . . .
(b) Si je réussis à mon examen de français, . . .
(c) Si je vais en ville samedi, . . .
(d) Si je gagnais le gros lot,* . . .
(e) Si j'avais un mois de congés, . . .
(f) Si ma famille me le permettait, . . .

* *the big prize, lots of money*

5 Party
You're having a party. How would you say:

(a) you'd asked Pierre to choose some records.
(b) Claude told you to make pizzas (*des pizzas*).
(c) your parents told you not to invite Marc!
(d) Marc asked them to change their mind.
(e) you promised him you'd persuade your parents.
(f) but you'd be surprised if they allowed him to come!

6 Translate these sentences:

(a) J'aime écouter la radio en faisant la vaisselle.
(b) Après être arrivés au camping, nous avons dressé la tente.
(c) Il est parti sans se dépêcher.
(d) Avant de sortir, il a voulu prendre une douche.
(e) After eating, we went to see Marc.
(f) You will arrive at five o'clock by leaving now.
(g) Before leaving the house, give me a ring!
(h) One can listen to new records without having to buy them.
(i) I am tired after coming so far.

7 Act it out

ANTOINE: Qu'est-ce que tu penses faire dans la vie?
VOUS: *(Say you'd like to work in a tourist office)*
ANTOINE: Est-ce que tu passeras des examens cette année?
VOUS: *(Say you're sitting your French exam)*
ANTOINE: Tu crois que tu vas le réussir?
VOUS: *(Say you're sure you'll pass the exam)*
ANTOINE: Est-ce qu'il serait utile de savoir parler français dans un office de tourisme?
VOUS: *(Say yes, it would be very useful. You'd be able to speak to French tourists)*
ANTOINE: Que leur dirais-tu?
VOUS: *(Say you'd book hotel rooms and give them information)*
ANTOINE: Il faut étudier pour faire ce travail?
VOUS: *(Say yes, you're intending to go to college for a year before starting at the tourist office)*
ANTOINE: D'accord.

JEANNE: Tu t'entends avec vos parents?
VOUS: *(Say it's OK now but two years ago it was terrible!)*
JEANNE: Pourquoi?
VOUS: *(Say they didn't let you go out in the evening and that they even forbade you to go to the cinema!)*
JEANNE: Mais maintenant ils te laissent sortir.
VOUS: *(Say yes – you think you are more reasonable now, too)*
JEANNE: Alors tu penses continuer à habiter chez eux.
VOUS: *(Say yes – for the moment. But if you didn't get on with them any more you would find a flat*)*
JEANNE: Tu habiterais seul(e)?
VOUS: *(Say no – you'd prefer to live with friends)*
JEANNE: Ils ne t'embêteraient pas trop?
VOUS: *(Say they would probably irritate you but you hate solitude)*

*   un appartement

8 Letter-writing
Comment penses-tu gagner ta vie?
Write a letter to a French friend in which you outline your future career prospects.

Unit 28
Auriez-vous un plan de la ville?

A l'office de tourisme 👓

JEAN-LOUIS: Bonjour, mademoiselle. Je viens d'arriver à Nîmes et je voudrais savoir s'il y a un camping près d'ici.

L'HOTESSE D'ACCUEIL: Oui, bien sûr. L'office de tourisme a publié une liste dans laquelle vous trouverez répertoriés tous les campings de la région. Je vous la donnerai tout de suite.

JEAN-LOUIS: Vous auriez aussi un plan de la ville?

L'HOTESSE D'ACCUEIL: Oui, bien sûr. Le voici.

JEAN-LOUIS: Est-ce qu'on peut louer des vélos à Nîmes?

L'HOTESSE D'ACCUEIL: Alors là, je ne sais pas. Il faudra aller à Avignon, je crois.

JEAN-LOUIS: D'accord. Qu'est-ce qu'il y a d'intéressant à voir à Orange?

L'HOTESSE D'ACCUEIL: Eh bien, il y a un très bel amphithéâtre dans lequel on monte des spectacles 'Son et Lumière'. . .

JEAN-LOUIS: Et ce spectacle commence à quelle heure?

L'HOTESSE D'ACCUEIL: Juste après le coucher du soleil. Je dirais à huit heures.

JEAN-LOUIS: Vous auriez l'amabilité de téléphoner au terrain de camping à Orange pour voir s'il y a toujours des places libres?

L'HOTESSE D'ACCUEIL: Oui, oui, bien sûr. Attendez un instant.

(Bruno arrive avec un gros sac en plastique rempli de provisions . . .)

JEAN-LOUIS: Tiens, on ne va pas avoir faim!

BRUNO: Tu t'es renseigné sur les campings?

JEAN-LOUIS: Oui, l'hôtesse d'accueil a dit qu'elle me donnerait la liste des campings. Elle téléphone justement au camping à Orange – c'est celui dont Marc nous a parlé qui est très chouette sur une colline qui donne sur un amphithéâtre.

BRUNO: Et pour les vélos?

JEAN-LOUIS: Elle a dit qu'il faudrait aller à Avignon pour louer des vélos.

L'HOTESSE D'ACCUEIL: Alors, le gardien au camping à Orange a dit qu'il y avait toujours des places mais qu'il vaudrait mieux arriver le plus tôt possible. Voilà les listes des campings.

JEAN-LOUIS: On devrait partir tout de suite, alors! Merci beaucoup, mademoiselle, pour tous ces renseignements.

L'HOTESSE D'ACCUEIL: Je vous en prie. Bon séjour à Orange!

avoir l'amabilité de   *to be so kind as to*
le (terrain de) camping   *camp-site*
chouette (fam.)   *nice, attractive*
la colline   *hill*
le coucher du soleil   *sunset*
on devrait   *we ought to*
donner sur   *to look over*
louer   *to hire*
un plan de la ville   *street map*

les provisions   *groceries*
se renseigner   *to get information*
répertorié   *listed, categorised*
le spectacle   *show*
'Son et Lumière'   *dramatic re-enactments*
    of historic events with special sound
    and lighting effects
il vaudrait mieux   *it would be best*
le vélo   *bike*

A   Multiple choice

Listen to the passage and choose the correct answer (a), (b) or (c):

1   Jean-Louis arrived in Nîmes
    (a) last night.
    (b) a short while ago.
    (c) a few days ago.

2   He is looking for
    (a) a hotel.
    (b) a youth hostel.
    (c) a camp-site.

3   The *hôtesse d'accueil* thinks one
    can hire a bike in
    (a) Nîmes.
    (b) Avignon.
    (c) Orange.

4   The *Son et Lumière* show at
    Orange takes place
    (a) in an amphitheatre.
    (b) at about six o'clock.
    (c) just before sunset.

5   The *hôtesse d'accueil* phones to find out
    (a) if there is a camp-site at Orange.
    (b) what time the show starts.
    (c) if the Orange camp-site is full up.

6   She comes back with the information that
    (a) the camp-site is filling up quickly.
    (b) the show starts soon.
    (c) the camp-site is on a hill.

B Equivalents

Read and listen to the passage once more, noting down the French equivalents for these phrases:

1 **Asking for things at the tourist office**
(a) I'd like to know if there is a camp-site near here.
(b) Would you have a street map?
(c) Can one hire bikes in Nîmes?
(d) Thank you for all the information.

2 **Grammar**
(a) I'll give it to you straight away.
(b) The receptionist said she'd give me the list of camp-sites.
(c) You'll have to go to Avignon, I think.
(d) She said we'd have to go to Avignon to hire bikes.

Grammar notes

A Further uses of the conditional tense

1 **Reported speech**
The future tense in direct speech becomes the conditional tense in reported speech:
    'Il faudra aller à Avignon.'
    Elle a dit qu'il faudrait aller à Avignon.
    'Je vous la donnerai tout de suite.'
    Elle a dit qu'elle me la donnerait tout de suite.

2 **Making tentative requests**
Auriez-vous un plan de la ville?   *Would you have a town plan?*
Auriez-vous l'amabilité de . . .?   *Would you be so kind as to . . .?*
Pourriez-vous me donner . . .?   *Could you (possibly) give me . . .?*

3 **Devoir/valoir mieux**
Nous devrions manger maintenant.   *We ought to eat now.*
On devrait partir tout de suite.   *We ought to leave immediately.*
Il vaudrait mieux arriver le plus tôt possible.
    It would be best to arrive as soon as possible.
Il vaudrait mieux aller à Avignon.   *It would be best to go to Avignon.*

4 **Giving tentative opinions**
Je dirais . . .   *I would say . . .*
Je croirais . . .   *I would think . . .*
Je dirais qu'il vaudrait mieux arriver avant 8 heures.
    I would say it would be best to arrive before 8 o'clock.

B Translating 'would'

Most often 'would' in English may be translated into French by using the conditional tense. But watch out for 'would' meaning 'used to'. Here the imperfect must be used. Note the difference between:

S'il faisait beau, j'irais à la plage.
If it was fine weather, I would go to the beach (but it isn't, so I won't go).
Quand/s'il faisait beau, j'allais à la plage.
When/if it was fine weather, I would (used to) go to the beach (Talking about something you got into the habit of doing).

C Relative pronouns

Qui/que and *dont* (who, whom, which, of whom, of which), are used as the relative pronoun when referring to people and things (see grammar note C, pp. 98–99).

With prepositions (near, beside, etc.) *lequel* must be used when referring to things, and is increasingly used in modern spoken French for people as well:

derrière	derrière lequel	*behind whom/which*
à	auquel	*to whom/which*
de	dont/duquel	*of whom/which*

Lequel agrees in number and gender with the noun it refers to (see grammar note B, p. 57 for feminine and plural forms). When *lequel* is combined with *à* or *de*, the form is as follows:

m.	f.	m. pl.	f. pl.
auquel	à laquelle	auxquels	auxquelles
duquel	de laquelle	desquels	desquelles

Les jeunes filles à côté desquelles tu étais assis . . .
The girls you were sitting beside (lit. beside whom you were sitting). . .
L'homme à qui (auquel) vous avez parlé hier . . .
The man you talked to yesterday. . .
Le garage dont tu as entendu parlé. . .   *The garage you've heard about. . .*
La maison à laquelle on est allé hier. . .   *The house we went to yesterday. . .*

Communicating

At the tourist office

Asking for information
Je voudrais savoir. . .   *I'd like to know. . .*
. . . à quelle heure commence le spectacle   . . . *what time the show starts*
. . . où est le terrain de camping   . . . *where the camp-site is*
. . . s'il y a une auberge de jeunesse à Orange   . . . *if there is a youth hostel in Orange*

Asking for maps and things
Excusez-moi, monsieur, auriez-vous une fiche horaire des trains/une liste des campings?
  Excuse me, would you have a train timetable, a list of camp-sites?
Vous auriez l'amabilité de me donner un plan de la ville/de réserver une chambre pour ce soir?   *Would you be so kind as to give me a town plan/to book a room for tonight?*

Asking about what is available
Qu'est-ce qu'il y a $\left\{\begin{array}{l}\text{pour les jeunes}\\\text{d' intéressant}\\\text{d'important à voir}\end{array}\right.$ à Nîmes?

What is there   of interest   in Nîmes?
which it is important to see

Est-ce qu'il y a une piscine/un stade/un cinéma?   *Is there a swimming-pool/sports stadium/cinema?*

Asking whether you can do things
(Où) est-ce qu'on peut louer des vélos/des pédalos/des planches à voile?
  (Where) can one hire bikes/paddle-boats/windsurfing boards?

Asking about times
Quand est-ce qu'on peut visiter le musée/faire des excursions de bateau?
  When can one visit the museum/go on boat trips?
Quelles sont les heures d'ouverture des grands magasins?
  When are the department stores open? (What are their opening times?)

Exercises

1   **Passing the message on**
    You are delegated to ask for information at the tourist office. Here are the officer's actual words. Tell your friends what she said.
    e.g. 'Vous partirez d'ici à 9h.'
      Elle a dit qu'on partirait d'ici à 9h.

(a) 'L'excursion coûtera 85F.'
(b) 'Le prix comprendra le déjeuner.'
(c) 'On visitera le château de Chenonceau.'
(d) 'On ira aussi dans une cave.'
(e) 'Nous dégusterons les vins de la région.'
(f) 'Le car rentrera à 6h. du soir.'

2 A l'office de tourisme
How would you ask the receptionist if:

(a) she would have a town plan, a train timetable, a list of camp-sites, information about the sports stadium.
(b) she would be so kind as to phone the hotel, book a room, find out the price, ask if breakfast is included.
(c) she could possibly give you a road map, tell you when the shops are open, ask the mechanic to come straight away.

3 We ought to do it
Fill in the blanks with the correct part of the conditional tense of the verb *devoir* and translate each sentence:

(a) Je _____ me lever tôt.
(b) Nous ne _____ pas partir aujourd'hui.
(c) Tu _____ faire de la voile.
(d) Ne _____ -elle pas acheter des chaussures?
(e) Ils _____ venir avec nous.
(f) _____ -vous manger autant de chocolat?
(g) Elles ne _____ pas travailler le weekend.

4 Jumbled dialogue
Rewrite the dialogue at the tourist office, putting the sentences below in the correct order:

A: Et on devrait arriver à quelle heure? (1)
B: Je dirais une heure, une heure et demie. (2)
A: Avez-vous des billets pour le concert ce soir? (3)
A: D'accord. Et le concert dure combien de temps? (4)
B: Non, monsieur. Vous les achetez à l'entrée. (5)
B: Pour avoir de bonnes places, il vaudrait mieux y aller à 7h30. (6)

5
Translate, using the imperfect or conditional tense to translate 'would' as appropriate:
When we lived in Birmingham we used to go to the cinema every Saturday. We would buy sweets and crisps and talk during the film. My brother would tell us that we oughtn't to talk, but the films weren't fantastic in any case. If my parents still lived there, I would go back. I would visit all the friends I knew so long ago.

6 Fill in the blanks with the correct form of *lequel, auquel, duquel,* or with *dont*, as appropriate:

(a) Le garçon_____ tu as donné un coup de main.
(b) La banque devant _____ vous avez garé la voiture.
(c) L'amie _____ je vous parlais hier.
(d) Le banc sur _____ vous étiez assise.
(e) L'église derrière _____ se trouve la maison de Jean-Luc.
(f) Le lac à côté _____ on a pique-niqué.
(g) Les grands magasins _____ on est allé(e) hier.

7 A l'office de tourisme
How would you say you'd like to know

(a) where the cinema is.
(b) if there is a sports stadium around here.
(c) what time the play starts.
(d) where one can hire a car.
(e) when one can visit the cathedral.

8 Act it out
Act out these situations at the tourist office.

VOUS: (*Greet the receptionist*)
L'HOTESSE D'ACCUEIL: Bonjour, monsieur/mademoiselle.
VOUS: (*Say you'd like to know where you can park the car*)
L'HOTESSE D'ACCUEIL: Oui, il y a un grand parking derrière l'église.
VOUS: (*And ask if she can tell you where you buy camping gas*)
L'HOTESSE D'ACCUEIL: Il y a un dépôt de gaz place Mermoz.
VOUS: (*Ask for directions to place Mermoz*)
L'HOTESSE D'ACCUEIL: C'est près de l'église – une grande place avec des arbres.
VOUS: (*Say OK and ask if she would be so kind as to give you a town plan*)
L'HOTESSE D'ACCUEIL: Mais bien sûr.
VOUS: (*And ask if there is a camp-site near here*)
L'HOTESSE D'ACCUEIL: Oui, il y a le camping municipal au stade à la sortie de la ville.
VOUS: (*Thank her very much*)

9 Letter- writing
You decide to take your bike on the train all the way to Avignon in southern France. Write a letter to the *office de tourisme* there in which you inquire about the type of accommodation you might require (hotel, youth hostel, camp-site) and the sorts of tourist activity you might be interested in (museums, sports, cinemas, excursions).

Unit 29
Si on laissait les bagages à la consigne?

A la gare. ⚏

Françoise et Gilles viennent d'arriver à Paris. Ils pensent y passer la journée avant d'aller dormir chez des amis à Versailles. Ils entrent dans le bureau de renseignements à la gare.

GILLES: Bonjour, monsieur. Les trains pour Versailles partent tous les combien, s'il vous plaît?
L'EMPLOYE: Il y en a un qui part toutes les heures. Il faut consulter les horaires.
GILLES: Et ils partent de quel quai?
L'EMPLOYE: Quai numéro onze, monsieur.
GILLES: Est-ce qu'il y a une consigne où on peut laisser les bagages?
L'EMPLOYE: Bien sûr. Vous sortez d'ici et vous allez à droite.
GILLES: Merci beaucoup, monsieur. (À Françoise) Alors, si on laissait les bagages à la consigne? On serait plus libre.
FRANÇOISE: Bonne idée. Attends – je vais acheter la dernière édition de Pariscope* au kiosque là-bas.
GILLES: Donne-moi ton sac à dos – je mettrai tous à la consigne pendant que toi tu vas au kiosque.

Le soir, aux guichets

FRANÇOISE: Je suis crevée, mais je me suis bien amusée aujourd'hui.
GILLES: Moi aussi. Beaubourg,** c'est quelque chose d'extraordinaire, n'est-ce pas?
FRANÇOISE: Oui, oui.(à l'employé) Alors deux billets pour Versailles, s'il vous plaît, monsieur.
L'EMPLOYE: Aller simple ou aller-retour?
FRANÇOISE: Aller simple, en deuxième classe, hein.
L'EMPLOYE: Voilà, mademoiselle. 43F50, s'il vous plaît.
FRANÇOISE: Merci, monsieur. Il faut changer?
L'EMPLOYE: Non, non. C'est un train direct. Le prochain part du quai numéro onze dans vingt minutes.
FRANÇOISE: Et où est la salle d'attente, s'il vous plaît?
L'EMPLOYE: Juste là, vous voyez, derrière le kiosque.
FRANÇOISE: Merci, monsieur.

l'aller (simple) *single*
l'aller-retour *return*
les bagages *luggage*
le billet *ticket*

le bureau de renseignements *information office*
tous les combien? *how often?*
la consigne *left-luggage office*

* Magazine giving details of what's on in Paris
** Beaubourg – modern arts centre at Les Halles in Paris.

crevé (fam.)   *exhausted*
la gare   *station*
les guichets   *ticket office*
toutes les heures   *every hour*
l'horaire   *timetable*
le kiosque   *kiosk*

libre   *free*
le prochain   *the next (one)*
le quai   *platform*
le sac à dos   *rucksack*
la salle d'attente   *waiting-room*

A   Questions in English

Listen to the passage and answer the following questions:
1 How often do trains leave for Versailles?
2 What platform do they go from?
3 How do you get to the left-luggage office?
4 What does Gilles suggest to Françoise?
5 What does she want to do?
6 What did the couple do today?
7 Do they buy single or return tickets?
8 How much do they cost?
9 When does the next train for Versailles leave?
10 Where is the waiting-room?

B   Equivalents

Read and/or listen to the passage once more, noting down the French equivalents to these questions:
1 How often do trains leave for Versailles?
2 What platform do they go from?
3 Is there a left-luggage office?
4 Single or return?
5 Do I have to change?
6 Where is the waiting-room?

C   Vocabulary

Write down the word(s) for:
1 information office
2 station
3 platform
4 left-luggage office
5 newspaper stand
6 ticket office
7 ticket
8 single
9 return
10 second-class
11 waiting-room

Grammar notes

A round-up of verb tenses covered so far in the course. Take this opportunity to make sure you know your verbs!

A The present tense

1 **Regular verbs**
For -er verbs, take off the -er and add the endings:
-e, -es, -e; -ons, -ez, -ent
For -ir verbs, take off the -ir and add the endings:
-is, -is, -it; - issons, -issez, -issent
For -re verbs, take off the -re and add the endings:
-s, -s, - ; -ons, -ez, -ent

2 **Irregular verbs**
Check that you know all the forms of these eleven essential verbs:

avoir (p. 9)	devoir (p. 45)	faire (p. 28)
être (p. 21)	venir (p. 57)	
pouvoir (p. 21)	aller (p. 39)	
vouloir (p. 21)	croire (p. 105)	
voir (p. 39)	dire (p. 105)	

B The perfect tense

1 *Avoir* **+ past participle**
-er verbs   j'ai regardé
-ir verbs   il a fini
-re verbs   nous avons perdu
For irregular past participles, see p. 130.

2 **Verbs conjugated with *être***

(a) 'Advent' verbs (see p. 122)
(b) Reflexive verbs (see p. 122)

C The imperfect tense

Take the stem of the *nous* form of the present tense (*nous trouv-, nous finiss-, nous perd-*) and add the endings:
-ais, -ais, -ait; -ions, -iez, -aient.

D The future tense

Use the infinitive as the stem (removing the 'e' at the end of -re verbs) and add the endings:
-ai, -as, -a; -ons, -ez, -ont.
For irregular future stems, see p. 153 (note 3d), p. 160.

E The conditional tense

Take the stem used for the future tense and add the imperfect endings.

F Round-up of translation traps

1   I have been . . .-ing: present tense + *depuis* (see p. 51)
       I had been . . .-ing: imperfect tense + *depuis* (see p. 143)
2   I have just done something: *venir de* (see p. 57)
3   Translating 'would' (used to): see p. 137 (note 2b), p. 173.
4   To have done, to almost have done something, to have to do
       something: see p. 131, ought to do something: see p. 172
5   Translation of expressions with -ing: see p. 167.

Communicating

At the station

Au bureau de renseignements.
Les trains pour Chartres partent tous les combien, s'il vous plaît?
   How often do trains for Chartres leave?
A quelle heure part le prochain train pour. . .?
   What time does the next train for . . . leave?
Il faut consulter l'horaire.   *You'll have to look on the timetable.*
De quel quai part-il?   *What platform does it go from?*
Faut-il changer?   *Do I have to change?*
Non, c'est un train direct.   *No, it's a through train.*
Quand est-ce qu'il arrive à. . .?   *When does it arrive in . . .?*
Où est la station de taxis/le souterrain/la salle d'attente?   *Where is the taxi
   rank/subway/waiting-room?*

Aux guichets
Un aller simple pour. . . s'il vous plaît.   *A single to . . . please.*
Un aller-retour pour . . .   *A return to . . .*
Première ou deuxième classe?   *First or second class?*

Exercises

1 Twenty questions
Try this test to check whether you know your verb forms. Replace the
verb in brackets with the correct form of the present tense of the verb
as appropriate, and if you make a mistake (answers on p. 243), check
back to the pages mentioned in the grammar notes for this unit:

(a) Ils (vouloir) aller au zoo.
(b) Est-ce qu'on (pouvoir) nager dans le lac?
(c) Désolé, nous n' (avoir) pas de céleris.
(d) Les parapluies, je les (perdre) toujours.
(e) Elles (finir) par nous accompagner.
(f) Ils (devoir) sortir d'ici à huit heures.
(g) (Aller) -tu diner chez Berthes?
(h) Je ne (vouloir) pas le déranger.
(i) Ils (dire) qu'ils (aller) venir demain.
(j) (Ecouter)! Je te (voir) plus tard au café.
(k) Est-ce qu'elles (venir) souvent vous rendre visite?
(l) Il (avoir) mal à la gorge.
(m) Si nous (réussir) à l'examen, nous irons au collège.
(n) Cela vous (dire) d'aller au cinéma?
(o) Ils ne (être) pas ici.
(p) Vous (croire) qu'elles (avoir) raison?
(q) Nous ne (voir) Georges que le samedi.
(r) Je (venir) de rentrer.
(s) Ils n' (habiter) pas depuis longtemps à Paris.
(t) Nous (vendre) tout ce que nous (avoir).

2 Il était une fois. . .
Rewrite the following short story, replacing the verb in brackets with
the imperfect or the perfect tense as appropriate:

Il (être) une fois un petit lapin qui (habiter) auprès d'une grande
forêt. Tous les jours il (se lever) à l'aube pour manger de l'herbe
fraîche dans la prairie. Lui et ses amis (passer) toute la journée à
jouer.
   Ce jour-là ils (se lever) tôt comme d'habitude et ils (prendre) un
petit déjeuner assez solide. Après il (s'amuser) si bien qu'ils ne (voir)
pas le gros méchant loup qui (s'approcher) d'eux.
   'Bonjour' (dire) -il tout d'un coup.
   'Je n' (avoir) rien à manger ce matin et j'ai faim!'
   Et il les (manger) tous!

3 Put it off till tomorrow
Rewrite the following sentences with each verb in the future tense:
(a) Nous sommes à Paris demain.
(b) Je ne peux pas vous aider.
(c) Elles vont voir si c'est convenable.
(d) Font-ils la vaisselle?
(e) Jean-Luc ne sait pas le faire.
(f) Est-ce que tu regardes les westerns à la télé?
(g) Claude et moi, nous devons décorer la maison.
(h) Est-ce que tu choisis la veste bleue ou la veste beige?
(i) Je n'ai rien à faire.
(j) Ils vendent la voiture?

4 Dialogue
Fill in the blanks in the dialogue below:
VOUS: Je _____ savoir à quelle heure part le prochain train pour Dieppe, s'il vous plaît, monsieur.
L'EMPLOYE: Je ne sais pas monsieur/mademoiselle.
VOUS: Mais on m'a dit qu'il _____ demander à un employé de la gare.
L'EMPLOYE: Il _____ mieux aller au bureau de renseignements.
VOUS: Vous n' _____ pas d'horaire?
L'EMPLOYE: Non. Je m'excuse. Je n'en ai pas. Si vous _____ au bureau, ils vous en _____ un.
VOUS: Merci, monsieur.

5 Translate these sentences:
(a) I've been looking for you for two hours.
(b) She's had a garage built.
(c) He can't get the shower to work.
(d) We've just come back from Nice.
(e) On leaving the house, Marthes told the little boy to put his gloves on.
(f) We ought to go there tomorrow.
(g) They had been living there for three years.
(h) After leaving school she hopes to get a job in an office.

6 Right reply
Find the appropriate reply to the customer's requests from the (jumbled) list below:

La cliente:
(a) C'est un train direct?
(b) Quand part le prochain train pour Calais, s'il vous plaît, monsieur?
(c) Un billet pour Rouen, s'il vous plaît.
(d) Peut-on laisser les bagages à la gare?

L'employé:
1 A 6h.24, mademoiselle.	3 Non, il faut changer à Tours.
2 Oui, à la consigne, mademoiselle.	4 Ailer simple ou aller-retour?

7   Vocabulaire

Read the clues and fill in the missing letters:
(a) On achète les magazines __ k __ s ___ .
(b) Pour savoir l'heure du départ du train, il faut consulter l' _ o ___ r _ .
(c) Si vous arrivez trop tôt, vous allez à la s ____ d' _ t ___ t _ .
(d) Vous achetez des billets __ x ___ c _____ .
(e) Pour avoir des informations vous allez __ b __ e __ de
    r _____ g _____ .

8   Act it out

Act out these situations at the station:

(a) Au bureau de renseignements

VOUS: (*Greet the person at the desk and ask when the next train leaves for Orléans*)

L'EMPLOYE: A 10h.30, monsieur/mademoiselle.

VOUS: (*Ask what time it gets in*)

L'EMPLOYE: A 14h.18.

VOUS: (*Ask if there is a restaurant car*)

L'EMPLOYE: Oui, il y a un wagon-restaurant sur le train.

VOUS: (*Ask where the waiting-room is*)

L'EMPLOYE: En sortant d'ici, vous tournez à droite. Elle est sur votre gauche.

VOUS: (*Ask what platform the train goes from*)

L'EMPLOYE: Du quai numéro deux.

(b) Aux guichets

VOUS: (*Ask for a return ticket to Orléans, please*)

L'EMPLOYE: En première?

VOUS: (*Say no, second class, please*)

L'EMPLOYE: Voilà. 110F, s'il vous plait.

VOUS: (*Say there you are and ask if you have to change*)

L'EMPLOYE: Non, non. C'est un train direct.

VOUS: (*Thank him*)

9   Letter-writing

Your French penfriend is arriving in London and is going to get a train or underground connection to the station nearest your house. Write describing in as much detail as you can what connection he/she should get and what facilities are offered in the station if he/she has to wait. (You may have to phone British Rail to find out!)

Unit 30
Retrouvez votre souffle

A Est-ce que vous avez bien compris?

Listen to the extracts on tape and answer the questions: ⌒⌒

A l'office de tourisme
1 What does this person wish to do?
2 Is it possible?

Au terrain de camping
3 How many people are in the party?
4 How are they travelling?
5 What are they sleeping in?
6 Where should they pitch camp?
7 How long are they staying?

A la gare
8 What sort of ticket is the man buying?
9 How much is it?
10 What time does the train leave?
11 From which platform?

Les grandes vacances
12 What is this person thinking of doing in the summer holidays?
13 Where do her friends live?
14 How is she going to get there?
15 How long is she thinking of staying?

B Dialogues

Rewrite these dialogues, filling in your part:

1 Projects
FRANÇOISE: Qu'est-ce que tu penses faire dans la vie plus tard?
VOUS: (*Say you're intending to become a pilot*)
FRANÇOISE: Tu as des examens à passer?
VOUS: (*Say yes, you're hoping to pass your exams this year*)
FRANÇOISE: Et après il y aura un entraînement assez long.
VOUS: (*Say yes, you'll spend three years learning how to fly**)
FRANÇOISE: Tu as envie d'aller à l'étranger?
VOUS: (*Say yes, you'd like to see other countries and know people of different nationalities*)
FRANÇOISE: Penses-tu te marier?
VOUS: (*Say you hope to marry but then you will choose the shorter routes***)
FRANÇOISE: Pour être à la maison?
VOUS: (*Say yes – to spend more time with your husband/wife and children*)

*   voler   **   un itinéraire

184

2   A l'office de tourisme de Chartres

VOUS: (*Greet the receptionist and say you'd like to know if there is a youth hostel in Chartres*)

L'HOTESSE D'ACCUEIL: Oui, il y en a une, rue Nicolas.

VOUS: (*Ask if you could have a street map*)

L'HOTESSE D'ACCUEIL: Oui, bien sûr, voilà.

VOUS: (*Ask if she'd be so kind as to show you where the youth hostel is on the map*)

L'HOTESSE D'ACCUEIL: Eh bien, nous sommes ici. Vous prenez cette avenue-ci et rue Nicolas est sur votre gauche.

VOUS: (*Say you haven't got a sleeping bag*** and ask if you can hire one at the youth hostel*)

L'HOTESSE D'ACCUEIL: En général oui, mais il faudra demander là-bas.

VOUS: (*Say OK. Ask her what there is of interest for tourists in Chartres*)

L'HOTESSE D'ACCUEIL: Il y a la cathédrale évidemment, la vieille ville. . .

VOUS: (*Ask if there is a swimming-pool*)

L'HOTESSE D'ACCUEIL: Oui, oui, il y en a, oui.

VOUS: (*Ask when it's open*)

L'HOTESSE D'ACCUEIL: Tous les jours de neuf heures à six heures.

VOUS: (*Thank her very much for all the information*)

C   Vocabulaire

Fill in the clues across to find a cheap means of travel in the vertical box!

1   Pour prendre un train il faut aller à la _____
2   Si vous n'avez pas le temps de prendre un bain, vous pouvez toutefois prendre une _____
3   Les WC et les lavabos se trouvent dans le bloc _____
4   'L'heure de l'arrivée du train? Consultez l' _____, monsieur.'
5   On peut laisser les bagages à la _____
6   Un _____ , c'est un film ou une pièce de théâtre.
7   Si on fait des _____ , c'est parce qu'on n'a pas beaucoup d'argent.
8   Pour dresser la tente, il faut aller dans un terrain de _____

*** un sac de couchage

D Lectures

1 What is a *point d'accueil jeunes?* Give as much information as you can.

UN POINT D'ACCUEIL JEUNES
C'EST :
O une aire de campement
O quelqu'un du pays
O des sanitaires
O un abri en cas d'intempéries

POUR QUI ?
O les jeunes randonneurs de 13 à 18 ans
  seuls ou en groupe

DÉSIGNATION ET ADRESSE DU CAMPING	Caté-gorie	Téléphone	RESPONSABLE (Propriétaire ou Gérant) Adresse permanente et N° de Téléphone
MAR ESTANG A . . . . Route de Saint-Cyprien - CD 81	**	(68) 80.35.53	M. J. RASPAUD **Réservations**

Capacité	Période d'ouverture	Douches Ch.	Douches Fr.	Bacs	Mach. à lav. Linge	Mach. à lav. Vais-selle	Cara-vanes	OBSERVATIONS
1800 c	1/04 au 1/10	×	×	×	×		×	Ravit. sur place. Rest. Plats cuisinés. Cent. Comm. Locat. tentes. Caravanes. Salle repassage. Tv. Jeux. Sports. Animation permanente. Ombragé en partie. Pi chauffée. Tennis. Squash. Loc. bung. 100 m mer. Planches à voile gratuites.

2 Now look at the extract about camping and caravan sites.

First look at the columns *catégorie, téléphone, capacité,* etc.
a Is this a large camp-site?
b When is it open?
c Does it have hot showers?
d Are there sinks?
e Do they provide
  (i) washing machines?
  (ii) dish-washers?
f Do they accept caravans?

Now look at the column headed *observations*:*
g What sort of food can you get on the camp-site?
h What can you hire out?
i What other facilities are provided?
j How far are you from the sea?
k List any other attractions which are mentioned.

* ravit. (ravitaillement) *groceries*
   repassage *ironing*
   loc./locat. = location *rental*

3   List all the things you might find to do in Montrichard by reading the information below.

MONTRICHARD

promenades
et distractions

Les rives du Cher. Forêt de Montrichard 2 kms, Forêt d'Amboise 6 kms.

Sur les coteaux : panorama sur la Vallée du Cher.

Dans le tuf du Coteau qui domine la ville, nombreuses habitations troglodytiques.

PARC MUNICIPAL (Dancing, Bar-Restaurant, Parc de jeux et de sports, Pédalos, Bateaux de promenade, Plage de sable fin, Golf miniature 18 trous). En saison : Manifestations artistiques et fêtes de plein-air.

CINEMA - « Le Nouveau Régent ».

BASE DE LOISIRS : Piscines « Plein Soleil » couverte et découvrable et bassin de plein-air avec pateaugeoir pour les enfants - 3 courts de tennis - boulodrome - terrain de volley-ball et basket-ball - stade de football - espaces de jeux pour enfants - étang de pêche et pêche dans le Cher.

Unit 31
Qu'est-ce que vous me conseillez donc?

Comment éviter les accidents d'autoroute? Ecoutez cette interview avec M. Leclerc, membre d'une équipe de surveillance de l'autoroute. 👂

LA SPEAKERINE: Nous sommes le 31 juillet, jour où tous les parisiens partent en vacances. Nous aurons en conséquence des autoroutes bondées, c'est ça M. Leclerc?

M. LECLERC: Oui, les grandes artères sont déjà complètement bloquées.

LA SPEAKERINE: On verra donc pas mal d'accidents aussi?

M. LECLERC: Malheureusement, oui. A cette époque ni la pluie ni le brouillard n'entrent en jeu. Non, c'est plutôt à cause des erreurs humaines.

LA SPEAKERINE: Moi aussi je pense partir ce soir. Qu'est-ce que vous me conseillez donc?

M. LECLERC: Il faut vous prévenir que vingt pour cent des accidents se produisent parce que le conducteur s'endort au volant.

LA SPEAKERINE: Il faut donc éviter de prendre la route sans avoir dormi?

M. LECLERC: Oui, je vous déconseille vivement de rentrer du travail, de faire la valise et de partir sans vous reposer. Un éclatement de pneu est aussi une cause très commune d'accident, alors il vaudrait mieux vérifier les pneus avant de partir.

LA SPEAKERINE: Personne n'apprécie non plus la vitesse à laquelle on roule.

M. LECLERC: Oui, il y a ça aussi. Rien n'est plus dangereux que de rouler à une vitesse excessive. Mais ce que je vois le plus souvent, c'est un mauvais usage de la bande d'arrêt d'urgence. Comme les gens se stationnent mal, sortant de leur voiture sans faire attention, il y a beaucoup d'accidents.

LA SPEAKERINE: Qu'est-ce qu'il faut faire?

M. LECLERC: Alors, ce que vous avez de mieux à faire, c'est de continuer jusqu'à la prochaine station-service. Car il y a tant de stations-service actuellement sur les autoroutes françaises que, même si l'on vient d'en passer une, la suivante n'est au plus qu'à six minutes de route.

LA SPEAKERINE: Merci, monsieur, pour tous ces conseils.

---

actuellement *nowadays*
la (grande) artère *main road*
l'autoroute *motorway*

la bande d'arrêt d'urgence *hard shoulder*
bloqué *blocked, jammed*

Unit 31

bondé *full, packed*	ne . . . que *only*
le brouillard *fog*	ni . . . ni *neither . . . nor*
à cause de *because of*	personne *no one*
le conducteur *driver*	au plus *at the most*
conseiller *to advise*	la pluie *rain*
déconseiller *to advise against*	le pneu *tyre*
l'éclatement *burst*	prévenir *to warn*
s'endormir *to fall asleep*	se produire *to be produced, caused*
entrer en jeu *to come into play*	rien *nothing*
l'époque *time (of year)*	rouler *to travel*
l'équipe de surveillance *patrol team*	se stationner *to park*
(le) jour où . . . *(the) day when . . .*	le/la suivant(e) *the next one*
pas mal de (fam.) *quite a few*	vérifier *to check*
n'avoir rien de mieux que de . . *the best thing to do*	la vitesse *speed*
	le volant *steering-wheel*

A Questions in English

Listen to and read the passage, checking the vocabulary list carefully for words and expressions you do not understand. Then answer the following questions in English:
1 Why will the motorways be full up this evening?
2 What will not be a major cause of accidents?
3 What causes 20% of accidents?
4 What other causes are mentioned?
5 What does M. Leclerc see most often?
6 What does he advise?
7 How close together are stopping-places on French motorways?

B Equivalents

Write down the French equivalents for these phrases expressing cause and effect:
1 We'll be having packed motorways as a result, will we?
2 We'll see quite a few accidents.
3 So what do you advise me?
4 20% of accidents are caused because the driver falls asleep at the wheel.
5 As people park badly . . .
6 . . . because there are so many service stations that . . .

C Asking and giving advice

Find these expressions used in requesting and giving advice:
1 I must warn you that . . .
2 So I should avoid driving off without getting a night's sleep?
3 I advise strongly against . . .
4 It would be better to check the tyres.
5 The best thing for you to do . . .

D Negatives

Write down the examples in the passage of the following negative expressions and translate each sentence:
1 Ni . . . ni . . . ne . . .
2 Personne ne . . .
3 Rien ne . . .
4 . . . ne . . . que . . .

Grammar notes

A Linking words

Phrases are linked together using such words as:

et	*and*	comme	*as, since, because*
mais	*but*	quand	*when*
car	*for, because*	si	*if*
parce que	*because*		

Vingt pour cent des accidents se produisent **parce que** le conducteur s'endort au volant.

Comme les gens se stationnent très mal, il y a beaucoup d'accidents.

Note that *alors* and *donc* (so, therefore) may be used to link two sentences or may be part of a separate sentence:

Il y a beaucoup d'accidents, donc il faut faire attention.
   There are a lot of accidents so you have to be careful.
Que me conseillez-vous donc?   *So what do you advise me?*

B Negatives

1 You have met some negative expressions in grammar note B (p. 51). Here is a fuller list:

ne . . . pas	*not*
ne . . . que	*only*
ne . . . aucun	*no, not any*
ne . . .nulle part	*nowhere*
ne . . . plus	*no longer/more*
ne . . . personne	*no one*
ne . . . jamais	*never*
ne . . . rien	*nothing*
ne . . . ni . . . ni	*neither . . . nor*

Je n'ai aucune idée.   *I have no idea.*
Il n'a vu personne.   *He saw no one.*
Nous n'y sommes jamais allés.   *We have never been there.*
Elle ne mange que des gâteaux.   *She only eats cakes.*
Ils n'ont ni père ni mère.   *They have neither a father nor a mother.*

2   The second part of the negative may form the first element of the
sentence in the following cases (but must always be followed by *ne*):

Personne n'est venu me voir.   *No one came to see me.*
Aucun des étudiants n'a vu le film.   *None of the students has seen the film.*
Ni le père ni la mère n'était là.
  Neither the father nor the mother was there.
Jamais je n'irai à l'étranger!   *I'll never (Never shall I) go abroad!*
Rien n'est sûr.   *Nothing is certain.*

3   **Double negatives**
Note the use of two negative expressions at once:

Moi, je ne comprends jamais rien.   *I never understand anything.*
Il n'a pas de cousins non plus.   *He hasn't any cousins either.*

C   Tout

Like other adjectives, *tout* agrees with the noun it accompanies:

	s.	pl.
m.	tout	tous
f.	toute	toutes

Tous les jeunes gens quittaient Paris.   *All the young people were leaving Paris.*
Ils vont à la plage tous les jours.   *They go to the beach every day.*
Elles ont dévoré tout le gâteau.   *They devoured the entire cake.*

D   Le jour où ...

French uses 'where' rather than 'when':

Le jour où je suis né . . .   *On the day when I was born . . .*

Communicating

Expressing cause and effect

donc/alors   *therefore/so*
en conséquence   *as a consequence*
un accident s'est produit   *an accident occurred, was caused*
à cause de + noun   *because of*
parce que . . . ⎫
car . . .   ⎬ + *clause/sentence* . . .   *because . . .*
comme . . .   ⎭   *as, since . . .*

Seeking and giving advice

Qu'est-ce que vous me conseillez? *What do you advise me (to do)?*
Est-ce que je dois/devrais . . .? *Must/Should I . . .?*
Qu'est-ce que je devrais faire? *What should I do?*
Je vous conseille de . . . *I advise you to . . .*
Je vous recommande de . . . *I recommend that you . . .*
Il vaudrait mieux . . . *It would be best . . .*
Vous devriez . . . *You ought to . . .*
Ce que vous avez de mieux à faire . . . *The best thing for you to do is to . . .*
Je vous déconseille (vivement) de . . . *I advise (strongly) against . . .*
Il faut vous prévenir que . . . *I must warn you that . . .*

Exercises

1 Join them up
Link sentences from (a) to sentences from (b) using the linking words in the box. Make sure all your sentences make sense!

(a)
1 Je voulais aller au cinéma . . .
2 Vous pouvez venir avec nous . . .
3 On est allé le rendre visite . . .
4 Tu devrais faire du ski . . .
5 Je vais prendre le melon . . .

| quand |
| si |
| mais |
| parce que |
| comme |

(b) (a) . . . on ne l'a pas vu récemment.
(b) . . . je n'aime pas beaucoup les oeufs mayonnaise.
(c) . . .vous voulez.
(d) . . . j'ai dû travailler tard.
(e) . . . tu seras en Italie.

2 Make up the questions
Here are the replies you were given to certain questions – but what were your questions? Write them down.

(a) Il ne me reste que deux oignons.
(b) Il n'y a rien d'intéressant pour le touriste à Bogness.
(c) Personne n'a voulu m'aider.
(d) Non, il n'est jamais allé en Angleterre.
(e) Désolé, je n'ai plus de poires.

3 Fill in the blanks
Rewrite these sentences filling in the blanks with the correct form of *tout*:

(a) _____ les garçons sont allés jouer au football.
(b) Tu as vu la tarte? Mais ne la mange pas _____ !
(c) Avec _____ les voitures dans Paris, il est impossible de se garer.
(d) Nous sommes allés à la plage _____ les matins.
(e) Elle passe _____ son temps à travailler.

4 Reminiscences

You're talking about the past. Start off *Le jour où* . . ., and make up your own ending. Talk about the day when . . . you were born, you started school, you went to the cinema for the first time, you visited friends.

5 Cause and effect

Remember that to talk about causes you can use these expressions:

A cause de + noun
. . . *parce que* + subordinate clause
Comme + subordinate clause . . .
Donc/alors, . . .
. . . *donc/alors* . . .

Rewrite the following sentences, filling the blanks with the correct expression of cause or effect:

(a) Marc ne nous accompagne pas _____ il a déjà vu le film.
(b) On n'a pas pu sortir _____ la pluie.
(c) Tout le monde part en vacances _____ les trains seront bondés.
(d) _____ l'office de tourisme n'est pas loin, je m'y renseigne.
(e) Je n'aime pas manger du poisson _____ des arêtes.*

     *   *(fish) bones*

6 Advising

Your French friend is asking for advice about travel and tourism in England.

(a) How would you advise him to (*Je te conseille de* . . .)
– go by train.
– take a taxi.
– travel by underground.
– go by bike.

(b) And how would you say it would be best to (*Il vaudrait mieux* . . .)
– arrive in the evening.
– leave at midday.
– eat when you arrive.
– leave your luggage at the station.

(c) Finally, how would you advise him strongly against (*Je te déconseille vivement de* . . .)
– eating at the station – it's very expensive.
– taking the bus – it's too complicated.
– camping – it's too cold.

7 Act it out

(a) Act out this discussion with a friend about the causes and effects of violence on TV:

GISELLE: Les enfants deviennent de plus en plus violents à cause des films à la télé.

VOUS: (*Say children like films with lots of action but not because they are violent in your opinion*)

GISELLE: Mais quelle impression ont-ils de la vie?

VOUS: (*Say yes, she is right. As they are completely innocent, they will believe that life is violent like life in the films*)

GISELLE: Et les héros de ces films, ce sont souvent des hommes sans scrupule.

VOUS: (*Say yes, and as a result the children act unscrupulously too*)

GISELLE: On devrait les bannir.

VOUS: (*You agree. It would be best to ban them*)

(b) You go into the tourist office in Orleáns to ask for advice . . .

VOUS: (*Greet the receptionist. Say you would like to visit the Loire châteaux and ask what you should do*)

L'HÔTESSE D'ACCUEIL: Etes-vous en voiture?

VOUS: (*Say no, you arrived by train and ask if it would be best to hire a car*)

L'HÔTESSE D'ACCUEIL: Il y a des excursions en car, aussi.

VOUS: (*Ask how much a coach excursion costs.*)

L'HÔTESSE D'ACCUEIL: L'excursion d'une journée avec Chenonceau, Amboise et Chambord vous fait 156F.

VOUS: (*Ask if everything is included?*)

L'HÔTESS D'ACCUEIL: Oui, tout compris.

VOUS: (*Ask where you should go to take part* in the excursion*)

L'HÔTESSE D'ACCUEIL: Le car part d'ici à 8h. tous les jours sauf mardi et dimanche.

VOUS: (*Thank her very much*)

*   participer à

8 Letter-writing
Write a reply to the letter below.

J'aimerais bien passer deux ou trois jours chez vous à Londres et après je voudrais faire un tour de l'Angleterre. Est-ce qu'on peut faire du camping en Angleterre? Est-ce qu'il y a des auberges de jeunesse? Dans quelles régions vaudrait-il mieux aller (j'aurai mon vélo)? Qu'est-ce que vous me conseillez?

Amicalement,
Jules

Unit 32
Tu sors d'habitude le samedi soir?

Aurélie passe une semaine chez ses amis Madeleine et Nicolas . . . ᴏᴏ

AURELIE: Tu as des projets pour le weekend?

MADELEINE: Oui, j'ai réussi à persuader Nicolas de nous emmener au cinéma samedi soir. Cela te plaît, le cinéma?

AURELIE: Oui, j'adore ça. Qu'est-ce qu'on passe?

MADELEINE: C'est une comédie dramatique avec Gérard Depardieu et Isabelle Huppert. J'ai prié Nicolas de nous acheter des billets pour des places au balcon.

AURELIE: Isabelle Huppert, j'estime que c'est une des meilleures actrices françaises, tu ne trouves pas?

MADELEINE: Mais oui. Et Gérard Depardieu, tu l'aimes?

AURELIE: Il est beau mais je trouve qu' Alain Delon joue mieux.

MADELEINE: Tu vas souvent au cinéma?

AURELIE: Pas très souvent – disons une fois par mois.

MADELEINE: Tu sors d'habitude le samedi soir?

AURELIE: Oui, si je ne suis pas obligée de garder mon petit frère.

MADELEINE: Ça, c'est dur quand même!

AURELIE: Non, non. Je n'y vois pas d'inconvénients. J'aime bien rester à la maison. Ça ne m'empêche pas d'inviter des amis à venir chez moi regarder la telévision ou écouter des disques.

MADELEINE: Tu aimes la télé?

AURELIE: Non. Je la regarde pratiquement jamais. J'écoute la radio tous les jours mais je n'ai pas le temps, tu vois – je sors presque tous les soirs.

MADELEINE: Qu'est-ce que tu fais?

AURELIE: Le lundi je fais de la gym au lycée, le mardi j'ai rendez-vous avec un ami à la maison des jeunes, le mercredi je vais au café ou chez un ami, le jeudi je fais de la voile et le vendredi je sors soit à un concert, soit en boîte.

MADELEINE: Tu vas au théâtre?

AURELIE: Moins souvent. Une fois par an.

MADELEINE: Enfin j'espère que tu t'amuses bien ici.

URELIE: Oui, oui. Je te remercie mille fois de m'avoir invitée. On ne s'ennuie pas avec toi!

---

en boîte   *to a disco*
une comédie dramatique   *character*
   drama
empêcher quelqu'un de faire quelque

chose   *to prevent someone from doing*
something
s'ennuyer   *to be bored*
estimer   *to think, believe*
une fois par mois   *once a month*

garder   *to look after*
d'habitude   *usually*
je n'y vois pas d'inconvénients   *I don't mind*
inviter quelqu'un à faire quelque chose   *to invite someone to do something*
mieux   *better*
moins   *less*
être obligé de faire quelque chose   *to be obliged to, to have to do something*

prier quelqu'un de faire quelque chose   *to ask someone to do something*
des projets   *plans*
remercier quelqu'un de faire quelque chose   *to thank someone for doing something*
réussir   *to succeed, manage*
soit . . . soit . . .   *either . . . or . . .*
souvent   *often*
tu ne trouves pas?   *don't you think so?*

A   Questions in English

Read the questions below – they'll give you an idea of what to expect in the dialogue – then listen to the passage on tape and answer the questions in English. Check your answers by listening to the passage, stopping the tape while you look up new vocabulary items in the list provided.

1   What plans has Madeleine got for the weekend?
2   Who is Isabelle Huppert?
3   How often does Aurélie go to the cinema?
4   Does she usually go out on a Saturday night?
5   What does she do?
6   Does she watch TV or listen to the radio a lot?
7   Fill in the entries in Aurélie's diary:
    Mon.   Thurs.
    Tues.   Fri.
    Wed.
8   Is Aurélie enjoying herself at Madeleine's?

B   Equivalents

Read and/or listen to the passage once more and find the French equivalents for the following phrases:

1   Verb constructions

(a)   I've managed to persuade Nicolas to take us to the cinema.
(b)   I asked Nicolas to get us seats in the balcony.
(c)   . . . if I do not have to look after my little brother.
(d)   That doesn't stop me from inviting some friends to come to my house.
(e)   Thank you very much for inviting me.

2   Do you come here often?

(a)   Do you often go to the cinema?
(b)   Not very often – say, once a month.
(c)   Do you usually go out on a Saturday evening?
(d)   I hardly ever watch it.

(e) I listen to the radio every day.
(f) I go out almost every evening in the week.
(g) On Mondays I do gym at school.
(h) On Fridays I go out either to a concert or to a disco.
(i) Less often. Once a year.

C Et vous?

Make up some sentences of your own in which you say how often you watch TV, go out, go to the cinema or theatre, go swimming, etc.

Une/deux/trois fois par jour/semaine/mois/an
Once/twice/three times per day/week/month/year

Grammar notes

A Verb constructions

1 Verbs followed by *à* before the infinitive
Some verbs must be followed by *à* before the infinitive (See grammar note D, p. 116). The commonest are listed below:

hésiter à	*to hesitate*	se mettre à	*to begin, set off*
apprendre à	*to learn*	réussir à	*to succeed*
commencer à	*to begin*	se décider à	*to decide, resolve*
continuer à	*to continue*	inviter à	*to invite*

J'ai réussi à persuader Nicolas.   *I managed to persuade Nicolas.*

2 Verbs followed by the direct object and *de* before the infinitive
Here are the commonest verbs of this type:*

Prier quelqu'un de faire quelque chose   *to ask someone to do something*
empêcher quelqu'un de faire quelque chose
  to prevent someone from doing something
convaincre quelqu'un de faire quelque chose
  to convince someone to do something
persuader quelqu'un de faire quelque chose
  to persuade someone to do something
dissuader quelqu'un de faire quelque chose
  to dissuade someone to do something
obliger quelqu'un de faire quelque chose
  to force oblige someone to do something
remercier quelqu'un de faire (d'avoir fait) quelque chose
  to thank someone for doing (having done) something

J'ai persuadé Nicolas de nous emmener au cinéma.

---

*   Check back to grammar C (p. 166) for verbs which require *à* before the person and *de* before the infinitive.

B Bigger and biggest

You have already seen (grammar note C, p. 40) how to talk about things being 'bigger' or 'biggest', 'nearer' or 'nearest'.

1 Less and least
Note that you have to do the same thing with *moins* (less):

intéressant	*interesting*
plus intéressant	*more interesting*
le plus intéressant	*the most interesting*
important	*important*
moins important	*less important*
le moins important	*the least important*

2 Comparison of adverbs
Adverbs follow the same pattern:

souvent	*often*
plus souvent	*more often*
le plus souvent	*most often*

3 Irregular comparatives and superlatives
Adjectives

bon	*good*
meilleur	*better*
le meilleur	*best*
mauvais	*bad*
pire	*worse*
le pire	*worst*

Adverbs

bien	*well*
mieux	*better*
le mieux	*best*
mal	*badly*
pis	*worse*
le pis	*worst*

4 Adjective or adverb?
Bon, meilleur, le meilleur are often confused with *bien, mieux, le mieux*. The first, being adjectives, go with a noun and must agree with it, the second are adverbs and go with a verb:

Isabelle Huppert est une des meilleures actrices françaises.
Isabelle Huppert is one of the best French actresses.
Alain Delon joue mieux. *Alan Delon acts better.*
Charles Aznavour chante le mieux. *Charles Aznavour sings the best.*

Communicating

Making comparisons

Il est moins connu que Sacha Distel.
He is less well known than Sacha Distel.
Marguerite en fait autant que moi à la maison.
Marguerite does as much as me in the house.
Je n'ai pas autant de talent que lui.   *I haven't got as much talent as him.*
Georges est aussi intelligent que sa sœur.
George is as intelligent as his sister.
Mais il ne travaille pas si sérieusement qu'elle.
But he doesn't work as hard as she does.

Talking about how often you do things

Je vais rarement/souvent au cinéma.   *I rarely/often go to the cinema.*
Ils regardent la télévision tous les soirs   *They watch TV every evening.*
Ils regardent la télévision pratiquement jamais.   *They hardly ever watch TV.*
On fait de la voile de temps en temps.   *We go sailing from time to time.*
Deux fois par semaine   *Twice a week*
Tous les six mois   *Every six months*
Une fois par an   *Once a year*
Dimanche je suis allé à la plage.   *On Sunday I went to the beach.*
Le dimanche je vais d'habitude à la plage.
On Sundays I usually go to the beach.

Months of the year

janvier	mai	septembre
février	juin	octobre
mars	juillet	novembre
avril	août	décembre

Exercises

1   **Conjuguez les verbes!**
Rewrite the following sentences, putting the verb in brackets in the perfect tense. Don't forget that these verbs take *à* before the infinitive.

(a)   Nous (réussir) contacter Albert.
(b)   On l' (inviter) faire du patin à roulettes.
(c)   Tout d'abord il (hésiter) accepter.
(d)   Il ne (apprendre) jamais conduire.
(e)   Claude et Martine (commencer) le taquiner.*
(f)   Ils (se décider) venir tous.

*   *to tease*

2 A ou de

You are writing to a friend who has asked whether you'd like to go skiing with them this winter in the Pyrenees. You describe your previous skiing experiences. Checking back to grammar note D (p. 116), rewrite this section of your letter choosing to insert *à* or *de*, if necessary:

Cher Christophe
L'année dernière nous sommes allé *à/de/*- faire du ski en Ecosse. Au début je ne voulais pas *à/de/*- accompagner les autres – j'hésitais *à/de/*- faire la descente parce que je ne savais pas *à/de/*- faire du ski. Mais enfin Paul a réussi *à/de/*- me persuader *à/de/*- essayer la descente.
J'ai passé deux semaines *à/de/*- apprendre *à/de/*- skier et finalement je me suis décidé(e) *à/de/*- faire la descente. Tout le monde est parti *à/de/*- prendre le télésiège mais moi j'ai oublié *à/de/*- attacher la ceinture de sécurité. Bref, je suis tombé(e) du télésiège en me cassant la jambe! Evidemment je n'ai pas pu recommencer *à/de/*- skier l'année dernière.
Je te remercie *à/de/*- m'avoir invité(e) *à/de/*- faire du ski cet hiver. J'accepte avec plaisir (mais non sans hésitation!)
 Amicalement,
 Sue/James

3 Translation

Translate these sentences:

(a) She learnt to speak French in Paris.
(b) Her father persuaded her to go there.
(c) A French friend invited her to spend a month at their home.
(d) At first she had to ask Christian to speak very slowly.
(e) But after two weeks she managed to understand almost everything.

4 Direct or indirect?

Checking back to grammar note C (p. 166), rewrite the following sentences, choosing *le* or *lui* as appropriate:

(a) Le professeur le/lui a conseillé de travailler sérieusement.
(b) Sa mère le/lui a prié de faire ses devoirs avant de sortir le soir.
(c) Le samedi ils le/lui ont permis d'aller au cinéma.
(d) Et son père ne le/lui a pas interdit de jouer au football le dimanche.
(e) Il le/lui a dit de s'amuser un peu le weekend.

5 Meilleur ou mieux

Fill in the blanks with *meilleur* or *mieux* as appropriate. Then complete the sentence or answer the question:

(a) Charles Aznavour chante _____ que . . .
(b) Qui est le _____ chanteur du monde selon vous?
(c) Quel groupe joue le _____ ?
(d) Quelle est la _____ actrice anglaise à votre avis?

(e) Dans quel film est-ce qu'elle joue le _____ ?
(f) Pensez-vous que la cuisine française est _____ que la cuisine anglaise?
(g) Quels sont les _____ plats français et anglais selon vous?

6 L'embarras du choix

You're comparing two sorts of microprocessors. How would you say the BBC (le micro ordinateur BBC)

(a) is more expensive than the others.
(b) is better known than they are.
(c) doesn't have as many facilities . . .
(d) . . . but works just as well as they do.

7 Les jours de la semaine

(a) Say what you did every evening last week:
   e.g. Lundi, je suis allé(e) au cinéma.
   Mardi, . .
(b) Say what regular commitments you have:
   e.g. Le samedi, je fais de l'équitation.
   Le vendredi soir, je vais au club.

8 Tous les combien?

Answer these questions about how often you do things:

(a) Allez-vous souvent au théâtre?
(b) Regardez-vous la télévision tous les soirs?
(c) Faites-vous de la natation?
(d) Combien de fois par an allez-vous au cinéma?
(e) Lisez-vous le journal tous les jours?

9 Act it out

Passetemps

VOUS: (Ask what Nathalie does in the evening)
NATHALIE: Je lis, je regarde la télévision . . .
VOUS: (Ask if she often goes out in the evening)
NATHALIE: Non. Pas tellement. Et toi, tu aimes sortir?
VOUS: (Say you go out almost every evening)
NATHALIE: Qu'est-ce que tu fais?
VOUS: (Say you either visit friends or eat at a restaurant or go to the cinema)
NATHALIE: Tu vas quelquefois en boîte?
VOUS: (Say yes – you go to the disco on Friday evenings)

10 Letter-writing

Write a letter to a French friend who has written saying:

Mais quels sont tes passe-temps préférés? Aimes-tu le cinéma, les expositions d'art* ou préfères-tu la vie sportive? J'attends ta réponse avec impatience,
   Amitiés,
   Bruno

*   art exhibitions

Unit 33
On prendra le menu à 55F

Raoul et Virginie fait un circuit touristique du Périgord.* A midi ils décident de manger dans un restaurant dans un village qui s'appelle Saint Florent. ᴖ

LE GARÇON: Bonjour, monsieur.
RAOUL: Est-ce qu'il y a une table de libre? Nous sommes deux.
LE GARÇON: Oui, voilà, monsieur. Et voilà la carte.
RAOUL: Merci, monsieur. On prendra le menu à 55F.** Qu'est-ce tu prends, toi?
VIRGINIE: Pour moi, les crudités assorties et le poulet au riz.
RAOUL: Et moi, pour commencer je prendrai la charcuterie et ensuite le steak-frites.
LE GARÇON: Oui, le steak, vous le voulez comment?
RAOUL: Bien cuit, s'il vous plaît.
LE GARÇON: D'accord. Et comme boisson?
RAOUL: Une carafe de vin rouge. Et de l'eau minérale pour mademoiselle.
(À Virginie) Alors, tu connais déjà ce village?
VIRGINIE: Oui, j'ai de très bons souvenirs de cette région. Ma grand-mère habitait ce village mais en 1982 elle est morte. On passait les grandes vacances chez elle. Le jour où elle est morte, je venais d'arriver de Paris – mes frères étaient déjà arrivés. Moi, j'avais dû passer un examen de piano, donc j'étais partie plus tard.
RAOUL: Etait-elle déjà morte quand tu es arrivée?
VIRGINIE: Oui, elle avait eu une crise cardiaque. C'est moi qui l'ai découverte. Je suis entrée dans la salle à manger et elle était là couchée par terre. Ma parole, cela m'a donné un choc. . .
RAOUL: J'imagine. Et ce restaurant existait à cette époque?
VIRGINIE: Oui, oui. On mangeait ici le dimanche.
LE GARÇON: Ça vous a plu, monsieur, madame. Qu'est-ce que vous prenez comme dessert?
VIRGINIE: Je te recommande la tarte aux pommes.
RAOUL: Bonne idée. Alors on voudrait deux tartes aux pommes, deux cafés et vous me donnerez la note, s'il vous plaît.
LE GARÇON: Tout de suite, monsieur.

---

* Region of France well known for its food and good restaurants.
** Often a fixed price menu is offered – usually a three-course meal. This is usually better value than *à la carte*, where you have greater choice.

comme boisson? *what will you have to drink?*	libre *free, spare*
la charcuterie *cold meats*	mort(e) (*from* mourir) *dead*
un circuit touristique *sightseeing trip*	la note *bill*
comment? *how?*	ma parole *goodness! my word!*
une crise cardiaque *heart attack*	le poulet au riz *chicken with rice*
les crudités assorties *assorted raw vegetables*	à propos *by the way*
	un souvenir *memory*
bien cuit *well done*	le steak-frites *steak and chips*
à cette époque *at that time*	toute de suite *straight away*
	venir de *to have just*

A Répondez en français!

Read the questions below, listen to the passage, then answer the questions in French.

1 Est-ce qu'il y a une table de libre?
2 Virginie, qu'est-ce qu'elle prendra à manger?
3 Et Raoul?
4 Qu'est-ce qu'ils boivent?
5 Pourquoi Virginie connaît-elle déjà le village?
6 Qu'est-ce qui s'est passé en 1982?
7 Pourquoi les garçons étaient-ils arrivés à Saint Florent avant Virginie?
8 Virginie, qu'est-ce qu'elle recommande comme dessert?

B Au restaurant – phrases-clés

Learn the key phrases you'll need by finding the French equivalents in the passage for the English phrases below. Write them down.

1 Is there a table free?
2 There are two of us.
3 What will you have?
4 To start with, I'll have *charcuterie*. . .
5 . . . and then steak and chips.
6 A carafe of red wine.
7 By the way what would you like for pudding?
8 Two apple pies, two coffees, and could you give me the bill please?

C Ecoutez et répétez!

Listen to the passage once again, stopping the cassette when you come to one of the phrases you have written down in exercise B. Repeat each phrase, imitating the speaker as closely as possible.

D Tense work

Now find the French equivalents for these English phrases, noticing how the different tenses are translated into French:
1   My grand-mother used to live in this village.
2   But in 1982 she died.
3   We used to spend our summer holidays at her house.
4   The day she died I had just arrived from Paris.
5   My brothers had already arrived.
6   I had to sit a piano exam. . .
7   . . . so I had left later.
8   Had she already died when you arrived?
9   Yes, she had had a heart attack.

Grammar notes

A The pluperfect tense

1   **Verbs conjugated with *avoir***
The pluperfect tense of most verbs is formed by using the imperfect of *avoir* with the past participle:

j'avais donné   nous avions donné
tu avais donné   vous aviez donné
il/elle/on avait donné   ils/elles avaient donné

It is used in exactly the same way as the English pluperfect (I had done something) to talk about things in the past when one event preceded another:

Elle avait eu une crise cardiaque.   *She had had a heart attack.*
C'etait moi qui l'avait découverte.   *It was me who had found her.*

2   **Verbs conjugated with être**
Remember that reflexive verbs and the 'advent' verbs are conjugated with *être* to form the perfect tense (see p. 122). In the same way, the imperfect of *être* must be used to form the pluperfect:

j'étais parti(e)   nous étions parti(e)s
tu étais parti(e)   vous étiez parti(e)s
il/elle/on était parti(e)   ils/elles étaient parti(e)s

je m'étais couché(e)   nous nous étions couché(e)s
tu t'étais couché(e)   vous vous étiez couché(e)s
il/elle/on s'était couché(e)   ils/elles s'étaient couché(e)s

3 Agreement of past participle

As with the perfect tense the past participle must agree (a) with a preceding direct object, and (b) with the subject in the case of 'advent' verbs:

Zut alors! **La lettre** est toujours dans ma poche – je croyais que je l'avais mis**e** à la poste.
Blast! The letter is still in my pocket – I thought I'd posted it.
Etait-**elle** déjà mort**e** quand **vous** êtes arriv**ée**?
Had she already died (Was she already dead) when you (f.) arrived?

B Translations of 'had'

Note the use of the imperfect tense to translate 'had' in the following examples:

Venir de
Je **viens** d'arriver.   *I **have** just arrived.*
Je **venais** d'arriver.   *I **had** just arrived.*

Depuis
J'habite à Londres depuis 1982.   *I **have** been living in London since 1982.*
J'habitais à Londres depuis 1982.   *I **had** been living in London since 1982.*

Communicating

At the restaurant

Est-ce qu'il y a une table de libre?   *Is there a table free?*
Nous sommes deux.   *There are two of us.*
On prendra le menu à 55F.   *We'll have the 55F menu.*
Pour commencer. . . et ensuite. . .   *To begin with. . . and then. . .*
Un steak bleu, saignant, à point / bien cuit
    A very rare, rare, well-cooked steak
Qu'est-ce que c'est exactement, une escalope de veau?
    What exactly is an 'escalope de veau' (veal cutlet)?
Qu'est-ce que vous avez comme fromages/glaces?
    What sort of cheese/ice-cream have you got?
Vous me donnerez la note, s'il vous plaît?   *Could you give me the bill, please?*
Est-ce que le service est compris   *Is the service included?*

Exclamations

Ma parole!   *Really! Upon my word!*
Tout de suite, monsieur!   *Straight away, sir!*
Quel dommage!   *What a pity!*

Exercises

1 The pluperfect tense

You're telling a friend what had happened before you met him in the market square this morning. Rewrite the sentences, putting the verbs in the pluperfect tense:

(a) Qu'est-ce que tu as acheté au marché?
(b) J'ai acheté des œufs.
(c) Tu les as mis où?
(d) Je les ai mis dans ma poche.
(e) Qui est-ce que vous avez vu?
(f) On a vu Jules.
(g) Qu'a-t-il fait?
(h) Il m'a embrassé(e).
(i) Qu'est ce qui est arrivé?
(j) Les œufs se sont tous cassés.
(k) Il a fallu rentrer chez moi pour me changer.
(l) Pourquoi est-ce que tu es allé(e) au marché?
(m) J'y suis allé(e) pour acheter encore des œufs.

2 Agreement of past participles

Rewrite the following, putting the verbs in brackets in the pluperfect. Remember to make the past participle agree where necessary:

Paul (aller) aux Etats Unis. Marguerite (partir) en vacances. Mon père et moi, nous (rester) à Paris. Nous (se promener) le long des Champs Elysées. Nous (voir) toutes les toiles* sur la rive gauche.** Finalement, on en (acheter) une. Celle que nous (acheter) était très belle. Nous la (suspendre) dans la salle à manger. Mais le lendemain la toile (disparaître). Quelqu'un la (voler).

*   la toile *canvas, painting*
** la rive gauche *the famous Left Bank in Paris where artists show their work*

3 Translation

(a) Use *je venais de* (I had just) or the equivalent in another person:
1 I had just arrived in France. . .
2 I had just got my passport out. . .
3 I had just put my bag down (*déposer*) for a moment. . .
4 . . . when someone stole it.
5 We had just finished eating. . .
6 Marc had just told us a very funny story. . .
7 Jean-Paul and Geneviève had just gone out. . .
8 . . . when there was a ring at the door-bell.

(b) Use the imperfect tense + *depuis*:
1 I had been living in Marseilles since 1980.
2 We had been studying French for three years.

3 You had been telling me to go skiing for a long time.
4 Had they been waiting long?
5 Georges had been watching television since six o clock.

(c) Here is a mixture of sentences with 'had' in them. Translate, deciding whether to use the pluperfect, *venir de*, or the imperfect with *depuis*:

1 I had arrived at half past seven.
2 You had been waiting for us since seven o'clock.
3 But Madeleine still had not found the house.
4 She had got lost (*se perdre*).
5 We had just started eating when we heard her car.
6 She had been looking for the house for two hours.

4 Dialogue – au restaurant
Rewrite the dialogue, putting it into the correct order. Start with *Vous*:

LE GARÇON: Certainement. Et ensuite? (1)
VOUS: Nous sommes quatre. (2)
LE GARÇON: Tout de suite, mademoiselle. (3)
VOUS: Est-ce qu'il y a une table de libre? (4)
LE GARÇON: Qu'est-ce que vous prenez comme dessert? (5)
VOUS: Le poisson grillé, s'il vous plaît. (6)
LE GARÇON: Vous êtes combien, mademoiselle? (7)
VOUS: D'accord. Alors, on prendra pour commencer la salade de tomates. (8)
LE GARÇON: Oui, voilà une table pour quatre. Près de la fenêtre, mademoiselle. (9)
VOUS: Des glaces, s'il vous plaît, et vous me donnerez la note. (10)

5 Act it out
Act out the conversation at a restaurant where you order a meal for yourself from the menu below. Then write out the dialogue:

Menu à 55F Crudités assorties
Charcuterie
Œufs mayonnaise

Steak-frites, salade
Poulet au riz

Fromages

Tarte aux pommes
Crème caramel
Glaces

6 Letter-writing
You had planned to go to France next week but you went walking in the mountains and fell, breaking your leg. Write to the French family, explaining that you can't go and talking about the events leading up to your fall (we had gone to a party on Friday night, I hadn't slept very much, we had left very early on Saturday morning, we had walked a long way, etc.).

Unit 34
J'ai perdu mon casque

Anne voyage en France en moto. A douze kilomètres de sa destination, elle s'arrête pour acheter du pain. En sortant de la boulangerie, elle s'aperçoit que son casque n'est plus sur le siège arrière de la moto où elle l'avait laissé. Elle se rend à la gendarmerie. ∞

ANNE: Bonjour, monsieur le gendarme.
LE GENDARME: Bonjour, mademoiselle.
ANNE: Je voyage en moto et j'ai perdu mon casque.
LE GENDARME: Qu'est-ce qui s'est passé, mademoiselle?
ANNE: Je me suis arrêtée devant la boulangerie, j'ai enlevée le casque et je l'ai déposé sur le siège arrière de la moto. Quand je suis sortie, il n'y était plus. On l'a volé, j'en suis sûre.
LE GENDARME: Comment est-il?
ANNE: C'est un casque normal – de couleur bleue. J'avais écrit mon nom à l'intérieur.
LE GENDARME: Vous vous appelez comment?
ANNE: Jones, Anne. Mon nom est Jones JONES. Prénom Anne ANNE.
LE GENDARME: Vous êtes britannique?
ANNE: Oui, c'est ça.
LE GENDARME: Quelle est votre adresse? Pour vous contacter quand on aura des nouvelles.
ANNE: Je n'ai pas d'adresse ici. Je vais chez des amis à Parthenon, mais sans casque je ne peux pas y aller en moto! C'est vraiment embêtant.
LE GENDARME: Allez. On va donner un coup de fil à vos amis à Parthenon. Ils auront peut-être un casque à vous prêter. Est-ce qu'ils ont une voiture?
ANNE: Oui, oui. Ils peuvent venir me chercher.
LE GENDARME: Quel est le numéro de téléphone de vos amis?
ANNE: Merci, monsieur. Vous êtes très gentil. C'est le 23-42-69.

s'arrêter *to stop*
la boulangerie *baker's*
le casque *(safety) helmet*
chercher *to fetch*
un coup de fil *a phone call*
déposer *to put down*
embêtant *annoying*
enlever *to take off*
gentil(le) *kind*

à l'intérieur *inside*
la moto *motorbike*
des nouvelles *news*
se passer *to happen*
prêter *to lend*
se rendre *to go to, make one's way*
sans *without*
le siège arrière *back seat*
voler *to steal*

A Correct it!

Listen to the dialogue on the cassette and correct the passage below where necessary:

Anne est française. Elle va chez des amis à Parthenon. Elle voyage en voiture. A douze kilomètres de Paris elle s'est arrêtée pour acheter du vin. Quand elle est sortie du magasin, elle s'est aperçu que son casque n'était plus où elle l'avait laissé. Elle s'est rendue à l'hôpital. On a téléphoné à ses amis. Ils ne peuvent pas venir la chercher.

B Equivalents

Reflexive verbs

Find the equivalents for:
1   She stops.
2   She notices.
3   She goes/makes her way.
4   What happened?
5   I stopped.
6   What is your name?

Quel/quelle
Find the equivalents for:
7   What is your address?
8   What is your friend's telephone number?

A . . . kilomètres de . . .
How would you say:
9   50 kilometres from London.
10   34 kilometres from Aix-en-Provence.
11   5 kilometres from Calais.
12   90 kilometres from Paris.
13   16 kilometres from Tours.

Quand on aura des nouvelles
Use the future tense with *quand* to say
14   when you arrive tomorrow.
15   when he goes to the baker's later on.
16   when we see them next week.

Grammar notes

A The pluperfect tense in reported speech

Direct speech: 'J'**ai fait** la vaisselle ce matin.'
Reported speech: – Il a expliqué qu'il **avait fait** la vaiselle ce matin.
Direct speech: 'Elle **est partie** très tôt.'
Reported speech: Je lui ai dit qu'elle **était partie** trés tôt.

B Review of verb tenses

Make sure you know the various tenses of the following verbs: *faire, savoir, devoir, vouloir* and *pouvoir.* Check back to the appropriate unit – you can do this by looking up the relevant tense in the contents lists at the front of the book – and write out a grid for each verb, filling in all the forms. The example of *faire* is given below:

faire *to make to do*

Present	Perfect	Pluperfect	Imperfect	Future	Conditional
je fais tu fais il/elle/on fait nous faisons vous faites ils/elles font	j'ai fait	j'avais fait	je faisais	je ferai	je ferais

C Verb constructions

1 **Verbs followed by *de* + infinitive**
  cesser de empêcher de
  décider de oublier de
  essayer de

2 **Verbs followed by *à* + infinitive**
  hésiter à   se mettre à
  apprendre à réussir à
  commencer à se décider à
  continuer à

3 **Verbs followed by *à* and *de***
Elle **lui** a dit **de** la suivre. *She told him to follow her.*
  commander interdire
  conseiller ordonner
  défendre permettre
  demander promettre
  dire

4 **Verbs followed by direct object and *de***
Il **l'** a priée **de** le suivre. *He asked her to follow him.*
  convaincre persuader
  dissuader prier
  empêcher remercier
  obliger

D Translation traps 1

1 I had just done something: je venais de faire quelque chose.
2 I had been . . . ing: imperfect tense + *depuis*.
3 The use of the future tense after *quand* (where the present is used in English):
   e.g. On vous contactera quand on aura des nouvelles.
   We shall contact you when we have any news.
4 *Depuis/pendant* and *pour* as translations for 'for': see grammar note C, p. 160.
5 *Pendant* + noun, *pendant que* + clause: see grammar note C, p. 138.
6 *A cause de* + noun, *parce que* + clause as translations for 'because': see grammar note D, p. 138.

E Situations reviewed 1

Check that you know the meanings of these essential phrases:

1 Aux magasins, au café (Units 1, 2, 11)

Est-ce que vous avez $\left\{\begin{array}{l}\text{des haricots verts?}\\ \text{des poivrons rouges?}\end{array}\right.$

Je voudrais   un café au lait.

Donnez-moi $\left\{\begin{array}{l}\text{une boîte de thon.}\\ \text{une tranche de jambon.}\end{array}\right.$

Qu'est-ce que vous avez comme sandwichs/glaces?

2 Directions (Unit 7)

Pour aller $\left\{\begin{array}{l}\text{à la gare,}\\ \text{au marché,}\end{array}\right.$ s'il vous plaît?

Où est la banque la plus proche?
Est-ce qu'il y a une poste dans le quartier?
Tournez à gauche.
Prenez la deuxième rue à droite.
Vous continuez tout droit.

3 Le cinéma (Unit 8)

Qu'est-ce qu'on passe ce soir?
A quelle heure commence la prochaine séance?

Deux places $\left\{\begin{array}{l}\text{au balcon,}\\ \text{à l'orchestre,}\end{array}\right.$ s'il vous plaît.

4 L'hôtel (Unit 16)

Je voudrais réserver une chambre $\left\{\begin{array}{l}\text{à deux lits.}\\ \text{avec lavabo.}\\ \text{qui donne sur la mer.}\end{array}\right.$

Est-ce qu'on peut prendre le petit déjeuner dans la chambre?
Est-ce que le petit déjeuner, est compris?

5 Chez le médecin (Unit 17)
Où souffrez-vous?
J'ai mal à la gorge.
J'ai de la fièvre.
Je tousse.
J'ai la grippe.
Il faut prendre les cachets tous les combien?
Ça va mieux aujourd'hui.

Communicating

At the police station

J'ai perdu un appareil photo, mon sac à main.
I've lost a camera, my handbag.
Je l'ai oublié(e)/laissé(e) sur l'autobus, à la gare, à la banque.
I left it on the bus, at the station, in the bank.

Describing things

Revise adjectives of colour and nationality (see grammar notes C, pp. 15–16 and B, p. 22) to help you describe personal belongings. Notice how to talk about different materials:

un sac marron **en cuir**	a brown leather bag
un porte-monnaie bleu **en nylon**	a blue nylon purse
une veste grise **en laine**	a grey woollen jacket
un passeport britannique	a British passport
un appareil-photo japonais	a Japanese camera

Spelling out your name

Practise spelling your name and address out loud, using the guide to the French alphabet below:

a	ah	n	en
b	bay	o	oh
c	say	p	pay
d	day	q	ku
e	ay	r	er
f	eff	s	es
g	jay	t	tay
h	ash	u	oo
i	ee	v	vay
j	jee	w	double vay
k	ka	x	eeks
l	el	y	ee grecque
m	em	z	zed

Exercises

1 Report it!
Rewrite these sentences in reported speech using the words provided:

(a) Je voyage en moto.   Elle a expliqué que . . .
(b) J'ai perdu mon casque.   Elle a ajouté que . . .
(c) Qu'est-ce qui s'est passé?   Le gendarme a demandé que . . .
(d) On s'est arrêté devant la   Anne a répondu qu'ils . . .
     boulangerie.
(e) J'ai déposé le casque sur   Elle a dit qu'elle . . .
     le siège arrière.
(f) Quelqu'un l'a volé.   Elle etait sûre que . . .

2 Tense work
Replace the verb in brackets with the correct form of the appropriate tense. Then fill in Luc's side of the conversation, putting his remarks in the correct order.

JEANNE: Qu'est-ce que tu (vouloir) faire ce soir?
LUC: (a)
JEANNE: J'ai demandé à mes parents si je (pouvoir) sortir. Ils m'ont dit que je (devoir) rentrer tôt.
LUC: (b)
JEANNE: Cela gagnerait du temps si je (faire) les courses cet après-midi.
LUC: (c)
JEANNE: Si je (connaître) son adresse, je lui rendrais visite.
LUC: (d)

(Luc)
1 Si on (vouloir) faire la fête, il faudra acheter quelque chose à manger.
2 Jean (connaitre) son adresse. Tu (devoir) lui demander.
3 Je ne (savoir) pas. Si on téléphonait à Jean, on (pouvoir) peut-être aller chez lui.
4 Michelle ne (pouvoir) pas venir. Elle a la grippe, la pauvre.

3 Translation
Look through grammar notes C and D (pp. 211–212) before translating the following passage:

While the others were talking Martine decided to play the guitar (*la guitare*). She had been learning for three years but she still wasn't very good at it. Frédéric asked her to stop playing because of the baby (*le bébé*). The baby had just woken up but seemed to like the music. On hearing this, Frédéric got angry (*se mettre en colère*) and said: 'You can play the guitar later when we have gone out!'

4 Situations puzzle

How well would you cope in certain situations? Find out by solving the puzzle below:

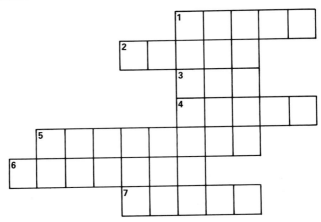

Horizontale
1 Qu'est-ce que vous avez _____ casse-croûtes?
2 Continuez tout _____
3 Je souffre. J'ai _____ à la tête.
4 Donnez-moi une _____ de sardines.
5 Y a-t-il une pharmacie dans le _____
6 Je voudrais une _____ avec douche pour trois nuits.
7 Est-ce que la chambre _____ sur la rue?

Verticale
1 Les aspirines, il faut les prendre tous les _____?

5 People and belongings

Check that you know the possessive adjectives (my, your, their, etc. – see grammar note D, p. 29) by saying who lost what:
e.g. Marthe – le sac de couchage.
      Marthe a perdu son sac de couchage.
      Jean-Claude et Lise – la voiture.
      Jean-Claude et Lise ont perdu leur voiture.

(a) Nous – les passeports.
(b) Moi – le porte-monnaie.
(c) Catherine – l'appareil-photo.
(d) Paul – la veste.
(e) Janine – la montre.
(f) François et Robert – le canoë.
(g) Madeleine – les boucles d'oreille (*ear-rings*).

6 Act it out

A la gendarmerie

VOUS: (*Greet the gendarme and say you've lost your kagoul**)
LE GENDARME: Oui. Qù l'avez-vous perdu?
VOUS: (*Say you were swimming in the sea. You had left your clothes on the beach*)
LE GENDARME: La plage devant le café?
VOUS: (*Confirm this and say that when you returned, the kagoul wasn't there anymore*)
LE GENDARME: Description de l'objet perdu, s'il vous plaît.
VOUS: (*Say it's a blue kagoul*)
LE GENDARME: Comment vous appelez-vous?
VOUS: (*Say your name*)
LE GENDARME: Comment est-ce qu'on épèle cela?
VOUS: (*Spell it out for him*)
LE GENDARME: Et votre adresse?
VOUS: (*Say you're staying at the Hotel Bella Vista, room no. 15*)
LE GENDARME: Si on a des nouvelles, on vous contactera tout de suite.

*   le k-way

7 Letter-writing

When you get home to England you realise you've left your favourite pullover at your French friend's house. You think you took it off in the garage when you were helping him repair the car! Write to him describing the sweater and asking if he could send it to you.

Unit 35
Ciao!

Catherine part pour l'Angleterre. Elle arrive en retard à l'aéroport
Charles de Gaulle. . . ◯◯

CATHERINE: L'avion est déjà parti, j'en suis sûre. Quelle heure est-il?
JULES: Il est neuf heures trente.
CATHERINE: Si je n'avais pas passé une demi-heure à manger des
croissants, je ne l'aurais pas raté. Oh là là!
JULES: Mais c'est bon, le petit déjeuner français! Et tu n'as pas
raté ton vol. Calme-toi! Tu as ton passeport, ton billet?
CATHERINE: Oui, les voici.
JULES: Bien, on va enregistrer tes bagages.
ANNONCE D'HAUT-PARLEUR: Les passagers pour le vol BA603 sont priés de
se rendre à la porte numéro 6. Passagers pour le vol
BA603 à la porte numéro 6. Merci.
JULES: Voilà, tu vois, c'est ton vol. On est arrivé à l'heure juste.
Ecoute, j'ai un petit cadeau pour toi.
CATHERINE: Tu n'aurais pas dû, Jules. C'est très gentil. C'est une
cassette? Mon chanteur préféré, d'ailleurs. Merci, Jules.
Et je te remercie mille fois aussi pour tout ce que tu as
fait pour moi pendant mon séjour ici. Vraiment, je me
suis très bien amusée.
JULES: Je t'en prie. Dès que tu seras arrivée chez toi, tu me
donneras un coup de fil, hein?
CATHERINE: D'accord. Et tu viendras en Angleterre l'année
prochaine.
JULES: Oui, c'est ça.
L'EMPLOYE: Votre carte d'embarquement, s'il vous plaît,
mademoiselle.
CATHERINE: Voilà, monsieur. Au revoir, Jules.
JULES: Salut!
CATHERINE: Ciao!

Unit 35

d'ailleurs *as well*
l'année prochaine *next year*
l'annonce d'haut-parleur *loud speaker announcement*
l'avion *plane*
calme-toi! *calm down!*
la carte d'embarquement *boarding card*
ciao! *bye!*
un coup de fil *a phone call*
déjà *already*
dès que *as soon as*
tu n'aurais pas dû *you shouldn't have*
enregistrer les bagages *to check in the luggage*

l'heure juste *at the right time*
mille fois *a million (lit. a thousand times)*
la porte *gate*
sont priés de. . . *are requested to. . .*
rater *to miss*
remercier *to thank*
se rendre *to go*
en retard *late*
salut! *bye!*
le séjour *stay*
le vol *flight*
vraiment *really*

A Répondez en français!

Read the questions below, looking up any words you do not know in the vocabulary list. Then listen to the passage without reading the text at the same time. Answer the questions in French as fully as you can.

1 Quelle heure est-il?
2 Est-ce que Catherine a raté son avion?
3 Pourquoi est-ce qu'elle est arrivée en retard?
4 Quel est le numéro de son vol?
5 Elle doit se rendre à quelle porte?
6 Qu'est-ce qu'il lui donne, Jules?
7 Qu'est-ce qu'elle doit faire dès qu'elle sera rentrée chez elle?
8 Catherine, quand est-ce qu'elle va voir Jules de nouveau?

Now listen and read through the passage once more, checking your answers.

B Equivalents

Find the equivalents of these phrases in the passage and write them down:

1 The plane has already gone.
2 I'm sure of it.
3 We'll check in the luggage.
4 You shouldn't have.
5 That's very kind.
6 I had a really good time.
7 Many thanks for all you've done for me during my stay.
8 As soon as you get home, you'll give me a ring, won't you?
9 Your boarding card please.
10 Bye!

C Ecoutez et répétez!

Listen to the passage once more and, stopping the cassette after each of the phrases you have written down in exercise B, repeat it, imitating the speaker as closely as possible.

218

Grammar notes

A The future perfect and the conditional perfect tenses

1 Future perfect

The future perfect (I will have done something) is formed by using the future of *avoir* (or *être*) + past participle:

j'aurai vendu	nous aurons vendu
tu auras vendu	vous aurez vendu
il/elle/on aura vendu	ils/elles auront vendu

2 Conditional perfect

The conditional perfect (I would have done something) is formed by using the conditional of *avoir* (or *être*) + past participle:

j'aurais suivi	nous aurions suivi
tu aurais suivi	vous auriez suivi
il/elle/on aurait suivi	ils/elles auraient suivi

B Future perfect with *quand*

Note the use of the future perfect where English would use the past tense:

Dès que tu seras rentrée, tu me donneras un coup de fil, hein?
As soon as you get home (lit. will have got home) you'll give me a ring, won't you?

C *Si* clauses using the conditional perfect

Note how you can talk about what would have happened, like this:

Si j'avais vérifié l'heure du départ, je n'aurais pas raté l'avion.
If I had checked the departure time, I wouldn't have missed the plane.

D J'aurais dû faire quelque chose

Note that you use the conditional perfect of *devoir* with the *present* infinitive of what it was you ought to have done:

Tu n'aurais pas dû m'acheter un cadeau.
You oughtn't to have bought me a present.
J'aurais dû arriver plus tôt   *I ought to have arrived earlier.*

E Translation traps 2

1 'Which' or 'that' used to link two sentences together may be translated by *qui*, *que* or *ce qui*, *ce que*. Check up that you know which is which (see grammar notes C, p. 98, and B, p. 105).

2   When translating 'Which?' in a question, notice that *Lequel?* stands on its own whilst *Quel . . .?* is followed by a noun:

Je voudrais un melon. Lequel?
Quel melon voulez-vous?

3   *Savoir/pouvoir.* Both verbs are used to translate 'can'. *Savoir* is used to talk about physical ability or knowledge:

Il sait nager.   *He can swim.*
Je ne sais pas jouer de la guitare.   *I can't play the guitar.*

Pouvoir is used when talking about permission:

Je ne peux pas sortir ce soir.
   I can't (am not allowed to) go out this evening.
On ne peut pas fumer ici.   *You can't smoke here.*

4   *Savoir/connaître.* Both verbs are used to translate 'to know'. *Savoir* is used to talk about things or facts:

Il pleut.   *It's raining.*
Je le sais.   *I know.*

Connaître is used to talk about being acquainted with people or places:

Il connaît Anne depuis longtemps.   *He has known Anne for a long time.*
Est-ce que tu connais Londres?   *Do you know London?*
Non, je ne la connais pas très bien.   *No, I don't know it very well.*

5   *Faire faire quelque chose* means 'to have something done':

Elle a fait nettoyer son pantalon.   *She has had her trousers cleaned.*
J'ai fait réparer mes sandales.   *I've had my sandals repaired.*

F   Situations reviewed 2

Make sure you know the key phrases. If you don't know the meaning of any of them, look them up in the unit indicated.

1   **A la douane** (Unit 20)
Je n'ai rien à declarer.
Pouvez-vous ouvrir cette valise?
Il y a des droits de douane à payer sur ces articles.

2   **A la banque** (Unit 23)
Pour changer de l'argent, c'est à quel guichet, s'il vous plaît.
Je voudrais changer ce chèque de cinquante livres sterling.
Pouvez-vous contresigner en haut?
Vous passez à la caisse maintenant.

3 **Au camping** (Unit 25)
Vous avez encore de la place?
Est-ce qu'on peut { prendre une douche?
allumer un feu?
dresser la tente ici?
Quel est le tarif par jour?

4 **A l'office de tourisme** (Unit 28)
Je voudrais savoir. . .
Est-ce que vous auriez un plan de la ville?
Qu'est-ce qu'il y a d'intéressant à voir à X?

5 **A la gare** (Unit 29)
Les trains pour X partent tous les combien?
A quelle heure part le prochain train pour X?
Il part de quel quai?
Est-ce qu'il faut changer?
Non, c'est un train direct.
Quand est-ce qu'il arrive à X?
Où est la station de taxis, le souterrain, la salle d'attente?
Un aller simple
Un aller-retour
Première/deuxième classe.

6 **Au restaurant** (Unit 33)
Pour commencer, . . .
Et ensuite . . .
Un steak bleu, saignant, à point/bien cuit

7 **A la gendarmerie** (Unit 34)
J'ai perdu mon appareil-photo, mon passeport, mon sac à main.

Communicating

At the airport

Quand part le prochain avion pour Ajaccio?
When does the next plane for Ajaccio leave?
Quel est le numéro du vol?   *What is the flight number?*
Il faut enregistrer les bagages.   *You have to check in your luggage.*
Votre carte d'embarquement, s'il vous plaît.   *Your boarding card please.*

Accepting presents

C'est très gentil.   *That's very kind.*
Tu n'aurais pas dû!   *You shouldn't have!*
Je te remercie mille fois pour tout ce que tu as fait.
Thanks a million for everything you've done.

Saying good-bye

Adieu: if you're never going to see them again.
Au revoir: literally 'Till we meet again'.
Salut/Ciao: between young people, used to say hello *and* goodbye.

Exercises

1   **Link them**
Link the two sentences, using the future perfect tense:
e.g. J'ai terminé mon travail. Je sortirai avec toi.
  Quand j'aurai terminé mon travail, je sortirai avec toi.

(a) J'ai vendu ma moto. J'achèterai un vélo.
  Quand. . .
(b) Il a fini de manger. Nous irons au cinéma.
  Dès qu'il. . .
(c) Nous avons décidé quoi faire. On pourra sortir.
  Quand. . .
(d) Elles ont réussi aux examens. Elles quitteront l'école.
  Dès qu'elles. . .
(e) Ils sont revenus. Nous commencerons à jouer.
  Quand. . .

2   **Conditions**
Rewrite the sentences, putting the verbs in brackets in the pluperfect
and conditional perfect tenses. Make part of the sentence negative if
common sense requires it! Watch out for *être* verbs.
e.g. S'il (pleuvoir), on (pouvoir) pique-niquer.
  S'il avait plu,* on n'aurait pas pu pique-niquer.

(a) Si je (travailler), je (réussir) à l'examen.
(b) Elle (garder) la ligne,** si elle (faire) de l'aérobic.
(c) On (aller) à la plage, s'il (pleuvoir).
(d) Si elle (arriver) à l'heure, elle (rater) l'avion.

*   past participle of *pleuvoir*
**   garder la ligne *to keep your figure*

3   Ought you or oughtn't you?
You are best man or bridesmaid at your French friend's wedding.
Write down how you would say

(a) you ought to have
  – arrived on time.
  – got changed.
  – bought some flowers.

(b) and you oughtn't to have
  – gone to the café.
  – met your friends.
  – drunk any wine.

4   Translate these sentences, choosing the correct word for 'which' (*(ce) qui/que* or *quel . . .?/lequel?*) and for 'can' and 'know' (*pouvoir, savoir* or *connaître*), as appropriate:

(a) Blast! I've left the apples behind, which is very annoying.
(b) Which ones?
(c) The ones I was going to make the *tarte aux pommes* with.
(d) Which stall (*le rayon*) did you buy them at?
(e) At M. Thibault's, which is opposite the baker's. Do you know it?
(f) The one where you can buy the *pains aux raisins* which I like?
(g) That's right. I can't go back now – I haven't the time.
(h) I can go – I know where it is.
(i) You can take the car if you like.
(j) But I can't drive (*conduire*)!

5   Situations reviewed
Work out the anagrams (you'll find all the words in grammar note F).
Then fit the words into the sentences below. In each case, say in what situations (*à la gare, à la douane*, etc.) you are most likely to meet the items.

1   S E V L I A
2   T C U E I H G
3   L E R A L
4   I U Q A
5   E D O H U S C
6   S I E C A S
7   I F T R A
8   E T E T N

(a) C'est à quel _____ ?
(b) Avez-vous des _____ ?
(c) Où peut-on dresser la _____ ?
(d) Vous pouvez fermer cette _____ maintenant.
(e) Quel est le _____ par personne?
(f) Vous pouvez passez à la _____ , mademoiselle.
(g) Le train part de quel _____ , s'il vous plaît?
(h) Un _____ simple, s'il vous plaît, monsieur.

6   Act it out

(a) Act out this situation with the person behind the desk at the airport.

VOUS: (*Greet her. Say you've just missed your plane*)
L'EMPLOYEE: Est-ce que vous avez votre billet?
VOUS: (*Say yes, here it is*)
L'EMPLOYEE: Ce n'est pas grave. Vous pouvez prendre le prochain vol.
VOUS: (*Ask when the next plane to Nice is*)
L'EMPLOYEE: A 17h30.
VOUS: (*Ask if there are still some seats*)
L'EMPLOYEE: Oui, il y en a une.
VOUS: (*Ask if she can reserve it for you and what the flight number is*)
L'EMPLOYEE: Air France 6130.
VOUS: (*Ask if you can check your baggage in here*)
L'EMPLOYEE: Oui, oui. Et voici votre carte d'embarquement.
VOUS: (*Say thanks a lot*)

(b) Now say good-bye to your friend.

VOUS: (*Thank him for a fantastic holiday*)
MATHIEU: C'est moi qui te remercie! Je me suis très bien amusé aussi.
Ecoute. Voici un petit cadeau pour toi.
VOUS: (*Say he shouldn't have. It's an Astérix book. Say how much you like Astérix*)
MATHIEU: C'est très amusant, n'est-ce pas?
VOUS: (*Say it's very kind*)
MATHIEU: A l'année prochaine, alors.
VOUS: (*Say yes, you'll see him in London at Easter*)*
MATHIEU: D'accord. Salut.
VOUS: (*Bid him good-bye*)

> *   Pâques *Easter*

7   Letter-writing

Either write to the *gendarmerie* in Quimper, saying you lost your camera (or another valuable object) at the station and asking if they have found it, or write to a friend thanking them very much for the holiday you spent with them or for the present they have sent you.

A   Est-ce que vous avez bien compris?

Listen to the extracts on the cassette and answer the questions: ⚭

Dans le restaurant
You're the waiter/waitress! Study the menu below, listen to the customers ordering their meal and jot down their order in English with any special information for the chef.

Menu à 55F

Salade de tomates
Pâté de foie gras
Filet de hareng

Steak
Côte de porc
Tripes à la provençale

Fromages

Fraises melba
Tarte aux abricots
Crème caramel

A la gendarmerie
Now you're the gendarme. Listen to the conversation and fill in the form:

Déclaration de perte

Nom:

Prénom:

Adresse:

No. de tél:

Objet perdu:

Description de l'objet:

Circonstances de la perte:

Rendez-vous

Listen to this conversation in which Laurent is trying to make a date with Sylvie. Fill in what Sylvie is doing in the diary below:

samedi:

dimanche:

lundi:

mardi:

mercredi:

jeudi:

vendredi:

B Dialogues

Rewrite the dialogues, filling in your part.

1 A l'aéroport

FRANÇOIS: J'ai raté mon vol.

VOUS: (*Reassure him, saying he can catch the next plane*)

FRANÇOIS: Mais il faudra payer.

VOUS: (*Say you asked the Air France official and she told you that you could take the next plane without paying*)

FRANÇOIS: Il faut réserver une place?

VOUS: (*Say yes and advise him to check in his luggage now*)

FRANÇOIS: D'accord. Écoute, voici un cadeau pour toi.

VOUS: (*Tell him he wouldn't have missed his plane if he hadn't wasted his time buying you presents*)

FRANÇOIS: C'est vrai.

VOUS: (*But thank him anyway*)

2 Passe-temps

NATHALIE: Qu'est-ce que tu veux faire ce soir?

VOUS: (*Say you're tired – you'd like to watch TV*)

NATHALIE: Tu la regardes souvent?

VOUS: (*Say not very often. Once a week perhaps*)

NATHALIE: Est-ce que tu aimes aller au cinéma?

VOUS: (*Say yes, very much. You adore westerns. And you like going to the theatre, too. You go out almost every evening*)

NATHALIE: Tu es sportif/sportive?

VOUS: (*Say you like swimming – you go to the pool every Thursday*)

NATHALIE: Si on allait à la plage samedi?

VOUS: (*Say you'd like to and ask where the nearest beach is*)

NATHALIE: A cinquante kilomètres d'ici.

VOUS: (*Ask how often the trains leave*)

NATHALIE: Il y en a un à neuf heures et demie.

VOUS: (*Suggest taking that one, then*)

NATHALIE: D'accord.

C Lectures

1 Your French friend wants to whisk you away on a tour of Morocco. He sends you this information from the French Youth Hostelling Association (FUAJ) about two alternative trips – a *circuit organisé* and an *expédition minibus*.
Read the information given and decide which you would choose. Vocabulary is given on page 228. Write down, in English, which of the excursions you would like to go on and why. Discuss

(a) means of transport   (c) meals
(b) accommodation   (d) price/length of stay

12ᵉᵐᵉ ANNÉE - 15 JOURS - AVION - MINIBUS 10 PERSONNES

CIRCUIT ORGANISÉ :

Prix : 4650 F
Prix semaine suppl. **945 F** par pers.
Séjour à **Tanger.**

Ce prix comprend :
● Le transport aérien Paris/Tanger et retour.
● La demi-pension dans les hôtels
● Transport minibus 10 personnes
● Un guide accompagnateur du premier au dernier jour du circuit
● Les entrées des monuments mentionnées au programme.

6ᵉᵐᵉ ANNÉE - 1 MOIS - MINI-BUS (8 personnes)

EXPEDITION MINIBUS

Circuit de 4 semaines à travers le MAROC. Du Rif à la côte Atlantique, en passant par les lacets du Haut Atlas, notre expédition vous permettra de découvrir un MAROC aux paysages changeants et féériques.
Le transport s'effectuera en mini-bus de 8 places.
La grande majorité des repas sera préparée par le groupe, avec approvisionnement local. Les repas auront lieu, la plupart du temps, en plein air «à la nomade».
Une communauté sympathique, une vie de groupe bien comprise feront de cette expédition une expérience riche en souvenirs heureux.

Prix : 4295 F Paris / Paris
Pension complète
Groupe de 16 participants.

Ce prix comprend :
● Le voyage aller retour en mini-bus
● L'hébergement (camping)
● Les repas sauf grandes villes
● 1 responsable F.U.A.J. par mini-bus.

l'approvisionnement *supplies*
la demi-pension *half-board (breakfast and lunch* or *evening meal)*
s'effectuer *to take place*
avoir lieu *to take place*
le Maroc *Morocco*

la pension *board*
en plein air *in the open air*
la plupart du temps *most of the time*
un responsable FUAJ *a group leader from the Youth Hostelling Association*
à travers *across*

2 Read this postcard from Delphine and answer the questions below:

```
AMELIE-LES-BAINS (66) Alt.230m
"Perle des Pyrénées"
Station Thermale et Climatique
Eté-Hiver"
La ville, au loin de massif du
Canigou (2785m) et Palalda.
31 B
```

Helen,

Je t'écris d'Amélie-les-Bains où je suis arrivée il y a une semaine. Ici le soleil brille comme toujours. Je passe ces vacances d'été toujours très agréablement; je fais le ... et vient entre les "Gorges du Mondony", les cours de tennis et les cours d'équitation. Comme tu vois, je profite bien de mes vacances. J'espère qu'il en est de même pour toi. Je t'embrasse et attends ta carte.

LARREY

Delphine

(a) How long has Delphine been in Amélie-les-Bains?
(b) What is the weather like?
(c) What is Delphine doing there?
(d) What does she hope?
(e) How does she sign off?

Now write a suitable reply to Delphine's card.

Answer section

Unit 1
A 1 Coffee and croissants. **2** No **3** That she doesn't like butter or jam.
4 Three **5** That she likes three lumps and so does he **6** No. **Ex. 1** 1 du
café, des croissants, du beurre, de la confiture, du sucre. **Ex. 4 a** Ils; **b** Nous;
c vous; **d** Elles. **Ex. 5** aime; regarde; joue; parlent; aimez; augmente.
6 ACROSS 1 merci; 2 confiture; 3 très; 4 mais; 5 sucre; 6 voilà;
7 non; DOWN 1 intéressant. **Ex. 8** Listening exercise **a** 7 **b** 10 **c** 20
d 11 **e** 19

Unit 2
A 1 b. **2** a. **3** a **4** b. **B** du brie – some Brie; une douzaine d'oeufs – a
dozen eggs; quatre yaourts (nature) – 4 plain yogurts; du thé – tea; des petits pois
en boîte – tinned peas; cinq litres de vin rouge ordinaire – 5 litres of red table
wine. **C** 1 Vous avez du fromage, s'il vous plaît? **2** Oui, nous avons du
camembert, du brie, du cantal. **3** Alors, donnez-moi une tranche de brie; **4** Et
je voudrais aussi une douzaine d'oeufs et quatre yaourts. **5** C'est tout? **6** Est-
ce que vous avez des petits pois en boîte? **7** Cinq litres de vin ordinaire.
8 D'accord. **9** Je vous dois combien, s'il vous plaît, madame? **Ex. 1** du
fromage; du beurre; des œufs; du thé; des pois; du vin. **Ex. 2** j'ai . . . de la
farine; du sucre; des œufs; du beurre; de la crème fraîche. **Ex. 4** J'adore . . . la crème fraîche/Je voudrais . . de la crème fraîche; le/du vin
rouge; les/des pois; les/des œufs; les/des fraises; le/du café. **Ex. 5** du beurre: de
la crème fraîche; des boîtes de crème; une boîte; de l'eau minérale; une bouteille;
un litre; de l'huile d'olive; de l'huile de tournesol; l'huile d'olive; un litre d'huile
de tournesol. **Ex. 6** une bouteille de vin; un litre d'huile d'olive; un paquet de
beurre; une boîte d'abricots; un tube de dentifrice; une douzaine d'œufs.
Ex. 7 Bonjour, monsieur. Je voudrais du camembert, s'il vous plaît. – Je voudrais
aussi des œufs. – Une douzaine, s'il vous plaît et un paquet de beurre (deux cent
cinquante grammes de beurre.) – Vous avez du jambon? – Donnez-moi une
tranche et je voudrais de l'eau minérale – une bouteille de Vittel, s'il vous plaît. –
Oui, c'est tout. Je vous dois combien? – Voilà. – Merci. Au revoir.

Unit 3
A 1 F. **2** V. **3** V. **4** V **5** F **6** F **7** F **8** V **9** V. **B** 1 Vous avez
des pommes de terre nouvelles, madame? **2** C'est tout? **3** Non, je suis désolé,
nous n'avons pas de pouvrons jaunes. **4** Je prends des poivrons rouges, alors.
5 J'ai de très beaux poireaux aujourd'hui. **6** Les choux-fleurs sont à combien,
s'il vous plaît, madame? **7** Et puis, c'est tout. **8** Alors ça fait trente-huit francs
cinquante. **Ex. 1** Je voudrais . . . **a** des pommes de terre; **b** un ananas; **c** des
poireaux; **d** de l'ail; **e** un chou-fleur; **f** des poivrons. **Ex. 2 a** Désolé, je
n'ai pas de carottes; **b** Je regrette, nous n'avons pas de bananes; **c** Désolé, je
n'ai pas d'ail; **d** Je regrette, nous n'avons pas de salade; **e** Désolé, je n'ai pas
de petits pois. **Ex. 3 a** un demi-kilo de poireaux; **b** un kilo de petits pois;
c un chou-fleur; **d** un demi-kilo de tomates; **e** deux poivrons; **f** cent
grammes de champignons. . .s'il vous plaît. **Ex. 4** des haricots verts, de pommes
de terre nouvelles, cent grammes d'olives grecques, une bouteille de vin rouge, un
litre lait entier, un bon vin blanc, une grosse boîte d'abricots, des petits pois, de
la crème fraîche, un poivron jaune. **Ex. 5** Bonjour, monsieur. – Je voudrais faire
une bonne salade niçoise. Je voudrais de la salade. – et deux cent cinquante
grammes de tomates. – Les tomates à six francs cinquante. – Je voudrais aussi un
demi-kilo d'haricots verts. – Avez-vous des olives grecques? – D'accord. Je
voudrais aussi des bananes mûres. – Six, s'il vous plaît. – Les poires sont à

combien, s'il vous plaît, monsieur? – Je prends un kilo. C'est tout. Je vous dois combien? – Voici vingt francs. – Merci, monsieur. **Ex. 6** **1** Trente-deux francs cinquante. **2** Soixant-sept francs. **3** Cent vingt francs. **4** Quatre-vingt-dix-neuf francs vingt. **5** Soixante-dix-huit francs quatre-vingts. **6** Quinze francs soixante; **c, f, b, a, e, d.**

Unit 4

A **1** Grated carrot salad and bœuf bourguignon. **2** Olive oil, vinegar, Dijon mustard, salt and pepper. **3** To two spoonfuls of oil, you need one of vinagar and a little mustard. Mix well and pour onto the salade. **4** A good red wine. **5** Because he has not got the recipe with him. **B** **1** Ça sent bon. **2** Vous pouvez me passer du pain, s'il vous plaît? **3** Bon appétit. **4** Vous pouvez me donner la recette. **5** Il faut de l'huile d'olive. **6** Et qu'est-ce qu'il faut faire? **7** Vous voulez encore du bœuf bourguignon? **8** Avec plaisir madame. **Ex. 1** **a** êtes; **b** est; **c** est; **d** sont; **e** sommes; **f** est; **g** sont. **Ex. 2** **a** Tu peux me téléphoner plus tard? **b** Il peut mélanger l'huile et le vinaigre? **c** Elle peut verser la vinaigrette sur la salade? **d** Ils peuvent servir le bœuf bourguignon? **e** Vous pouvez me donner la recette? **Ex. 3** **a** Mais ils ne veulent pas regarder la télé; **b** Mais nous ne voulons pas faire cela en Angleterre; **c** Mais je ne veux pas servir le dessert maintenant; **d** Mais elles ne veulent pas vous donner la recette; **e** Mais elle ne veut pas ajouter du vin rouge. **f** Mais tu ne veux pas passer à table maintenant. **g** Mais vous ne voulez pas prendre un café. **Ex. 4** *M:*Je veux faire une salade mixte. *R:*Il faut de la laitue, des tomates et du concombre. *M:*Tu peux me donner la recette pour la vinaigrette? *R:*Bien sûr, il faut mélanger de l'huile d'olive et du vinaigre. *M:* Voilà, nous pouvons passer à table maintenant. **Ex. 6** **a** française; **b** c'est un suisse. Il est suisse; **c** c'est un anglais. Il est anglais; **d** c'est une italienne. Elle est italienne; **e** c'est un belge. Il est belge; **f** c'est une allemande. Elle est allemande. **Ex. 7** (*Some examples*) **a** Les glaces italiennes sont délicieuses; **b** Les desserts suisses sont formidables; **c** Le vin anglais est dégueulasse; **d** Les fruits espagnols sont excellents; **e** Les légumes français sont fantastiques. **f** Le chocolat belge est excellent. **Ex. 8** Oui, ça sent bon. – Oui, s'il vous plaît. Le steak est mon plat préféré. – Vous pouvez me passer le pain, s'il vous plaît – Bon appétit. – Avec plaisir. C'est délicieux. – Oui, mais je veux faire de la tarte aux pommes française en Angleterre. – Merci. **Ex. 9** 100 grammes de beurre, 100 grammes de sucre, 100 grammes de farine, 2 œufs; **a** Il faut mélanger le beurre et le sucre; **b** Il faut ajouter les œufs; **c** Il faut ajouter la farine; **d** Il faut verser le mélange dans deux moules; **e** Il faut mettre le gâteau au four pendant vingt-cinq minutes; **f** Il faut ajouter de la confiture. . . et voilà!

Unit 5

A **1** Oui. **2** Non, il est célibataire. **3** Trois – une sœur et deux frères. **4** Non, elle est mariée **5** Alain est comptable et Jacques est étudiant. **6** Non, il est chômeur. **7** Il est plombier. **8** Oui, il cuisine. **9** Ils font la vaisselle. **B** **1** Comment tu t'appelles? **2** Je m'appelle. . . **3** Tu es de nationalité française? **4** Je suis célibataire. **5** J'ai une sœur. **6** J'ai aussi deux frères. **7** Ils sont célibataires tous les deux. **8** Alain a vingt-cinq ans. **9** Il est comptable. **10** Qu'est-ce que tu fais dans la vie? **11** Je suis chômeur en ce moment. **Ex. 1** **a** Vous êtes française? **b** Tu es français? **c** Vous êtes français? **d** Vous êtes française? **e** Tu es française? **Ex. 2** **a** arrive; **b** parles; **c** travaille; **d** choississons; **e** choisit; **f** vomit; **g** visite, explique, donnent, rester. **Ex. 3** fais, fait, faisons, font, fais, fais, faites. **Ex. 4** **a** boulanger; **b** épicière; **c** docteur infirmière; **d** comptable; **e** professeur. **Ex. 6** Je suis. . . . – Oui/Non, je suis originaire de. . . – Oui, je suis marié(e)/Non, je suis célibataire. – Je m'appelle. . . – J'ai un frère/une sœur; Il/elle s'appelle . . . Il/elle a

... ans – Il/elle est (*name of profession*) – Je suis ..., et toi, qu'est-ce que tu fais dans la vie? – Tu es français? – Tu as des frères et des sœurs? – Il s'appelle comment?

Unit 6
A Smith; George; britannique; 20 ans; célibataire; boulanger; 39 Cross St., Southampton; – . **B** appelle; suis; – grande; fais; travaillons; j'ai; mariée; avons; d'; veux; mon; faut; aime; sommes; mes; habitent; ils; avons; de très bons; faisons. **C** Courgettes (from Morocco), aubergines (from Guadeloupe), green peppers (from Spain), pears (local and from Chile). RECIPE **1** butter, sugar, flour, bicarbonate of soda, raisins. **2** 50 small ones. **3** 22 minutes. **4** Boil them. **5** Drain them and chop them/mince them. **6** Mix the butter and sugar; add the oats, flour, bicarbonate of soda and raisins. **7** Smallish balls. **8** Greased baking tray. **9** Cook. **10** 5–7 minutes. **E** HORIZONTAL 1 Comment; 2 préféré: 3 voulez; 4 Voilà; 5 Bon; 6 ma; 7 sont; 8 avons; 9 ai; 10 donner; 11 écossaise. VERTICAL 1 célibataire.

Unit 7
A 1 c; **2** b; **3** a; **4** b. **B 1** Pour aller à la Cinémathèque? **2** J'y vais à pied. **3** C'est trop loin. **4** Où est la station de métro la plus proche? **5** Tu prends la première rue à gauche ... **6** ... et la station de métro est sur ta droite. **7** D'accord. A tout à l'heure, alors. **8** Excusez-moi, monsieur, pour aller à la station de métro, s'il vous plaît? **9** Je vous en prie. **Ex. 1 1 a** met; **b** prenons; **c** vois; **d** mettent; **e** descendez; **f** prennent. **Ex. 2 a** la boulangerie; **b** l'hôpital; **c** les magasins; **d** la boutique; **e** le café; **f** le supermarché; **g** la poste; **h** la gare; **i** le marché; **j** le garage. **Ex. 3 a** allons au; **b** vais à la; **c** allez à l'; **d** vont aux; **e** va à la; **f** vas au. **Ex. 4 a** derrière; **b** près de; **c** dans; **d** entre; **e** devant; **f** à côté de; **g** en face de; **h** sur; **i** à gauche/droite de. **Ex. 5 a** est, de la; **b** sont, le **c** est, de l'; **d** est, de la; **e** sont, la; **f** est, du. **Ex. 6** Pour aller ... **a** à la banque. **b** au garage; **c** à la pharmacie; **d** au théâtre national; **e** à la gare; **f** à l'hôpital; **g** à la boulangerie **h** aux grands magasins; **i** au cinéma; **j** au supermarché. Où est... **a** le café le plus proche? **b** la pharmacie la plus proche? **c** la poste la plus proche? **d** Où sont les magasins les plus proches? **e** Où est le garage le plus proche? **Ex. 7** Excusez-moi, pour aller au cinéma 'Rex'? – Je suis à pied. C'est à quelle distance? – Oui, j'arrive en retard. Où sont les taxis? – Et pour aller à la gare? – Merci, c'est loin? **Ex. 8** Vous descendez la rue. Vous continuez jusqu'aux feux rouges. Vous tournez à gauche. Vous continuez tout droit. Vous prenez la troisième rue à gauche. Vous avez la Tour Eiffel devant vous. *Original question*: Pour aller à la Tour Eiffel, s'il vous plaît?

Unit 8
A 1 F. **2** V. **3** F. **4** F. **5** V. **6** V. **7** F. **8** F. **B 1** Quelle heure est-il? **2** Quand commence le film? **3** C'est à quelle distance? **4** On passe quel film ce soir? **5** Où est la cinémathèque, s'il vous plaît? **C 1** Vous montez l'escalier. **2** C'est à quelle distance? **3** J'y vais aussi. **4** Vous êtes très aimable. **5** A huit heures trente. **6** Nous devons courir. **7** Attendez-moi! **8** Deux places au balcon, s'il vous plaît! **9** Pas question! **10** Allons nous asseoir! **Ex. 1 a** Ecoute! Attends! Regarde! Monte l'escalier! Prends le métro! Viens ici! **b** Tournez à gauche! Continuez tout droit! Descendez l'avenue! Et prenez la première rue à droite! **c** Allons au cinéma! Regardons la télé! Ecoutons des disques! Invitons Monique! **Ex. 2** Voulez; veux, dois, dois, veut, doit, doivent, devons, veulent, veulent, doivent, dois. **Ex. 3 a** Quand? **b** Comment? **c** A quelle distance? **d** Quelle heure est-il? **e** Où? **f** A quelle heure?

g Combien? **Ex. 4 a** Quel **b** quel? **c** Quel? **d** quelle? **Ex. 5 a** Il y travaille; **b** Il aime y habiter; **c** Il y va très souvent; **d** Il n'y est pas beaucoup; **e** Il ne veut pas y rester seul; **Ex. 6** Bonjour, mademoiselle. Qu'est-ce qu'on passe ce soir? – A quelle heure commence la prochaine séance? – Quel est le prix d'un ticket à l'orchestre? – Je prends deux places, s'il vous plaît. – Voici un billet de 100 franc. – Quelle heure est-il, s'il vous plaît? – Merci, vous êtes très aimable. **Ex. 7 a** demain **b** 7.15; **c** 8.45; **d** 6.00. **e** 7.30.

Unit 9
A **1** F. **2** F. **3** V. **4** V. **5** V. **6** F. **7** F. **8** V. **B** **1** présente. **2** depuis. **3** que. **4** tellement. **5** horreur. **6** peine. **7** ensemble. **C a** Tu restes encore longtemps? Je ne reste que pour une semaine. Denise compte te visiter les monuments principaux, je suppose. Qu'est-ce que tu fais cet après-midi? On sort au cinéma ce soir. Cet après-midi je suis libre. On y va ensemble alors? Allons-y! **b** Je n'aime pas tellement les musées. J'ai horreur des vieux bâtiments. Je ne visite jamais les sites touristiques. Cela t'intéresse, le marché aux puces? Oui, oui. Justement j'adore ça. **Ex. 1 a** J'habite à. . . ; **b** Mon adresse, c'est. . . ; **c** J'habite là depuis. . . ; **d** Je travaille/fais mes études. . . ; **e** J'y travaille/fais mes études depuis. . . . **Ex. 2 a** sortent; **b** sortons; **c** sort; **d** sort; **e** sortons; **f** sors. **Ex. 3 a** pars; **b** partent; **c** part; **d** pars; **e** partons; **f** pars. **Ex. 4** **a** Je ne mange jamais les croissants le matin; **b** Je n'aime pas du tout le café; **c** Je ne bois que du thé; **d** Je ne mange rien. **e** Je ne fais jamais du jogging dans le parc à six heures du matin! **Ex. 5** Je prends. . . ce chou-fleur, ces pommes, cet ananas, ces olives, ce pamplemousse, cette salade, s'il vous plaît. **Ex. 7** Oui, j'adore la musique/Non, ça ne m'intéresse pas tellement. Cela t'intéresse, la télévision? – J'aime beaucoup/je n'aime pas tellement. – Oui, je suis assez sportif (-ive)/Non, je ne suis pas sportif (-ive) du tout. – . . ., tu veux aller . . . avex moi? – Salut!

Unit 10
A **1** F. **2** V. **3** F. **4** F. **5** V. **6** F. **7** V. **8** V. **9** F. **10** F. **11** V. **B** **1** A propos, qu'est-ce que tu fais ce soir? **2** Tu connais Robert, n'est-ce pas? **3** Ecoute, ça te plairait de dîner chez nous ce soir? **4** Merci quand même. **5** Qui est-ce qui y va? **6** On y va comment? **7** Non, non, pas du tout. **8** Où est-ce qu'on se donne rendez-vous? **9** A demain. **Ex. 1** Qu'est-ce que tu fais; Qui est-ce qui va? Qu'est-ce qu'elle fait, Madeleine? Qui est-ce qu'elle accompagne? Mais qu'est-ce que tu as? **Ex. 2** Je viens . . . **a** d'acheter du pain; **b** d'aller à la poste; **c** de téléphoner à Londres; **d** de parler à la serveuse. **Ex. 3** Je voudrais un melon. – Celui-là, le grand, le jaune, là-bas. – Oui, oui, celui-là. Vous avez des pommes? – Non, je prends celles-ci, les rouges. – Un kilo, s'il vous plaît. – C'est tout. Je vous dois combien? – Voilà. Merci. Au revoir. **Ex. 4 a** sais; **b** sais; **d** connaissons; **e** connaissez; **f** Sais; **g** savent; **h** sais; **i** sais; **j** sais, connaissent, savent. **Ex. 5** Disons. . . **a** lundi à onze heures; **b** mercredi à quatre heures et demie; **c** jeudi à cinq heures moins le quart; **d** demain à midi; **e** vendredi à deux heures et quart; **f** samedi soir à sept heures et demie. **Ex. 6** Qu'est-ce que tu fais demain? – Tu veux aller au cinéma? – On passe un film avec Nathalie Baye et Gérard Depardieu. – Il commence à hut heures. Je passe te chercher à sept heures et demie. – Oui, à demain. Salut!/Je m'excuse, je n'ai pas le temps maintenant. Merci quand même. – Oui, est-ce que tu es libre demain soir? – Oui, ça serait sympa. – Alors, disons à huit heures? – A demain.

Unit 11
A **1** b **2** c; **3** c; **4** b. **B** **1** Il faut mettre cette carte postale à la poste. **2** Il y a une poste dans le quartier? **3** On peut prendre un pot en même temps. **4** Qu'est-ce que vous prenez? **5** Qu'est-ce que tu prends? **6** Et pour moi un

café. **7** Qu'est-ce que vous avez comme casse-croûtes, monsieur? **8** Tu n'as pas faim? **9** Où peut-on manger le cassoulet? **10** On va vous régler maintenant, monsieur. **11** Il y a des toilettes ici, monsieur? **Ex. 1 a** peux; **b** peut; **c** peux; **d** peut; **e** peuvent; **f** pouvez; **Ex. 2** Non, je vais / nous allons / on va. ... **Ex. 3 a** Je les achète à la librairie; **b** Nous le mangeons au restaurant; **c** Tu le prends au bar; **d** Vous les visitez à Paris; **e** Ils le voient au théâtre national; **f** On l'emmène voir un film au cinéma 'Odéon'. **Ex. 4 a** (*examples*) Je veux la manger maintenant! **b** On peut les acheter au marché; **c** Tu vas la rencontrer demain; **d** On peut les mettre à la poste cet après-midi; **e** Je veux l'acheter tout de suite. **5 a** Les voilà! **b** La voilà! **c** Le voilà! **d** Le voilà! **e** La voilà! **Ex. 6 a** On va en manger demain; **b** Nous y allons tous; **c** J'en ai, moi; **d** Après, on va y faire du ski; **e** Comment est-ce qu'on va? **f** On peut y aller par car? **g** Je vais en apporter. **Ex. 7** Tu veux prendre un pot? – J'ai faim. Je veux manger quelque chose, un sandwich ou un casse-croûte. Est-ce qu'il y a un café dans le quartier – On verra. – Qu'est-ce que tu prends? – Une bière pression et un café, s'il vous plaît. – Qu'est-ce que vous avez comme sandwiches? – Tu as faim? – Je prends un sandwich au fromage. Est-ce qu'on peut acheter des cartes postales ici – Merci. Excuse-moi. Je vais envoyer une carte postale à mes amis à Paris. – Oui, je vais les voir la semaime prochaine. – Santé. Tu veux aller à Paris avec moi? – Tu peux y aller le weekend. Je peux te montrer les monuments principaux!

Unit 12
A 1 b. **2** c. **3** c. **4**a. **5** b. **6** 10–18.00 every day except Monday. **7** 15F but there's a student reduction of 6F. **8** Because (s)he's interested in paintings. **9** Not far – the person can go on foot. **10** Thursday. **11** Monday. **12** They stop selling tickets because the museum closes in 15 minutes. **B** habitons; prenons; va; sont; attend; met; descends; doit; mangeons; connais; passe; sortons; allons; invitent; rentre; ai; veut. **C** J'en ai deux. Tu en veux un? – Lequel préfères-tu, celui-ci, le rouge; ou celui-là, le bleu? – Voilà. Je vais prendre un café. Cela te dit? – Allons-y alors. **D a** Je m'appelle. . . ; **b** J'habite. . . ; **c** J'y habite depuis. . . ; **d** Il est. . . ; **2 a** C'est combien? / Quel est le prix? **b** Pour aller à la banque? **c** La prochaine séance commence à quelle heure? / Quand commence la prochaine séance? **d** On y va comment? **E 1 a** Either left or right, but right is perhaps safer because you know it's big (350 spaces) and how far away it is (400 metres); **b** Buses and taxis which have the right of way (priorité). 2 When you want to get out of town; 'Cendrillon' (Cinderella)is the only one which is on on a Tuesday in the school holidays but they don't give a price. You'd have to phone to find out whether you could afford it! **F** Cher Marc, Je viens d'arriver à la maison et il n'y a rien à manger! Il n'y a que du fromage et des pommes. Tu peux les manger si tu as faim! Je vais acheter des légumes frais et du pain chez l'épicier le plus proche et on peut diner à huit heures et demie. A tout à l'heure!

Unit 13
A 1 F – Elles prennent l'ascenseur. **2** V. **3** F – Elle a chaud. **4** V. **5** V. **6** V. **7** F – Elle fait du 40. **8** V. **9** F – La jupe est tout à fait à sa taille. **10** F – Elle trouve un chandail à sa taille. **B 1** ascenseur. **2** enlever. **3** chandail. **4** terrible. **5** taille. **C** Voici l'ascenseur. Vêtements féminins, c'est au troisième étage, n'est-ce pas? Mademoiselle, est-ce que je peux essayer une jupe? Quelle taille faites-vous? Je fais du quarante. Vous n'avez pas en violet? C'est un peu juste? Il est trop étroit. Vous avez la taille au-dessus, s'il vous plaît, mademoiselle? Oui, je le prends. **D** Je vais l'essayer. Je vais voir. **Ex. 1 a** Passez-moi le sel, s'il vous plaît (*strangers in café*); **b** Signez ce formulaire ici (*official to client in post office or bank*); **c** Donne-moi de l'argent (*child*

233

to parent);   **d** Enlève tes chaussures (*parent to child*);   **e** Vas-y, achète le disque si tu veux (*friends*).   **f** Attendez, je vais voir si j'ai la taille au-dessus (*shop-keeper to customer*).   **Ex. 2 a** Mets-les!   **b** Dis-le!   **c** Regardez-la!   **d** Mangeons-le!   **e** Envoyez-les!   **Ex. 3 a** Ne les mets pas!   **b** Ne le dis pas!   **c** Ne la regardez pas!   **d** Ne le mangeons pas!   **e** Ne les envoyez pas!   **Ex. 4** c 5, d 1, g 3, e 7, a 4, h 8, b 6, f 2.   **Ex. 5** Je prends. . .   **a** le manteau le plus grand;   **b** la cravate la plus large;   **c** les chaussures les plus longues;   **d** les gants les plus larges;   **e** le chandail le plus long, s'il vous plaît.   **Ex. 6 a** Ce manteau-ci;   **b** Cette cravate-ci;   **c** Ces chaussures-ci;   **d** Ces gants-ci;   **e** Ce chandail-ci.   **Ex.7 a** Lequel?   **b** Quelles?   **c** Laquelle?   **d** Lequel?   **e** Quels?   **Ex. 8** Excusez-moi, mademoiselle, est-ce que vous avez le même modèle en bleu? – C'est pour une amie. Elle fait du quarante. – Merci beaucoup. Pouvez-vous me donner la taille 38 aussi? – Si! Qu'elle est belle, celle-là. Où est-ce qu'on peut l'essayer? – C'est super, mais c'est un peu étroit, n'est-ce pas? – Mademoiselle, est-ce que vous avez la taille au-dessus? – C'est parfait. Je prends celle-ci. C'est combien? – Oui, s'il vous plaît – emballez-la.

Unit 14

A   1 Bernard et Joëlle sont chez Joëlle.   **2** Il est neuf heures et quart.   **3** Oui, elle a faim.   **4** Vers neuf heures.   **5** A dix heures.   **6** Non, elle habite chez ses parents.   **7** Elle s'appelle Stéphanie.   **8** Oui, il sait cuisiner.   **9** Non – le bœuf bourguignon, c'est du charbon.   **10** Ils vont aller au restaurant vietnamien.   **11** Non, pas du tout.   **B 1** Je m'excuse.   **2** Ne t'en fais pas.   **3** Tu n'as pas faim, toi? Moi, si.   **4** En ce moment elle travaille de nuit.   **5** Quelle horreur!   **6** On ne peut jamais s'asseoir.   **7** On ne peut rien laisser par terre.   **8** Cela ne me dérange pas du tout.   **9** Moi aussi, je sais cuisiner, hein!   **10** A propos.   **11** Ça ne sent pas le brûlé?   **12** Quelle catastrophe!   **13** Allons-y alors!   **Ex. 1 a** me lève;   **b** s'appelle;   **c** s'asseyent;   **d** nous couchons   **e** se trouve;   **f** t'inquiète;   **g** m'excuse;   **h** s'arrêtent.   **Ex. 2** Antoine Delfosse est informaticien. Il travaille chez une grande compagnie allemande à Paris. Il se lève tous les jours à sept heures, se lave et s'habille et puis il prend le petit déjeuner vers sept heures et demie. Le bureau n'est pas loin de la maison – il met environ cinq minutes en voiture. Le soir il fait du jogging dans le jardin public et puis il regarde la télévision. Il se couche d'habitude à onze heures.   **Ex. 6 a** J'aime beaucoup ce restaurant mais il est très difficile de trouver une table. – Cela ne te dérange pas? Quand est-ce que tu dois rentrer au travail? – Regarde, voilà une table. Allons nous asseoir là-bas. – Tu as faim? Ça sent délicieux. – Tu te lèves tard? – Qu'est-ce tu veux manger? – Tu as vraiment faim!/Que tu as faim! Deux chateaubriands, s'il vous plaît, monsieur.   **b** Allons au café pour prendre un pot? – Je connais un café tout près d'ici où on peut s'asseoir au-dehors. – Non, il est sur la place Voltaire, près du cinéma. – J'y vais presque tous les jours. Le garçon me connaît et le service est rapide. – Allons-y vite alors.

Unit 15

A   1 b.   **2** b.   **3** c.   **4** a.   **5** a.   **B 1** Tu ne te rends pas compte?   **2** Assieds-toi!   **3** C'est vachement sympa.   **4** Je te le montre.   **5** Qu'il est mignon!   **6** Le dix-neuvième siècle.   **7** Quand il en trouve un, il me le vend.   **8** Je te le donne maintenant?   **9** Tu peux le lui offrir ce soir.   **10** A minuit on va tous ensemble à la messe.   **Ex. 1 a** Ils nous l'offrent;   **b** Nous la lui envoyons;   **c** Je les leur donne plus tard;   **d** Vous allez nous les montrer.   **Ex. 2 a** Je lui en envoie une;   **b** Nous les leur donnons;   **c** Vous allez lui téléphoner?   **d** Ils le leur montrent;   **e** Elle lui en écrit une.   **Ex. 3 a** Je te les montre;   **b** Nous vous en offrons cinq;   **c** Ils nous les donnent jeudi;   **d** Vous allez le leur envoyer demain;   **e** Nous pouvons le leur donner ce soir;   **f** Elle lui

téléphone tous les jours. **Ex. 4 a** Lève-toi! **b** Lave-toi! **c** Rase-toi!
d Habille-toi! **e** Assieds-toi! **f** Prends le petit déjeuner! **g** Ecoute!
h Allons-nous en/Allons-y maintenant! **Ex. 5 a** tous. **b** telles; **c** telles;
d tous; **e** tel; **f** Toutes; **g** Tous; **h** telle. **Ex. 6 a** Il te le montre; **b** Tu
le leur donnes; **c** Ils nous les offrent; **d** Nous te les envoyous; **e** Tu les lui
donnes. **Ex. 7 a** le dix juin; **b** le douze novembre; **c** le quatorze février.
d le vingt-cinq mai; **e** le cinq janvier; **f** le trente-et-un août. **Ex. 8 a** le
vendredi quatre juillet; **b** le dimanche vingt-neuf mars; **c** le mercredi dix-sept
septembre; **d** le lundi vingt-et-un juin; **e** le jeudi treize avril. **Ex. 9** Tu
aimes le Noël? – J'aime assez le Noël mais je préfère le trente-et-un décembre. – Je
suis écossais(e) et on sort tous le soir et puis on visite des amis. – Vous êtes très
aimable. Est-ce que je peux l'ouvrir maintenant! – Des chocolats Suchard! Qu'ils
ont l'air délicieux! – J'adore le chocolat noir. Je veux vous donner un cadeau
aussi. Je vous le montre maintenant? – Arrêtez! Voilà! Vous vous intéressez aux
petits animaux, n'est-ce pas?!

Unit 16
A 1 A room with a shower which overlooks the river. **2** 33. **3** Third.
4 Turn left as you come out of the lift and the room is on your right. **5** Tall,
curly hair, about 20. **6** Red trousers, a green sweater, enormous glasses.
7 Parking the car. **8** Car-park, hair-dresser's, swimming-pool, restaurant, T.V.
room. **9** His glasses. **B 1** Je voudrais réserver une chambre, s'il vous plaît.
2 Une chambre qui donne sur la rivière. **3** C'est la chambre numéro 33.
4 Elle est sur la troisième étage. **5** Agé d'une vingtaine d'années. **6** Le jeune
homme dont vous parlez n'est pas ici. **7** Où est-il donc?! **Ex. 1** Excusez-moi,
madame, est-ce qu'il y a . . . **a** un restaurant; **b** un salon de coiffure; **c** une
salle de télévision; **d** un ascenseur; **e** une piscine? **Ex. 2** Il vient de. . .
a réserver une chambre **b** prendre la clé; **c** entrer dans l'ascenseur; **d** garer
la voiture; **e** enlever ses lunettes. **Ex. 3** (examples) Tout en écoutant la radio,
je fais la vaisselle. Tout en mangeant un sandwich, nous regardons la télé. Tout
en parlant aux amis, vous cuisinez. Tout en chantant 'la Marseillaise', ils font de
la gymnastique. Tout en prenant un tasse de café, elle prend une douche.
Ex. 4 a Ils sortent de la banque en se dépêchant; **b** Elle descend la rue en
courant; **c** Nous traversons la rivière en nageant; **d** J'entre dans la maison en
courant. **Ex. 5** C'est un grand homme âgé d'une quarantaine d'années aux
cheveux frisés marrons à la barbe noire. Il porte un pantalon gris et un chandail
bleu. **Ex. 6 a** que; **b** qui; **c** dont; **d** qu'; **e** qui; **f** dont;
Ex. 7 a ascenseur (4); **b** pantalon (2); **c** voiture (5); **d** lunettes (6);
e douche (1); **f** clé (3); **Ex. 8** Cette voiture-ci, c'est la vôtre? Ce passeport-
ci, c'est le vôtre? Cet argent-ci, c'est le vôtre? Cette clé-ci, c'est la vôtre? Ces
livres-ci, ce sont les vôtres? **Ex. 9 a** Les siens sont sur la table; **b** C'est la
sienne; **c** Les miens sont très stricts; **d** La nôtre se trouve dans le centre-ville;
e Le leur est plus actif. **Ex. 10** Je voudrais réserver une chambre pour deux
nuits. – Oui, pour une personne. – C'est combien? – Le petit déjeuner est
compris? – Est-ce que vous avez une chambre qui donne sur le lac? – Est-ce qu'il
y a un ascenseur? – Merci beaucoup. Bonne journée.

Unit 17
A 1 b. **2** a. **3** c. **4** b. **5** c. **6** b. **B 1** J'ai mal à la tête. **2** J'ai mal
à l'estomac. **3** Ce qui est surprenant. . . **4** . . . c'est que vous n'avez pas de
fièvre. **5** Ce dont j'ai besoin, ce sont des vacances. **6** Au bord de la mer.
7 Depuis combien de temps souffrez-vous? **8** Voici deux heures que j'ai la tête
qui tourne. **9** A quelle heure vous vous levez le matin? **10** Je ne me lève pas le
matin! **11** Je ne fais que ce qui m'intéresse. **12** Qu'est-ce que j'ai? **13** Vous

Answer section

croyez que c'est quelque chose de sérieux? **14** Ce qu'il vous faut, c'est de l'air frais. **C 1** bouche. **2** promenades. **3** d'appétit. **4** ordonnance. **Ex. 1 a** crois, **b** dit; **c** croyons; **d** croit; **e** dit; **f** crois; **g** crois. **Ex. 2 a** Quand est-ce qu'il part? **b** Il se léve à quelle heure? **c** A quelle heure est-ce qu'il va partir d'ici? **d** Qu'est-ce qu'il fait ce soir? **e** Comment sont les soirées chez Jacques? **Ex. 3 a** lisons; **b** lisez; **c** souffrez; **d** souffrent; **e** lis. **Ex. 4 a** Il est de mauvaise humeur, ce que je ne peux pas accepter; **b** Il ne s'excuse pas, ce qui m'énerve; **c** Il dit que je suis imbécile, ce que je n'aime pas! **d** Il dit qu'il veut se marier avec moi, ce qui est incroyable! **Ex. 5** Depuis combien de temps . . . **a** habitez-vous à Dieppe; **b** travaillez-vous dans le marché; **c** vendez-vous des chou-fleurs; **d** jouez-vous du violon; **e** apprenez-vous italien? **Ex. 7 a** A quelle heure vous vous levez? **b** Comment s'appelle-t-il? **c** Où se trouve la poste? **d** Quand se mettent-elles / est-ce qu'elles se mettent au travail; **e** A quelle heure vous couchez-vous? / est-ce que vous vous couchez? **Ex. 8 a** Mais je ne me lève pas à sept heures; **b** Il ne s'appelle pas Grégoire; **c** La poste ne se trouve pas avenue de Gaulle; **d** Elles ne se mettent pas au travail le matin; **e** Nous ne nous couchons pas à minuit; **Ex. 9 a** Je crois que nous allons aux montagnes demain; **b** Pierre ne croit pas que Sophie vient avec nous; **c** Elle dit qu'elle n'aime pas de longues promenades; **d** Nous croyons qu'elle a besoin de l'air frais; **e** Croyez-vous que nous pouvons la persuader? **Ex. 10 a** avons, à la; **b** ont, à l'; **c** ai, aux; **d** Avez, à la; **e** ont, aux; **f** as, à la. **Ex. 11** Bonjour, docteur. – J'ai mal à la tête et j'ai de la fièvre. – Je ne vomis pas mais je tousse. – Je n'ai pas mal à la gorge. – Est-ce que c'est quelque chose de sérieux? – D'accord. Il faut les prendre tous les combien? – Merci. Au revoir.

Unit 18

A 1 Toys; On the second floor. **2** The sweater is too big; Yes, the assistant gives her a smaller size. **3** A pair of green trousers; The assistant only has grey, blue or brown; He buys a brown pair. **4** She must take her medicine three times a day at meal-times. **5** If there is a car-park at the hotel; No, but there are lots of spaces just outside the hotel where you can park. **6** a. **7** c. **8** a. **9** b. **10** c. **Rendez-vous 1 a** this evening **b** go and see a spy thriller; **c** At 8.30; **d** At the friend's house; **e** At 8 o'clock. **Rendez-vous 2 a** Pick him up; **b** At Victoria bus station; **c** 6.30 tomorrow morning; **d** Tall with long blond hair; **e** Jeans with a navy blue sweater and a pink scarf. **B** que; ont; leur; qui; Il; de; s'asseyant; ce qu'; visitent; qui. **C 1** Ils croient que Jean- Luc va les chercher à cinq heures. **2** Est-ce qu'ils savent parler italien? **3** La voilà! Elle traverse la route en courant. **4** Je vais les leur donner (je les leur donne) le matin. **5** Ils disent qu'ils se lèvent à huit heures le matin. **6** Est-ce qu'il s'appelle Marc? **7** Il est âgé d' une trentaine d'années, aux cheveux gris. **8** Nous habitons à Paris depuis dix ans maintenant. **9** Ce stylo est le tien (à toi): Celui-ci est le mien (à moi). **10** Tu ne te couches pas maintenant. **D 1** Ne les y mets pas! **2** Donnez-les-lui! **3** Il nous la montre. **4** Prenez-en! **5** Il faut l'enlever. **6** Je veux lui en offrir. **7** Allons-y! **8** Nous les leur envoyons. **E** 1 (e); 2 (f); 3 (b); 4 (a); 5 (c); 6 (d). **F 1 a** Lift. **b** Wash-hand basins. **c** To open or shut the curtains, pull the cords here. **d** Rooms should be paid for in advance. **2** From the June 4 Samaritaine will have new opening hours. It will be open till 7 in the evening every day and till 8.30 on Tuesdays and Fridays. **3 a** 2nd; **b** 3rd; **c** 1st; **d** 2nd; **e** 1st. **4** Hotel de Paris. Probably near the station (in Avenue de la Gare), rooms have showers and/or toilet. You can have breakfast, there is a bar and a T.V. set. There's a terrace outside, a car-park. The room prices go from 58F, it's open during the first week in April and the rooms are heated (chauffage).

Unit 19

A **1** b. **2** a. **3** a. **4** c. **B** **1** Allô. C'est Michel Vincent à l'appareil. **2** Vous avez fait un faux numéro. **3** Zut, alors! **4** La ligne est occupée. **5** Pourriez-vous essayer plus tard, s'il vous plaît. **6** Oh là là! Ce n'est pas possible. **7** J'ai eu un accident. **8** Pouvez-vous m'envoyer la dépanneuse, s'il vous plaît? **9** J'ai fini par conduire la voiture dans la rivière. **10** J'arrive tout de suite. **Ex. 1 a** fini; **b** regardé; **c** attendu; **d** dormi; **e** mangé; **f** choisi; **g** eu; **h** fait; **i** pris; **j** vu. **Ex. 2 a** J'ai téléphoné à Elisabeth; **b** J'ai dîné dans un restaurant; **c** Elisabeth a choisi le poulet rôti...; **d** mais moi, j'ai pris (mangé) le steak-frites. **e** Puis nous avons vu un film; **f** A la fin nous avons attendu Marc et Sophie. **g** Ils ont aimé le film; **Ex. 3 a** Je l'ai déjà vendu; **b** Elle les a déjà mis; **c** Je l'ai déjà pris; **d** Nous l'avons déjà trouvé; **e** Il lui a déjà dit 'Bonjour!'. **Ex. 4** 2 (e), 4 (a), 5 (b), 6(c),1 (f), 3 (d). **Ex. 5** –; de; de; –; de; par. **Ex. 6 a** pour; **b** sans; **c** sans; **d** pour. **Ex. 7 1** (**b** I tried to see her yesterday) **2** (**g** They are coming down to watch television); **3** (**f** We forgot to put salt in the soup); **4** (**a** She decided to leave school); **5** (**d** I saw him crossing the street); **6** (**h** They have stopped talking); **7** (**e** They stopped me from going out); **8** (**b** We know how to ski). **Ex. 8 a** Je voudrais Paris le 27–13–63. – Est-ce que vous pouvez essayer encore une fois maintenant. – Allô. C'est (*your name*) à l'appareil. – Je suis à la gare. – Merci. A tout à l'heure. **b** Bonjour, monsieur. – J'ai eu un accident. Vous pouvez envoyer la dépanneuse? – Non, ce n'est pas sérieux mais la voiture ne marche plus. – Je suis sur la Route Nationale entre Lageon et Parthenay. – C'est une Volvo rouge.

Unit 20

A **1** F – Il y est allé en vacances. **2** F – Ils sont déjà rentrés en France. **3** V. **4** V. **5** F – Il a acheté des souvenirs et des cadeaux. **6** F – Il y a des droits de douane à payer sur les cigarettes et le whisky. **B** **1** Je n'ai rien à déclarer, monsieur. **2** Vous êtes allés en vacances en Angleterre, monsieur? **3** Nous sommes allés en Ecosse. **4** Ma femme et mes enfants sont déjà rentrés en France. **5** On vous l'a donnée, je suppose. **6** ...Et les deux cartouches de cigarettes que j'ai trouvées. **Ex. 1 a** est arrivée; **b** somme venus; **c** suis allée; **d** est devenue; **e** est né; **f** est mort; **g** sont restées; **h** sont sortis. **Ex. 2 a** Ils se sont levés à sept heures; **b** Elles se sont réveillées tôt le matin; **c** Nous nous sommes lavés très vite; **d** Elle s'est habillée en clown; **e** Ils se sont dirigés tous vers la fête; **f** Tout le monde s'est bien amusé; **g** Les jeunes filles se sont promenées en ville; **h** On s'est couché vers minuit. **Ex. 3 a** A quelle heure vous vous réveillez le matin? **b** A quelle heure vous levez-vous? **c** Est-ce que vous vous brossez les dents? **d** Est-ce que vous prenez le petit déjeuner? **a** A quelle heure vous vous êtes reveillé ce matin? **b** A quelle heure vous vous êtes levé? **c** Est-ce que vous vous êtes brossé les dents? **d** Est-ce que vous avez pris le petit déjeuner? **Ex. 6 a** Je l'ai trouvée dans la salle de bains; **b** Elle l'a vu l'année dernière; **c** Je l'ai déjà envoyée; **d** Oui, je les ai tous mangés; **e** Oui, ils les ont beaucoup aimés; **Ex. 7 a** Celui que j'ai vu la semaine dernière; **b** Celle que j'ai achetée à la Samaritaine; **c** Ceux que j'ai écoutés chez Jules hier; **d** Celles que j'ai invitées à dîner chez moi; **e** Celles que j'ai faites à la plage l'été dernier. **Ex. 8 a** J'habite à Paris depuis dix ans; **b** Nous y sommes allés il y a six ans; **c** Ils sont restés pendant six semaines; **d** Il a habité à Lyon pendant deux ans; **e** mais il est resté à Londres il y a cinq semaines. **Ex. 9 a** Bonjour, monsieur. Je n'ai rien à déclarer. – Bien sûr. Voilà. – C'est une tarte aux pommes que j'ai achetée pour mes amis en France. – J'espère qu'il n'y a pas de droits de douane sur des tartes aux pommes. – Non, je n'ai pas d'autres bagages. **b** – Oui, je veux bien! – Une tasse de thé, s'il vous plaît. – Je suis

Answer section

arrivé(e) à cinq heures et demie. – Ne t'en fais pas. Ce n'est pas grave. – Merci, c'est délicieux! – Merci, je ne fume pas.

Unit 21

A **1** Un viticulteur, c'est quelqu'un qui cultive la vigne. **2** Il es né à Perpignan. **3** Il a décidé d'acheter un terrain et de travailler la terre. **4** Parce qu'il a dû tout établir. **5** Il a fait construire une maison. **6** Il s'est marié il y a deux ans. **7** Non, elle a perdu ses amis, son emploi, elle se sent isolée. **8** Elle a travaillé comme vendeuse dans un grand magasin. **9** Les inconvénients: on est plus isolé, on ne voit pas autant de gens. Les avantages: on est plus libre, on peut faire ce qu'on veut, quand on veut, c'est une vie moins stressée, il est agréable de vivre selon les rhythmes de la nature. **10** Oui! **B** ACROSS 1 facile; 2 voulu; 3 rendu; 4 su; 5 début; 6 perdu; 7 vécu; 8 libre; 9 installe; 10 chouette. DOWN 1 construite. **Ex. 1 a** Je n'ai jamais voulu; **b** avons écrit; **c** m'ont offert; **d** Je n'ai pas su; **e** ont dû; **f** a dit; **g** avons vécu; **h** j'ai souffert; **i** on n'a pas pu; **j** j'ai reçu; **k** avons ri. **Ex. 2 a** Après nous être couchés, nous avons entendu un bruit; **b** Pendant que j'ai fait la vaisselle, il a passé l'aspirateur; **c** Une fois établi en Angleterre, il a trouvé un poste; **d** La vie à la campagne est tranquille pendant que la vie en ville est stressante; **e** Une fois installés, nous avons été très contents; **f** Après être rentrés chez elle, elle s'est vite remise. **Ex. 3** (*examples*) La Tour Eiffel est plus grande que l'Arc de Triomphe./Un éléphant est plus intéressant qu'un poisson rouge!/Un crocodile est plus impressionnant qu'un chat!/Marseille est moins agréable que Paris./Un chien est moins féroce qu'un tigre. **Ex. 4 a** J'ai dû dire au revoir à mes amis; Mon frère a dû quitter le travail; Nous avons tous dû faire les valises; La famille a dû vendre la maison; Mon père a dû louer un camion; **b** Mes parents ont fait construire une maison; Ma mère a fait décorer la maison; pendant que moi, j'ai fait nettoyer mes vêtements et mon frère a fait réparer sa moto; **c** Ma tante a failli mourrir; J'ai failli pleurer; Mes grands-parents ont failli rester en Angleterre; Mon frère a failli rentrer chez nous! **Ex. 5 c** Non, je suis allé(e) au cinéma. – J'y suis allé(e) seul(e). – J'ai vu un western. – Non, les westerns ne m'intéressent pas tellememt – Si. Après, je suis rentré(e) chez moi et j'ai regardé la télé avec quelques amis. Tu as vu le film avec Sergio Leone? – Oui, je me suis couché(e) vers minuit.

Unit 22

A **1** voulait devenir pompier. **2** travaillait pour la S.N.C.F. **3** beaucoup de contact avec le personnel de la gare. **4** à regarder les trains. **5** changé d'idée. **6** était garagiste. **7** travaillait en qualité de pompiste. **8** gagnait un peu d'argent de poche. apprenait le métier de garagiste. **9** avoir quitté l'école. **10** de son oncle. **B** **1** Quand j'étais petit. . . **2** je voulais devenir pompier! **3** Je connaissais personnellement le chef de gare. **4** Je passais la plupart de mon temps à regarder les trains qui arrivaient et qui partaient. **5** Voilà pourquoi je voulais faire comme lui. **6** J'ai changé d'idée. **7** Pendant deux ou trois ans je travaillais en qualité de pompiste. **8** Je pense qu'il est indispensable d'avoir un métier. **Ex. 1 a** choisissions; **b** connaissait; **c** accompagnais; **d** sortais; **e** remplissaient; **f** louions; **g** souffraient; **h** mangeaient; **i** dormiez; **j** commençait; **k** finissais. **Ex. 2 a** avions l'occasion d'; **b** passaient leur temps à; **c** passait son temps à; **d** j'avais l'occasion de/passais mon temps à; **e** avais l'occasion de; **f** n'avaient pas l'occasion de; **g** passions notre temps à; **h** avais l'occasion de. **Ex. 3 a** Pendant que mous mangions, on a sonné à la porte; **b** La neige est tombée pendant la nuit; **c** Le Père Noël est arrivé pendant qu'on dormait. **Ex. 6** Non-ma famille a déménagé quand j'étais assez jeune. – Près de la mer. Je l'aimais beaucoup. – En été, on passait son temps à nager, à faire du sport. – L'hiver, c'était moins intéressant parce qu'il faisait froid.

Je lisais des livres, je regardais la télé. – Parce que ma mère avait l'occasion d'obtenir un bon emploi à Londres. – Au début pas du tout mais quand j'avais quatorze, qunize ans j'ai commencé à l'aimer.

Unit 23

A £50; 550F50; passeport; 6; vélo; Pont-Aven; trouver une cabine téléphonique! **B** **1** Pour changer de l'argent, c'est à quel guichet, s'il vous plaît? **2** C'est ici, le bureau de change? **3** Je voudrais changer ce chèque de . . . livres sterling, s'il vous plaît. **4** Could you sign it again at the top. **5** Have you got your passport? **6** Could you go over to the cash-desk now. **C** **1** Alors, qu'est-ce qu'on va faire aujourd'hui? **2** Si on faisait une randonnée à vélo? **3** On pourrait aller jusqu'à Pont-Aven rendre visite à Jean. **4** Cela te dit? **5** On pourrait toutefois lui donner un coup de fil. **D** **1** On m'a dit qu'il fallait venir ici pour changer de l'argent. **2** Jean a dit qu'il voulait rester chez lui aujourd'hui. **3** J'avais l'impression qu'il allait dormir jusqu'à midi. **Ex.** **1** Il a dit qu'ils finissaient de manger maintenant; **b** Il a dit que ses parents étaient de mauvaise humeur; **c** Il a dit qu'il fallait faire la vaisselle; **d** Il a dit qu'il arrivait tout de suite; **e** Il a dit que son ami Pierre l'accompagnait; **f** Il a dit qu'on sortait tous à la discothèque; **Ex.** **2** **a** On m'a dit que le train arrivait à cinq heures; **b** On m'a dit que le chef de gare allait m'indiquer la route; **c** On m'a dit qu'il y avait beaucoup de taxis; **d** On m'a dit qu'il fallait attendre devant la gare; **e** On m'a dit que la ville était très petite; **f** On m'a dit que les taxis ne coûtaient pas cher. **Ex.** **3** **a** Si on faisait les courses ce matin? **b** Si on jouait au foot cet après-midi? **c** Si on allait au théâtre ce soir? **d** Si on faisait une randonnée à vélo demain? **e** Si on mangeait dans un restaurant dimanche? **f** Si on commençait par prendre un café et quelques croissants? **Ex.** **4** **a** Depuis trois ans elle travaillait trop; **b** Depuis deux ans elle ne dormait pas bien; **c** Depuis un an ses amis ne la voyaient plus; **d** Depuis six mois elle ne s'amusait pas; **e** Depuis trois mois elle ne mangeait plus rien; **Ex.** **5** **a** J'ai habité à Paris pendant trois ans; **b** Nous travaillions à l'école depuis six mois; **c** Depuis combien de temps est-ce qu'elle sort tous les soirs? **d** Ils regardaient la télé depuis deux heures; **e** Elle a travaillé dans le supermarché pendant trois semaines; **f** Nous attendons ici depuis une demi-heure; **g** Depuis combien de temps étudiais-tu les maths? **Ex.** **6** d, g, b, f, c, a, i, e, h. **Ex.** **7** 4 (a); 6 (b); 2 (c); 1 (d); 3 (e); 5 (f) **Ex.** **8** **a** Je voudrais changer un chèque de voyage. – C'est ici le bureau de change? – Je voudrais changer ce chèque pour vingt livres sterling. – Bien sûr. Et voici mon passeport. – Est-ce que je dois passer à la caisse maintenant. – Merci. **b** Qu'est-ce qu'on va faire aujourd'hui? – Si on allait en ville, acheter des livres et des disques? – Si on allait à la maison des jeunes, alors? – On peut y écouter des disques. – Sans rien payer!/Et c'est gratuit! – Allons-y alors!

Unit 24

A **1** b. **2** c. **3** d. **4** a. **Alibi** Suspect A; stopped work, read paper, made meal, wife arrived home, ate. 7.10 Left home, 7.30 arrived at theatre, concert started at 8, 15 minute interval at 9, concert finished at ten. Suspect B; Spent day in office, went home at 7. Planning to have dinner with friend at restaurant 'Les deux amis' at 8. Changed and left house at 7.30. At quarter to eight arrived at restaurant. Had a drink whilst waiting. Friend arrived at 8.15. Ate together. Home about 10.30. **a** Suspect B – he was alone at 8 o'clock. Suspect A was playing in a concert at 8. **b** Go and ask at the restaurant – see if they remember whether suspect B arrived and had a drink or not. **B** **1** Nous nous sommes levés. **2** j'ai vues. **3** sortait. **4** sont allés. **5** ai déjà ouverte. **6** mangions. **D** depuis; pendant; il y a; parce que; sans; pendant qu'; après avoir; pendant;

Answer section

à cause de; donc; pourquoi; parce que.   **E   1** Il a failli percuter cette voiture.
2 Je l'ai vu monter la rue en courant.   **3** Elle apprend l'italien depuis deux ans.
4 Nous avons fait construire une maison à la campagne.   **5** Il est important de
trouver quelque chose d'intéressant.   **6** Il vient de rentrer chez lui.   **7** Ils
habitaient à Paris depuis vingt ans.   **8** Elle a essayé de téléphoner à son frère.
9 J'ai passé/Je passais la plupart de mon temps à jouer au football.   **10** Nous
avons dû/il a fallu faire les courses.   **F   1   a** All the charm of a historic town in
the sunny district of Roussillon; All the attractions of a large resort for winter
sports.   **b** Relaxation.   **c** Night-clubs, cinemas, crêperies, restaurants which are
open in the evening, entertainment hall.   **d** All the usual shops: grocer's, baker's,
butcher's sports shops, tabacconist's, book-shops, souvenir shops, photographic
studio, hair-dresser's, perfume shop, plus bank, post-office, estate agent's, painter,
electrician, plumber, petrol station, taxis, chemist, doctor.   **e** Everything for the
tourist.   **f** A tourist office, two estate agent's, hotels, furnished rooms,
accommodation office, holiday village (sleeping capacity – 7,000 beds in all).
2   a Must be 18 years old, in good physical shape with a minimum of training
able to go 50 kms (= 30 miles) without getting tired.   **b** 3 weeks.   **c** No, just
breakfast.   **d** Boat from St. Malo to Portsmouth and train to Newport.   **e** In
youth hostels.   **f** A land with very varied countryside: forests, moors, lakes,
water-falls, steep cliffs and deep bays; a number of historical monuments reveal its
long history (fortresses from the Middle Ages); also a region with small hills
crossed by deep valleys.

Unit 25

A   1 two.   **2** in the shade.   **3** cold.   **4** nothing.   **5** out of order.   **6** not far
away.   **7** at the camp-site.   **8** when they leave.   **B   1** Vous avez encore de la
place?   **2** On va prendre une des places à l'ombre.   **3** Est-ce qu'on peut prendre
une douche?   **4** Excusez-moi, madame. Je n'arrive pas à faire marcher le
téléphone.   **5** Il ne nous reste plus de gaz butane.   **6** Où est-ce qu'on peut en
acheter?   **7** Est-ce que je dois vous payer l'emplacement maintenant.   **D** en
panne; à l'ombre; gratuites; le bloc sanitaire; bon séjour!   **Ex. 1   a** partira;
b jouerai;   **c** vendrons;   **d** oubliera;   **e** fera;   **f** faudra;   **g** auront;   **h** sortiras;
i perdrez;   **j** commencera.   **Ex. 2   a** J'arriverai vendredi;   **b** Je resterai
quatre nuits;   **c** Un ami arrivera samedi;   **d** On aura besoin de deux chambres
à un lit;   **e** Encore deux amis arriveront dimanche;   **f** Ils écriront pour réserver
une chambre;   **g** Nous partirons tous mardi.   **Ex. 3   a** ferons;   **b** auront;
c aurai;   **d** fera;   **e** auront;   **f** feras;   **g** ferez;   **h** aura.   **Ex. 4   a** Quand je
partirai, tu m'accompagneras;   **b** Quand tu sortiras, il faudra acheter un journal;
c Quand nous vendrons la maison, nous aurons beaucoup d'argent;   **d** Quand
elle aura seize ans, elle quittera l'école;   **e** Quand il finira ses études, il se
mariera;   **f** Quand vous aurez votre bac, vous commencerez à chercher un
emploi.   **5** Je n'arrive pas à . . . dresser la tente, faire marcher la douche, trouver
le dentifrice, acheter du gaz butane, faire une tasse de café.   **6** Il ne reste pas/plus
. . . de thé, d'eau, de lait, de café, de sucre, de biscuits.   **Ex. 7   a** Il ne leur reste
plus d'essence;   **b** Il ne nous reste plus de vin;   **c** Il ne lui reste plus de gaz
butane;   **d** Il ne lui reste plus de dentifrice;   **e** Il ne me reste plus de chocolat.
Ex. 8   a J'aurai encore plus faim demain;   **b** Il fera encore plus froid demain;
c Nous aurons encore plus soif demain;   **d** Elle aura encore plus sommeil
demain;   **e** Tu auras encore plus peur demain.   **Ex. 10** Bonjour, monsieur. Est-
ce que vous avez encore de la place? – C'est une caravane. Nous sommes trois. Et
une voiture, bien entendu! – Il fait assez froid. Je préfère l'emplacement près de la
rivière. Est-ce qu'on peut y nager? – Oui, on fera attention. – On n'a pas décidé

encore. Est-ce qu'on peut vous le dire demain? – Il ne nous reste plus de nourriture. Est-ce qu'il y a un magasin sur place? – Merci. À tout à l'heure.

Unit 26

A 1 F – Elle pense aller à Plymouth dans le Devon. 2 V. 3 F – Elle y va avec sa soeur. 4 V. 5 F – Elle va pour un mois. 6 V 7 F-Ils vont faire de l'autostop. 8 V. 9 F – Ils vont faire du camping. 10 V. 11 V. 12 F – Il y a passé deux semaines. 13 F – Il est assez sportif. **B** Qu'est-ce que tu vas faire . . .? Je pense aller . . . ; Où comptes-tu aller? Nous allons loger. . . . Combien de temps comptes-tu y rester? J'espère aussi. . . ; Je voudrai. . . ; Tu y seras donc pour un mois? Je partirai. . . ; je resterai; Et toi, que feras-tu? J'ai l'intention de. . . ; On espère. . . Nous pensons. . . ; On pourra . . . . ; On verra. . . ; tu vas passer. . .? je devrai . . .; Qu'est-ce que tu comptes faire? Je ferai. . . j'irai. . . ; Je passerai la plupart de mon temps à . . . . **Ex.** 1 a irons; **b** devront; **c** serons; **d** pourront; **e** sauras; **f** viendrez; **g** verra; **h** voudra. **Ex.** 2 a Ils pourront venir demain; **b** J'irai à Paris la semaine prochaine; **c** Ca sera sympa; **d** Il devra manger à six heures; **e** Je la verrai demain; **f** Est-ce que tu viendra nager ce soir? **g** Nous voudrons jouer aussi; **h** Tout le monde saura tout. **Ex.** 3 a Je pense aller en Bretagne; **b** Nous y resterons pour deux semaines; **c** Ma soeur va y aller aussi; **d** Nous espérons nager et nous bronzer; **e** Je vais manger, je vais boire et je vais m'amuser; **f** Mon beau-frère fera de la voile; **Ex.** 4 **b** Qu'est-ce que tu vas faire pendant les vacances? – Vous y allez en voiture – Vous y êtes déjà allés? – Qu'est-ce que vous allez faire? **Ex.** 5 **a** pour; **b** depuis; **c** pendant; **d** pour; **e** pour; **f** depuis; **g** pendant. **6** à Arles en Provence, à Ottawa dans le Canada, à Quimper en Bretagne, à Penzance dans les Cornouailles, à Perpignan dans le Roussillon, à San Francisco en Californie aux Etats Unis. **Ex.** 8 voile; décontractez; autostop; économies; équitation; pêche. **Ex.** 9 a Je pense aller à Rennes en Bretagne. – Je compte y aller avec un ami. – On a l'intention d' y aller en bateau. – Non, nous espérons voyager en vélo/à bicyclette. – On va rester trois jours à Rennes et puis on passera une quinzaine à faire un circuit de Normandie à vélo. – Non, on dormira dans des hôtels. – Et aussi on ne pourra pas porter des tentes. **b** Qu'est-ce que tu penses faire cet été? – Où est-ce que tu penses aller? – Chouette! Tu y vas pour combien de temps? – Tu y vas en avion? – Est-ce que tu sauras parler anglais? Tu l'étudies depuis combien de temps?

Unit 27

A 1 because she's good at maths. 2 Yes, she's taking the bac. 3 No, she prefers going out with her friends. 4 If she passes the bac, she'll go to university. 5 At home with her parents. 6 Yes, apart from one or two disagreements. 7 11 o'clock. 8 Tidy her room. Show her what she's wearing. 9 No, they don't take each other too seriously. **B** 1 Qu'est-ce que tu penses faire dans la vie plus tard? 2 Je voudrais devenir informaticienne. 3 Je suis assez forte en maths. 4 On m'a conseillé de suivre un cours d'informatique. 5 Que feras-tu quand tu quitteras l'école? 6 Ils ne me permettent pas de sortir. 7 Ma mère me dit de ranger ma chambre. 8 Elle me demande toujours de me changer. **C** 1 Je voudrais devenir. . . **a** mécanicien; **b** professeur; **c** conducteur d'autobus. 2 Je suis assez fort (e) en . . . **a** français; **b** anglais; **c** géographie. 3 On m'a conseillé de . . . **a** quitter l'école; **b** continuer mes études; **c** chercher un emploi. 4 Qu'est-ce que tu feras. . . **a** quand tu partiras de la maison? **b** quand tu partiras en vacances? **c** quand tu auras plus d'argent? **Ex.** 1 a trouverais; **b** serais; **c** irions; **d** sauraient, faudrait; **e** verrait; **f** regarderiez; **g** voudrait; **h** viendriez; **i** finissiez; **j** il se

Answer section

leverait? **k** il perdrait; **l** pourrais. **Ex. 2 a** je me coucherais tôt; **b** je prendrais un jour de congé **c** je continuerais mes études; **d** je deviendrais comptable; **e** j'irais à l'étranger. **Ex. 3 a** passerons; **b** irait; **c** seraient; **d** fait; **e** avait. **5 a** J'ai demandé à Pierre de choisir quelques disques; **b** Claude m'a dit de faire quelques pizzas. **c** Mes parents m'ont dit de ne pas inviter Marc; **d** Marc leur a prié de changer d'avis; **e** Je lui ai promis que j'essaierais de persuader mes parents; **f** Mais je serais surpris(e) s'ils lui permettaient de venir! **Ex. 6 a** I like listening to the radio whilst I'm washing up; **b** After arriving at the camp-site we put up the tent; **c** He left without hurrying; **d** Before going out, he wanted to have a shower; **e** Avant de manger nous sommes allés voir Marc; **f** En partant maintenant vous arriverez à cinq heures; **g** Avant de quitter la maison, donnez-moi un coup de fil; **h** On peut écouter des nouveaux disques sans devoir les acheter; **i** Je suis fatigué(e) après être venu(e) si loin. **Ex. 7 a** Je voudrais travailler dans un office de tourisme. – Je passe l'examen de français. – Je suis sûr(e) que je le réussirai. – Oui, très utile, je pourrai parler aux touristes français. – Je réserverais des chambres d'hôtel et je leur donnerais des renseignements. – Oui, j'ai l'intention d'aller au collège pour un an avant de commencer à l'office de tourisme. **b** Oui, ça va maintenant mais il y a deux ans c'était terrible. – Ils ne m'ont pas permis de sortir le soir. Ils m'ont même interdit d'aller au cinéma. – Oui, je crois que je suis plus raisonnable maintenant aussi. – Oui, pour le moment. Si je ne m'entendais plus avec eux, je trouverais un appartement. – Non, j'aimerais mieux habiter avec des amis. – Ils m'énerveraient probablement mais je déteste la solitude.

Unit 28

A 1 b. **2** c. **3** b. **4** a. **5** c. **6** a. **B 1 a** Je voudrais savoir s'il y a un camping près d'ici; **b** Vous auriez un plan de la ville? **c** Est-ce qu'on peut louer des vélos à Nîmes? **d** Merci beaucoup, mademoiselle, pour tous ces renseignements. **2 a** Je vous la donnerai tout de suite; **b** L'hôtesse d'accueil a dit qu'elle me donnerait la liste des campings; **c** Il faudra aller à Avignon, je crois; **d** Elle a dit qu'il faudrait aller à Avignon pour louer des vélos. **Ex. 1 a** couterait; **b** comprendrait; **c** visiterait; **d** irait; **e** dégusterions; **f** rentrerait. **Ex. 2 a** Vous auriez . . . un plan de la ville, une fiche horaire des trains, une liste des campings, des renseignements sur le stade? **b** Vous auriez l'amabilité de . . . téléphoner à l'hôtel, réserver une chambre, vous renseigner sur le prix, demander si le petit déjeuner est compris. **c** Pourriez-vous . . . me donner une carte routière, me dire quand les magasins sont ouverts, demander au mécanicien de venir tout de suite? **3 a** devrais – I ought to get up early; **b** devrions – We shouldn't leave today; **c** devrais – You should go sailing; **d** devrait – Shouldn't she buy some shoes? **e** devraient – They ought to come with us; **f** Devriez – Ought you to eat so much chocolate? **g** devraient – They shouldn't work at the weekend. **Ex. 4** 3, 5, 1, 6, 4, 2. **Ex. 5** Quand nous habitions à Birmingham nous allions le samedi au cinéma. Nous achetions des bonbons et des chips et on parlait pendant le film. Mon frère nous disait que nous ne devrions pas parler mais les films n'étaient pas fantastiques en tout cas. Si mes parents y habitaient toujours, j'y rentrerais. Je visiterais tous les amis que je connaissais il y a si longtemps. **Ex. 6 a** auquel; **b** laquelle; **c** à laquelle; **d** lequel; **e** laquelle; **f** duquel; **g** auxquels. **Ex. 7** Je voudrais savoir. . . **a** où est le cinéma; **b** s'il y a un stade près d'ici; **c** à quelle heure commence la pièce; **d** où on peut louer une voiture; **e** quand on peut visiter la cathédrale. **Ex. 8** Bonjour, mademoiselle. – Je voudrais savoir où on peut garer la voiture. – Pouvez-vous me dire où je peux acheter du gaz butane. – Pour aller à la place Mermoz? – D'accord. Vous auriez l'amabilité de me donner un plan de la ville. – Est-ce qu'il y a un camping près d'ici? – Merci beaucoup, mademoiselle.

Unit 29

A **1** Every hour. **2** 11. **3** Go out of the information office and turn right. **4** Leaving the luggage at the left luggage office. **5** Buy a copy of Pariscope. **6** Went to Beaubourg. **7** Single. **8** 43F50. **9** In 20 minutes. **10** Behind the newspaper kiosque. **B** **1** Les trains pour Versailles partent tous les combien, s'il vous plaît? **2** Ils partent de quel quai? **3** Est-ce qu'il y a une consigne? **4** Aller simple ou aller retour? **5** Il faut changer? **6** Où est la salle d'attente? **C** **1** Le bureau de renseignements. **2** la gare. **3** le quai. **4** la consigne. **5** le kiosque. **6** les guichets. **7** le billet. **8** un aller simple. **9** un aller retour. **10** en deuxième classe. **11** la salle d'attente. **Ex. 1 a** veulent; **b** peut; **c** avons; **d** perds; **e** finissent; **f** doivent; **g** vas; **h** veux; **i** disent, vont; **j** écoute, vois; **k** viennent; **l** a; **m** réussissons; **n** dit; **o** sont; **p** croyez; **q** voyons; **r** viens; **s** habitent; **t** vendons, avons. **Ex. 2** était; habitait; se levait; passaient; se sont levés; ont pris; se sont amusés; n'ont pas vu; s'approchait; a-t-il dit; ai rien eu à manger; il les a mangés tous. **Ex. 3 a** serons; **b** pourrai; **c** iront voir; **d** feront; **e** saura; **f** regarderas; **g** devrons; **h** choisiras; **i** auras; **j** vendront. **4 a** voudrais; **b** fallait; **c** vaudrait; **d** avez/auriez; **e** allez; **f** donneront. **Ex. 5 a** Je te cherche depuis deux heures; **b** Elle a fait construire un garage; **c** Il n'arrive pas à faire marcher la douche; **d** Nous venons de rentrer de Nice; **e** En quittant la maison, Marthes a dit au petit garçon de mettre ses gants; **f** Nous devrions y aller demain; **g** Ils habitaient là depuis trois ans; **h** Après avoir quitté l'école elle espère obtenir un emploi dans un bureau. **Ex. 6** a(3); b(1); c(4); d(2). **Ex. 7 a** au kiosque; **b** l'horaire; **c** salle d'attente; **d** aux guichets; **e** au bureau de renseignements. **Ex. 8 a** Bonjour, monsieur. Quand part le prochain train pour Orléans. – Et à quelle heure est-ce qu'il arrive? – Est-ce qu'il y a un wagon-restaurant? – Où est la salle d'attente, s'il vous plaît? – Et le train part de quel quai? **b** Un aller retour à Orléans, s'il vous plaît. – Non, en deuxième, s'il vous plaît. – Voilà. Est-ce qu'il faut changer. – Merci.

Unit 30

A **1** Hire canoes. **2** Yes, at the youth hostel. **3** 10. **4** In two cars. **5** A caravan and two tents. **6** Under the trees. **7** 4 nights. **8** A second class return. **9** 170F. **10** 14.30. **11** 2. **12** Spending a month with her grand-parents in Brittany then going to England to visit her friends. **13** Burgess Hill in Sussex. **14** Ferry, train and they'll fetch her in the car. **15** 2 weeks. **B** **1** Je compte devenir pilote. – Oui, j'espère réussir à mes examens cette année. – Oui, je passerai trois ans à apprendre à voler. – Oui, j'aimerais voir d'autres pays et connaître des gens de différentes nationalités. – J' espère me marier mais à ce moment-là je choisirai des itinéraires plus courts. – Oui, pour passer plus de temps avec mon mari/ma femme et mes enfants. **2** Bonjour, madame. Je voudrais savoir s'il y a une auberge de jeunesse à Chartres. – Vous auriez un plan de la ville, s'il vous plaît? – Et auriez-vous l'amabilité de m'indiquer sur le plan où se trouve l'auberge de jeunesse. – Je n'ai pas de sac de couchage. Est-ce qu'on peut en louer un à l'auberge de jeunesse? – D'accord. Qu'est-ce qu'il y a d'intéressant pour le touriste à Chartres. – Est-ce qu'il y a une piscine? – Quand est-ce qu'elle est ouverte? / Quelles sont ses heures d'ouverture? – Merci beaucoup, madame pour tous ses renseignements. **C** ACROSS **1** gare; **2** douche; **3** sanitaire; **4** horaire; **5** consigne; **6** spectacle; **7** économies; **8** camping. DOWN Autostop. **D** **1** A place where you can put your tent up, there's someone local you can talk to, there's washing facilities and somewhere to shelter in bad weather. It's for young people of 13–18 either alone or in a group. **2 a** Yes – it can take up to 1800 campers. **b** From April 1 to Oct. 1. **c** Yes. Douches (chaudes). **d** Yes (bacs). **e** i Yes; ii No. **f** Yes. **g** There's a grocer's on the site and you can get cooked meals. **h** Tents and caravans. **i** Ironing room, T.V., games, sports, constant entertainment, partly in shade, heated swimming pool (pi = piscine), tennis, squash, also possible to hire bungalows. **j** 100 metres from the sea. **k** Free windsurfers. **3** Walking along the banks of the river Cher and on the surrounding hills with a panoramic view over the Cher valley. Walking in the Forests of Montrichard and Amboise. Visit to the cave dwellings in the hill-side overlooking the town. Visit to the park, with its dance-hall, bar-cum-restaurant, games and sports grounds, pedal boats and pleasure craft, beach with fine sand, 18 hole mini golf. In the summer: shows and open-air events. A cinema, leisure centre, swimming-pools, covered one which can be opened in fine weather and open air with a paddling pool for children. 3 tennis courts. Bowling, volleyball, basket-ball and football piches. Playgrounds for children, pond for fishing and fishing in the Cher.

Unit 31

A **1** Because it's July 31 (le grand départ) when everyone leaves Paris to go on holiday. **2** The weather – fog and rain. **3** The driver falling asleep at the wheel. **4** A tyre bursting, travelling too fast. **5** Foolish use of the hard shoulder. **6** Waiting until you get to the next service station. **7** Every six minutes! **B** **1** Nous aurons en conséquence des autoroutes bondées, c'est ça? **2** On verra donc pas mal d'accidents? **3** Qu'est-ce que vous me conseillez donc? **4** Vingt pour cent des accidents se produisent parce que le conducteur s'endort au volant. **5** Comme les gens se stationnent mal. **6** Car il y a tant de stations-service que . . . **C** **1** Il faut vous prévenir que . . . **2** Il faut donc éviter de prendre la route sans avoir dormi. **3** Je vous déconseille vivement de . . . **4** Il vaudrait mieux vérifier les pneus. **5** Ce que vous avez de mieux à faire . . . **D** **1** Ni la pluie ni le brouillard n'entre en jeu – neither rain nor fog have anything to do with it. **2** Personne n'apprécie non plus la vitesse à laquelle on roule – no-one realises either how fast they are going. **3** Rien n'est plus dangereux – nothing is more dangerous. **4** La suivante n'est au plus qu'à 6 minutes de route – the next one is at the most only a 6 minute drive away. **Ex. 1 a** 1 mais (d); 2 si (c); 3 parce qu' (a); 4 quand (e); 5 comme (b). **Ex. 2** (*examples*) **a** Qu'est-ce que tu as comme légumes? **b** Qu'est-ce qu'il y a d'intéressant pour le touriste à Bogness? **c** Pourquoi est-ce que tu fais tout cela seul? **d** Est-ce qu'il est déjà allé en Angleterre? **e** Avez-vous des poires, madame? **Ex. 3 a** tous; **b** toute; **c** toutes; **d** tous **e** tout. **Ex. 5 a** parce qu'; **b** à cause de; **c** donc; **d** Comme; **e** à cause. **Ex. 6** **a** Je te conseille de/d' . . . aller en train; prendre un taxi; voyager en métro; aller en vélo. **b** Il vaudrait mieux . . . arriver le soir; partir à midi; manger quand vous arriverez; laisser vos bagages à la gare. **c** Je te déconseille vivement de . . . manger à la gare – c'est très cher; prendre le bus – c'est trop compliqué; faire du camping – il fait trop froid. **Ex. 7 a** Les enfants aiment les films avec beaucoup d'action mais pas parce qu'ils sont violents à mon avis. – Oui, tu as raison, ils croiront que la vie est violente comme la vie dans les films. – Oui, et alors les enfants agissent sans scrupule aussi. – Oui, il vaudrait mieux les bannir **b** Bonjour, mademoiselle. je voudrais visiter les châteaux de la Loire. Qu'est-ce que vous me conseillez? – Non, je suis arrivé(e) en train. Est-ce qu'il vaudrait mieux louer une voiture? – Quel est le prix d'une excursion en car? – Tout compris – Où est-ce que je devrais aller pour participer à l'excursion? – Merci beaucoup mademoiselle.

Unit 32

A **1** Cinema on Saturday evening. **2** A film star. **3** Once a month. **4** No. **5** Babysits with her little brother. **6** No. T.V. hardly ever, radio every day but doesn't have time. **7** M – gym; T – meets friend at Maison des Jeunes; W – café or friend's house; T – sailing; F – concert or disco. **8** Yes. **B** **1 a** J'ai réussi à persuader Nicolas de nous emmener au cinéma; **b** J'ai prié Nicolas de nous acheter des billets pour des places au balcon; **c** ... si je ne suis pas obligée de garder mon petit frère; **d** Ça ne m'empêche pas d'inviter des amis à venir chez moi. **e** Je te remercie mille fois de m'avoir invitée. **2 a** Tu vas souvent au cinéma? **b** Pas très souvent – disons une fois par mois. **c** Tu sors d'habitude le samedi soir? **d** Je la regarde pratiquement jamais. **e** J'écoute la radio tous les jours. **f** Je sors presque tous les soirs. **g** Le lundi je fais de la gym. au lycée. **h** Le vendredi je sors soit à un concert soit en boîte. **i** Moins souvent. Une fois par an. **Ex. 1 a** avons réussi à; **b** a invité à; **c** a hésité à; **d** n'a jamais appris à; **e** ont commencé à; **f** se sont décidés à. **2** –; –; à; –; à; d'; à; à; à; –; d'; à; de; à. **3 a** Elle a appris à parler français à Paris; **b** Son père l'a persuadé d'y aller; **c** Un ami français l'a invité à passer un mois chez eux; **d** Au début elle a dû prier Christophe de parler très lentement; **e** Mais après deux semaines elle a réussi à comprendre presque tout. **Ex. 4 a** lui; **b** l'; **c** lui; **d** lui; **e** lui. **Ex. 5 a** mieux; **b** meilleur; **c** mieux; **d** meilleure; **e** mieux; **f** meilleure; **g** meilleurs. **Ex. 6** Le micro ordinateur B.B.C. est ... plus cher que les autres; est mieux connu qu'eux; n'a pas autant de facilités, – mais marche aussi bien qu'eux. **Ex. 9** Qu'est-ce que tu fais le soir? – Tu sors souvent le soir? – Oui, je sors presque tous les soirs. – Soit je visite des amis, soit je mange dans un restaurant, soit je vais au cinéma. – Oui, je vais en boîte le vendredi soir.

Unit 33
A 1 Oui. **2** Les crudités assorties et le poulet au riz. **3** La charcuterie et le steak-frites. **4** Du vin rouge et de l'eau minérale. **5** Parce que sa grand-mère habitait ce village et ils passaient leurs grandes vacances chez elle. **6** Sa grand-mère est morte. **7** Parce qu'elle est partie plus tard à cause d'un examen de piano. **8** La tarte aux pommes. **B 1** Est-ce qu'il y a une table de libre? **2** Nous sommes deux. **3** Qu'est-ce que tu prends, toi? **4** Pour commencer je prendrai la charcuterie. **5** ... et ensuite le steak-frites. **6** Une carafe de vin rouge. **7** A propos, qu'est-ce que tu prends comme dessert? **8** Deux tartes aux pommes, deux cafés et vous me donnerez la note, s'il vous plaît. **D 1** Ma grand-mère habitait ce village. **2** Mais en 1982 elle est morte. **3** On passait les grandes vacances chez elle. **4** Le jour où elle est morte, je venais d'arriver de Paris. **5** Mes frères étaient déjà arrivés. **6** J'ai dû passer un examen de piano ... **7** ... donc j'étais partie plus tard. **8** Etait-elle déjà morte quand tu es arrivée? **9** Oui, elle avait eu une crise cardiaque. **Ex. 1 a** avais; **b** avais; **c** avais; **d** avais; **e** aviez; **f** avait; **g** avait; **h** avait; **i** était; **j** s'étaient; **k** avait **l** étais; **m** étais; **Ex. 2** était allé; était partie; étions restés; nous étions promenés; avions vu; avait acheté; avions achetée; l'avions suspendue; avait disparu; l'avait volée. **Ex. 3 a 1** Je venais d'arriver en France; **2** Je venais de sortir mon passeport; **3** Je venais de déposer un moment mon sac à main; **4** quand quelqu'un l'a volé; **5** Nous venions de finir à manger; **6** Marc venait de nous dire une histoire très drôle; **7** Jean-Paul et Geneviève venaient de sortir **8** quand il a sonné à la porte. **b 1** J'habitais à Marseilles depuis 1980; **2** Nous étudions le français depuis trois ans; **3** Tu me disais d'aller faire du ski depuis longtemps; **4** Est-ce qu'ils attendaient depuis longtemps? **5** Georges regardait la télé depuis six heures. **c 1** J'étais arrivé(e) à sept heures et demie; **2** Tu nous attendais depuis sept heures; **3** Mais Madeleine n'avait toujours pas trouvé la maison; **4** Elle s'était perdue; **5** Nous venions de commencer à manger quand nous avons entendu sa voiture; **6** Elle cherchait la maison depuis deux heures. **Ex. 4** 4, 7, 2, 9, 8, 1, 6, 5, 10, 3.

Unit 34
A Elle voyage en moto. A douze kilomètres de Parthenon elle s'est arrêtée pour acheter du pain. Elle s'est rendue à la gendarmerie. Ses amis peuvent venir la

Answer section

chercher. **B** **1** Elle s'arrête. **2** Elle s'aperçoit. **3** Elle se rend. **4** Qu'est-ce qui s'est passé? **5** Je me suis arrêtée. **6** Vous vous appelez comment? **7** Quelle est votre adresse? **8** Quel est le numéro de téléphone de vos amis? **9** A cinquante kilomètres de Londres. **10** A trente-quatre kilomètres d'Aix-en-Provence. **11** A cinq kilomètres de Calais. **12** A quatre-vingts kilomètres de Paris. **13** A 16 kilomètres de Tours. **14** Quand on arrivera demain. **15** Quand il ira chez la boulangerie plus tard. **16** Quand nous les verrons la semaine prochaine. **Ex. 1 a** . . . qu'elle voyageait en moto; **b** . . . qu'elle avait perdu son casque; **c** . . . ce qui s'était passé; **d** . . . qu'il s'étaient arrêtés devant la boulangerie; **e** . . . avait déposé le casque . . .; **f** . . . quelqu'un l'avait volé. **Ex. 2** veux, (a3): sais – peut/pourrait; peux, dois b(1): veut; faisais, c(4): peut; connaissait, d(2): connait, dois/devrais. **Ex. 3** Pendant que les autres parlaient, Martine a décidé de jouer de la guitare. Elle apprenais depuis trois ans mais elle ne jouait toujours pas très bien. Frédéric lui a demandé de cesser de jouer à cause du bébé. Le bébé venait de s'éveiller mais il semblait aimer la musique. En entendant cela, Frédéric s'est mis en colère et il a dit: 'Tu peux jouer de la guitare plus tard quand nous serons sortis!' **Ex. 4** ACROSS 1 comme; 2 droit; 3 mal; 4 boîte; 5 quartier; 6 chambre; 7 donne; DOWN combien. **Ex. 5 a** Nous avons perdu nos passeports; **b** J'ai perdu mon porte-monnaie; **c** Catherine a perdu son appareil-photo; **d** Paul a perdu sa veste; **e** Janine a perdu sa montre; **f** François et Robert ont perdu leur canoë; **g** Madeleine a perdu ses boucles d'oreille. **Ex. 6** Bonjour, monsieur. J'ai perdu mon k-way. – Je nageais dans la mer. J'avais laissé mes vêtements sur la plage. – Oui, quand je suis revenu(e) le k-way n'y était plus. – C'est un k-way bleu. – Je m'appelle . . . – . . . . – Je suis dans l'hotel Bella Vista, chambre numéro quinze.

Unit 35
A **1** Il est neuf heures et demie. **2** Non. **3** Parce qu'elle avait passé une demi-heure à manger des croissants. **4** BA 603. **5** A la porte numéro **6** Une cassette. **7** Téléphoner à Jules. **8** L'an prochain. **B** **1** L'avion est déjà parti. **2** J'en suis sûre. **3** On va enregistrer les bagages. **4** Tu n'aurais pas dû. **5** C'est très gentil. **6** Je me suis très bien amusée. **7** Je te remercie mille fois pour tout ce que tu as fait pour moi pendant mon séjour. **8** Dès que tu seras arrivée chez toi, tu me donneras un coup de fil, hein? **9** Votre carte d'embarquement, s'il vous plaît. **10** Salut/Ciao. **Ex. 1 a** Quand j'aurai vendu; **b** Dès qu'il aura fini; **c** Quand nous aurons décidé; **d** Dès qu'elles auront réussi; **e** Quand ils seront revenus. **2** **a** Si j'avais travaillé, j'aurais réussi à l'examen; **b** Elle aurait gardé la ligne, si elle avait fait de l'aérobic; **c** On ne serait pas allé à la plage, s'il avait plu; **d** Si elle était arrivée à l'heure, elle n'aurait pas raté l'avion. **3** J'aurais dû . . . arriver à l'heure, me changer, acheter quelques fleurs; Je n'aurais pas dû aller au café, rencontrer mes amis, boire du vin. **Ex. 4 a** Zut, alors! J'ai oublié les pommes, ce qui est très embêtant; **b** Lesquelles? **c** Celles avec qui/lesquelles j'allais faire la tarte aux pommes. **d** A quel rayon est-ce qu tu les as achetés? **e** Chez M. Thibault, qui est en face de la boulangerie. Tu le connais? **f** Celle qui vend des pains aux raisins que j'aime? **g** C'est ça. Je ne peux pas y retourner maintenant – je n'ai pas le temps; **h** Je peux y aller, moi – je sais où c'est; **i** Tu peux prendre la voiture si tu veux; **j** Mais je ne sais pas conduire! **Ex. 5** **1** valise; **2** guichet; **3** aller; **4** quai; **5** douches; **6** caisse; **7** tarif; **8** tente/ **a** 2 (A la poste) **b** 5 (A l'hotel, à l'auberge de jeunesse ou au terrain de camping); **c** 8 (Au terrain de camping). **d** 1 (A la douane); **e** 7 (Au terrain de camping). **f** 6 (A la banque); **g** 4 (A la gare); **h** 3 (A la gare). **Ex. 6 a** Bonjour, mademoiselle, Je viens de rater l'avion. – Oui, le voici. – Quand part le prochain vol pour Nice, s'il vous plaît? – Est-ce qu'il y a encore des places? – Pouvez-vous me la réserver. Quel est